中國的历史

叁

动乱的群像
走向世界帝国

陳舜臣 著
郑民钦 译

海峡出版发行集团
THE STRAITS PUBLISHING & DISTRIBUTING GROUP
福建人民出版社

目录

动乱的群像

目录

走向世界帝国

动乱的群像

王朝复兴

仕宦当作执金吾，娶妻当得阴丽华。

这是东汉王朝的创建者光武帝刘秀的话。

执金吾就是负责维持首都治安的官员，相当于“警视总监”[①]吧。担任这个职务，为了给人们造成威慑的效果，服装华美气派，带领许多骑马的部下在市内巡逻。刘秀年轻的时候就盼望自己也能担任这个英姿飒爽的职务。

阴丽华是南阳郡新野县阴氏豪族的女儿，是一个绝代美女。刘秀希望有一个风光炫耀的官衔，娶一房漂亮贤惠的娇妻，这不过是一个普通的年轻人的理想。

如果天下太平，刘秀作为地方豪族的子弟，只要勤奋读书，靠关系得到一官半职，仕宦顺利，应该没有问题。也有可能如愿以偿，当上执金吾。刘秀身材高大，眉清目秀。执金吾这个职务重视外表的威严英俊，容貌也是很重要的条件。

然而，刘秀不仅称心如意地迎娶美女阴丽华为妻，而且当上地位远远高于执金吾的皇帝。

有人被时代潮流所湮没，他是被时代潮流推上历史舞台，连自己都没

① 警视总监：日本警察中级别中的最高职级。——译注

有想到。

与他情况相同的人，遍布全国各地。虽说他是西汉景帝之子长沙王刘发的后裔，但和汉朝皇室有这种程度的关系的人恐怕有数千。

当时的地方豪族可以说是一种领主。从古墓出土的他们的住所模型以及画像砖来看，豪族的宅邸高墙环绕，感觉如同堡垒。他们究竟防范谁呢？

豪族既是大地主，也是当地的工商业、金融业的垄断者。

农民地少，随时都可能失去土地。年成不好的时候，不得不向当地的豪族借高利贷，如果无法偿还，做担保的土地就被豪族收走。结果土地集中在少数的豪族手里，大多数的农民就成为他们的雇农，有的人几乎和农奴差不多。可以依靠土地生活的人还算是幸福的，还有很多人失去土地，成为流民。为了活命，流民形成集团，于是在各地就出现这样那样的“流寇”。碉堡一样的豪族宅邸就是为了防御“流寇”的袭击。

光有高墙壁垒不够，还要有私兵，即所谓的“部曲”。

关于部曲，有各种说法。表示武装集团规模大小的，原本有“营”“部”“曲”“屯”等名称，后来把其中的“部”和“曲”抽出来，组合在一起。不论官兵还是私兵，都称为部曲，但后来逐渐变成专指私兵，而且“部曲”指的不是“良民”。这里所说的“良民”不是“善良”的意思，而是指自由民。不是良民，就是非自由民，那就是一种奴隶。

无力偿还借贷，经常提供体力劳动以弥补，或者吃住在主人家里，提供相应的劳动。从这个意义上说，他们不是自由民。他们中的很多人成为豪族的私兵。唐朝的时候，“部曲”成为法律用语，地位比奴婢稍高，但其意为不是自由的人。

流寇和部曲没什么两样。同样的人分属于两个阵营。流寇袭击豪族，部曲抵御流寇的袭击。交战双方人员的身份很相似。

豪族大多是如南阳刘氏那样的受封于各地的王、列侯的后裔以及相关者。他们是地方的权势者，同时也是产生中央政府高官的母体。

不言而喻，流寇是反体制派，地方豪族是体制派。流寇和豪族立场不同，是相互对立的势力。然而，王莽时代，竟然发生出人意料的情况：流寇和豪族这两种对立的势力联合起来。

因为豪族转变立场，成为反体制派。从本质上说，豪族应该是体制派，不可能随意变成反体制派，是被逼得走投无路才会发生转变。

逼迫他们的是王莽。王莽取得政权后，坚持复古主义的方针，试图一切回归周代，而且复古的理想不根据现实的情况进行相应的调整，可以说完全无视现实。

其实流传下来的周代制度，其中很多东西已经被儒家理想化。例如井田法，实际上在多大程度上得以实施，还是个疑问。在现实社会中恢复这样的制度，必然引起很大的混乱。

认为天下的耕地都是“王田”，这种想法本身就是土地国有化的思想。改名狂的王莽把“奴婢”改为“私属”。光是改名还无所谓，关键是还以法律的形式禁止王田和私属的买卖。

人和土地——这是豪族的经济结构的基础。实质上禁止对人和土地的所有权，无异于否定豪族的存在，自然引起豪族的反对。

由于豪族的反对非常强烈，不久王莽不得不取消土地买卖的禁令。

货币制度的改革导致人心浮动，国家经济混乱。王莽过于理想化，急功近利，实行过激的改革措施，结果矛盾丛生。例如，把小钱熔化铸造大钱可以获得巨大的利益，自然不断有人私自铸造。王莽以严厉的刑罚取缔这些违法者。

刑罚过于严厉，违法者就逃到抗法者的阵营里，流寇吸收他们，从而不断地壮大自己的势力。

王莽实施的盐铁专卖以及无息或低息的融资极大地损害豪族的既得利益。豪族是工商业者，也是金融业者，王莽政权实行的国有化政策，自然引起他们的不满。

从西汉末期开始，土地被一部分豪族兼并的倾向已经十分明显，于是颁布了限制土地所有的《限田法》，然而收效甚微。西汉政府本身具有强大的豪族因素，违背豪族利益的政策不可能成功实施。

王莽推行社会改革。他的理想其实很不错，如果改革顺利进展，虽然会引起豪族的不满，但一般庶民的生活会得到改善。但是，由于改革操之过急，计划不切实际，脱离现实，结果反而造成人民生活更加贫困。

王莽政府的法令可以说是朝令夕改，无论哪一条法令，都是破绽百出。人民生活艰辛，自然就想钻法律的空子。然而等待他们的是严厉的刑罚，甚至由于法令的修改，原先无罪的行为变成有罪，人民无可奈何，不知所从。

王莽试图拯救人民，结果却引起人民的强烈不满。人民走投无路，只好变成流寇。

豪族的反政府情绪越发强烈，他们一致认为还是汉代好，“打倒王莽，复兴汉室”的气氛更加高涨起来。

流民早就燃烧起打倒王莽的熊熊烈火，士气旺盛；豪族也终于下决心推翻王莽政权。

基于“打倒王莽”的共同目的，流寇和豪族联合起来了。这样的联合出人意料，但实际参加作战的流民成员和豪族的部曲的人生遭遇基本相似，他们的联合没有多大的意外性。

沮漳河在江陵（荆州）一带汇入长江，其上游分为沮水和漳水两条河。在这条河的汇合点附近，有一座绿林山。新市人王匡就在这座山里集结、隐蔽那些贫穷的流民。

后人将“土匪”叫做“绿林”，就缘于此。起初只有数百流民，但人数迅速增长，最多时达到五万人。只要有一个安身之处，流民就滚滚而来，可见平民的流民化速度是何等惊人。

绿林军在云杜打败两万政府军，缴获大量辎重，显示出威猛声势。但这一仗的第二年（22 年），绿林军的人数锐减一半。

令绿林军苦不堪言的不是政府军的讨伐，而是瘟疫流行。山上的临时住所，设施简陋，卫生条件很差。瘟疫夺走了绿林军半数人的性命，他们只好离开这个地方。绿林军分为两部分，寻找活路。

绿林军领导人王常、成丹等率兵往西，进入南郡，这支部队称为“下江兵”。王匡、王凤、马武等率兵北上，进入南阳，这支部队称为“新市兵”。

南阳地方豪族力量强大。为逃避瘟疫进入南阳的绿林军新市兵在这里开始和豪族接触。

南阳豪族的代表是刘氏。汉武帝的庶兄刘发被封为长沙王，其子刘庸继承王位，其他五个孩子被封为列侯，其中刘买是春陵侯。春陵是湖南的潮湿低洼之地，难以居住，自其孙刘仁时代开始，就一直上书请求转封到北方，哪怕受封地的人口减半也认可。他的请求获得批准，于是转封到南阳郡白水乡。转封以后，仍称为春陵侯，直至刘仁之子刘敞时代。王莽废除列侯，但南阳刘氏的正宗就是这个刘敞。刘敞的侄子刘张之子刘玄好游侠，因触犯法律，避难平林。这个刘玄是第一个被流寇拥戴上来的人物。

平林有一股陈牧、廖湛等率领的流民，称为平林军，而且和从绿林军中分出来的王匡的新市兵联合。平林、新市这两股势力合并以后，需要一个在他们之上的大头目。由于复兴汉室的呼声很高，与汉朝有亲缘关系的刘玄作为招牌是很合适的。

“娶妻当得阴丽华”的刘秀此时正在南阳刘氏的根据地春陵(白水乡)。

对刘敞来说，刘玄属于父亲兄弟系统的人，刘秀是属于祖父兄弟系统的人，比刘玄稍微疏远一些。但是，在社会混乱时期，比血统的远近亲疏更重要的是，是否具有领导能力。刘敞有一个嗣子名叫刘祉，属于直系亲属，但在以南阳刘氏为首的地方豪族中，刘秀兄弟的人望似乎更高。大概不仅仅是才能的问题，这个系统的刘氏与周边实力强大的豪族有着广泛的姻亲关系，大概也是人望高的原因之一。

刘秀的哥哥刘縯也是一个杰出人才。他们的母亲是湖阳大豪族樊重的女儿。樊氏是著名的富豪。刘秀的一个姐姐嫁给新野县的名门邓晨，另一个姐姐嫁给宛县的权势者李通。另外，他的姑母嫁给新野县的来氏，来氏家族是在西汉朝代出过文武高官的名门望族。除姻亲关系外，刘秀还善于交际，结识很多势力雄厚的豪族。这些豪族都对王莽的政治十分不满，希望回复先前的汉王朝时代。

南阳的豪族拥戴刘縯、刘秀兄弟为首领，举兵打倒王莽。但是，仅仅依靠豪族的部曲，显然兵力不足，所以派人前往平林，和流寇联合举事。

称他们为“流寇”已经不妥当了，应该称“农民造反军”。还要加上豪族军。

平林的军队已经拥戴刘玄为首领，平林、新市联军再加上豪族军，但首领依然是刘玄。刘玄是一个容易被操纵的人，如果首领太有才干，军队难免被他吞并。这样，刘縯、刘秀就被他们敬而远之。

刘玄被拥立为皇帝，元号为更始。这一年是公元 23 年。

与这一支造反军互为呼应的是，吕母为替儿子报仇而集结的队伍称为“赤眉”，由樊崇领导，在东面开展反王莽的战斗。

王莽派太师景尚和更始将军王党前去镇压，结果大败而归。在西面，刘玄自称更始将军，和王党的称号一样，但一方是造反军，另一方是王莽的政府军。

地皇三年（22 年），王莽派太师王匡前往镇压。前太师景尚已为樊崇所杀。绿林军里也有王匡，自然与王莽的太师王匡不是一个人。王莽又封廉丹为更始将军，东进剿灭。

为了和政府军区分开来，从这时开始，造反军将眉毛涂成红色。这说明当时的造反军和政府军都穿着同样的衣服。当时民间流传这样一首歌谣：

宁逢赤眉，不逢太师；太师尚可，更始杀我！

人民对王莽的政府军极其恐惧，尤其是更始将军廉丹的军队恣意屠杀。相比之下，还是赤眉军纪律严明。

赤眉军出身于底层民众，所以对民众没有过火的行为，仅仅这样的解释似乎缺少说服力，因为政府军的士兵也是出身于底层民众。

赤眉军的士兵并不是一开始就怀着满腔革命理想参加造反的，吕母为报个人恩怨而召集的游侠、无赖青年是这支军队的核心力量。

其实，与其说赤眉军是一支优秀的军队，不如说政府军实在是糟糕透顶。

来自四面八方的赤眉军至少在初期还显示出强大的凝聚力，这也许是因为共同的民间信仰而结合在一起的缘故。有人认为城阳景王就是他们的信仰。中国历朝历代的造反军总是以某种形式，如宗教，求得内部坚如磐石般的团结。造反军的势力发展越大，如果没有共同的纽带把大家连结在一起，就会四分五裂，分崩离析。

那时的宗教其实含带很强的迷信成分。

王莽为了查明病理结构，命人解剖身体，这个看似连神都不怕的实用主义者，却流传着很多迷信的故事。例如据说王莽篡权的时候，害怕高祖的神灵作祟，就用斧头将高祖宗庙所有的门窗砸坏，还泼上桃汤。

不知道赤眉军以什么样的信仰（或者共同的信念）凝聚在一起，以坚强的团结击败王莽的军队，并且斩杀廉丹。

这个时候，赤眉军膨胀到十万大军，如此大规模的军团，恐怕连赤眉军的领导人也没有想到。大动乱的时候，人们都聚集到胜者一方。对于赤眉军来说，要养活如此庞大的军团就十分艰难。

刘玄在淯水一带被拥戴为皇帝。这是在南阳郡内。然后北上，经昆阳，进洛阳，再西进，攻陷长安，这才可以说成为中原的君主。军内也有人认为，在河南的南面即位，为时尚早。

刘秀的哥哥刘縯极力反对刘玄即位。

因为有消息说赤眉军在南阳地区也十分活跃，如果现在立刘玄为皇帝，赤眉军也会立一个汉皇帝，所以在消灭王莽之前，汉王室之间不能发生内战。

刘縯的意见是，现在不要称帝，但可以称王以便发号施令。如果赤眉军所立的是一个贤良的皇帝，可以归随他。如果赤眉军没有立皇帝，等消灭王莽以后，让赤眉军归顺过来，然后即位也不迟。

然而，新市军的一个首领张印拔剑强迫刘玄即位，刘玄终于成为更始皇帝。

刘縯的反对即刻即位主张中引人关注的一点是：如果赤眉军所立的是一个贤良的皇帝，可以归随他。

自高祖建国以来两百多年，汉王室的宗族数量庞大，其中也许有更加优秀的人物。刘縯的意见饱含着期待出现杰出人物的热切心情。反过来说，也可以解释为大家都认为刘玄不是一个了不起的人物。根据史料记录，刘縯提出反对即刻即位的意见后，得到很多人的支持。这也是大家公认刘玄不是理想的皇帝人选的旁证。

南阳的豪族和农民造反军联合举兵的时候，就具有夺取天下的意识。看到王莽篡权以后的一系列做法，一般人都会预料这个政权很快就会崩溃垮台。因为王莽与全国人民为敌，从底层的农民直至豪族，所以注定是短命政权。

当政权的耀眼光芒在眼前不停闪烁的时候，会让人们的心态发生扭曲的变化。当农民造反军的领导人盘踞在绿林山的时候，还在为每天的吃饭发愁，努力维持生存下去，而当他们来到南阳以后，玫瑰色的未来开始令他们眼花缭乱。

王莽失去人心，“复兴汉朝”成为压倒性的舆论，所以无论如何必须由与汉王室具有因缘关系的人来当皇帝。无论是绿林军还是赤眉军，农民造反军从一开始就没打算自己当皇帝，但尽可能拥立一个平庸无能的人当皇帝。

豪族倾向于拥立刘縯，据说绿林军中的下江兵首领王常也打算拥立刘縯。有人希望在一个强有力领袖的坚强领导下过着平和安宁的生活，也有人想自己登上政治舞台大显身手。农民造反军中出现不同的想法，产生微妙的分歧。

在新市、平林派领导人的积极支持下，刘玄实现了即位。说是“积极”，大概也可以换言为“野心勃勃”吧。他们需要的只是一个言听计从的傀儡皇帝。

赤眉军的领导人后来聚集在更始帝刘玄的麾下，但很快就对这个政权感到失望，于是脱离更始帝的阵营。他们一定在更始帝阵营里闻到权力斗争的臭味，觉得与其卷进去，还不如自己单独干。

王莽调动大军试图阻止更始帝的军队北上。《汉书·王莽传》记述当时调兵遣将的过程，向我们活灵活现地展示王莽的个性。

王莽任命大司空（相当于西汉的御史大夫）王邑为总司令。王邑是王莽的堂弟。王莽调集百万大军，名之为“虎牙武威兵”，并让精通兵法之术的六十三派军事专家各持兵书、兵器参加该军团。按照兵法的惯例，大概也会使用特殊的道具，甚至还带去大量的珍宝和猛兽。

欲视饶富，用怖山东。

一路上炫耀自己的武威财富，试图给人们起到震慑的作用。这说明当时还有很多人持观望态度，举棋不定，不知道该跟随哪一边。王莽政权未必一定不行，即使不支持自己，但至少也不让他们参加反对自己的造反军队。这大概就是王莽一路炫耀想要达到的目的吧。

余在道不绝，车甲士马之盛，自古出师未尝有也。

王莽只是一心一意地炫耀自己的威武之师。

其实根本就不需要百万大军，少数的精锐部队要比一大群虾兵蟹将有用得多，但是王莽热衷于夸耀表面的花架子。

在调动百万大军之前，王莽立史氏的女儿为皇后。王莽的妻子于两年前死去，他的这一举动无非是向内外表明自己这个皇帝依然精力充沛。当时王莽已经实岁六十八，他所要显示的是自己矍铄健壮的身体形象，如果大家都觉得王莽“余日无多”，就不会支持他。有王莽才有新王朝。《汉书》记述他“乃染其须发”，把头发、胡子染黑。王莽身体瘦削，形象猥琐，据说对自己的外表极具自卑感，于是想方设法让自己显示帝王之威武庄严。

喜欢装饰外表是王莽的性格。无论什么事情，都只注重豪华的排场，“怎么样？服了吧？”从而得到虚荣心的满足。他召集精通兵法的六十三派所有行家跟随军队，实在是可笑之极。兵法有各种流派，不论其高低优劣，统统上阵，一旦真正作战的时候，这六十三派兵法参谋顾问各持己见，争执不休，岂非误了大事！

号称百万，其实大概也就四十万左右。不过，四十万也是大军。光解决军粮就是一个大问题，发布命令的系统肯定也是乱成一团。他们包围昆阳城，刘秀就在昆阳城里。刘秀带领十三个骑兵从南门突围出去，在城外召集部队，反过来攻打包围的军队，获得大胜。

王莽的军队里有六十三派兵法家，意见不一，各执一词。昆阳是一座小城，守城的更始帝军队不足一万，但因为城小，守城士兵其实就很多了，易守难攻，即使攻下来，对大局也不会产生多大的影响。造反军总头目更始帝刘玄也不在这里，而是在宛城。于是有人主张放弃围攻昆阳，改为攻打宛城；但也有人主张既然已经包围，如不攻陷，面子丢尽，会受到皇帝（王莽）的叱责。这样的作战会议争论不休，各不相让。

最后按照总司令王邑的意见，继续攻打昆阳城。至于攻城方法，各有各的主张，依照《孙子》所说的“围师必阙”的办法，一个名叫严尤的将军主张，围三面，网开一面，对方一心考虑如何突围，战斗士气必然降低，所以可以给对方留一条逃生之路。这样，突围出昆阳城的更始帝的部队必然会逃往更始帝所在的宛城，从而导致宛城的更始帝军队总部陷入惊恐混乱的状态。

但是，王邑主张四面包围。他想围而全歼，《孙子》所说的“围师必阙”是在双方对等情况下的兵法，而这一次战斗，王莽军队具有压倒性优势，所以没有必要给对方留一条生路。全歼敌人的殊勋触手可及。

逃到城外的刘秀集结三千人马，猛烈攻打王邑的大本营。

刘秀的性格似乎稳重谨慎，然而一旦做出决断，却雷厉风行，勇猛果敢。人们只知道他小心沉稳，那是因为没有看到他决断之后一往无前的另一面。

更始帝的部队看到刘秀率领三千士兵，一马当先疾风暴雨般攻打王莽的围城部队，心想连这个平时老成持重的刘秀也如此身先士卒攻打过来，城外一定集结着众多援兵，于是勇气倍增，打开城门向围城部队出击。

王邑麾下的大军，正因为人数过多，尾大不掉，指挥不灵，命令无法贯彻下去，大本营被仅仅一万多人马的更始军队打得落花流水，溃不成军。恰逢狂风暴雨，雷电交加，河水泛滥，光溺死者就数以万计，惨不忍睹。

这一场昆阳之战成为决定天下命运胜负的战斗。

王莽曾以无数的珍宝财富向静观局势、见风使舵的人们炫耀自己强大的国力，但刘秀以昆阳之战证明王莽大军不过是一只纸老虎。

各地的权势者认为已经到亮明自己旗帜的时候了，如果一直采取冷眼旁观的态度，一旦天下大局已定，就会被视为非同路人，不仅既有的利益被没收，弄得不好也许反而会受到处罚。

昆阳之战成为一根导火索，各地反王莽的势力开始活跃行动起来。王莽的号称百万大军都是从各地征集而来的，昆阳败战之后，他们纷纷逃回自己的老家。王莽军队一败涂地的消息从他们的嘴里传遍全国各地，他们起到反王莽阵营的宣传员的作用。

王莽也往各地派遣大量的宣传队，散布“刘伯升等进行大屠杀”的消息。他把“大胜仗”改为“大屠杀”。但是，那些亲身参加昆阳城作战的士兵们现身说法，王莽的宣传攻势也败下阵来。比起刘伯升的大屠杀，人们更深信不胫而走、到处传播的王莽毒死平帝的小道消息。王莽将百官集中到王路堂，拿出当年请命金滕之策，愿意代替平帝生病的文书，痛哭流涕地给大家看。其实大家心里都明白这样的文书不过是他的表演而已。王莽对家臣都使用泪水哭诉的战术，这只能表示他已经出现晚期症状。

胜负大局已定。反王莽的军事行动在全国各地风起云涌，王莽所任命的地方官接连被铲除。

但是，更始军内部也发生巨大的危机，更始帝刘玄杀掉刘秀的哥哥刘縯。无才无能、失去人心的刘玄担心被刘縯取而代之。

刘縯的部将刘稷反对刘玄即位，拒绝接受更始帝任命他为将军。违抗已经即位的皇帝的命令就是逆臣，更始帝便与心腹计谋，抓捕刘稷，处以死刑。刘縯当时为自己的部下进行辩护，被判以同罪，即日处死。

反王莽阵营面临着分裂的危机，但由于刘秀的忍辱负重才避免阵营的分裂。刘秀对哥哥的死于非命一定椎心泣血，五内俱焚，但是他丝毫不形诸颜色。

刘秀甚至不给哥哥服丧。因为刘縯被判为朝廷之敌，为他服丧本身也会成为自己被处死的理由。

更始帝刘玄实在找不到这个昆阳大胜的功勋者刘秀的差错，便任命他为破虏大将军，封为武信侯。

长安城里的皇帝王莽已处于错乱状态，听从一个名叫崔发的大臣莫名其妙的建议，率领百官跑到南郊仰天号啕痛哭。崔发说：

古者国有大灾，则哭以厌之。宜告天以求救！

于是开始痛哭的比赛，哭声甚悲伤哀切者，即使是庶民，也提拔为郎。郎是俸禄二百石的宿卫官。为此郎的人数猛增至五千人。这实在是疯狂的举动。

更始帝命王匡攻打洛阳，派申屠建、李松等进军长安，沿途队伍不断扩大，于匡、邓晔等加入西征军。由于他们是本地人，对地理情况十分熟悉，部队顺利进入长安。

反王莽军如滚雪球一样不断扩大，邓晔的部下王宪第一个率部进入长安。一批又一批的新部队参加进来，这些新部队最先进入长安，杀死王莽。

王宪原先是弘农县的掾（属吏），他丝毫没有参加反王莽的革命战争的意识，大概只是打算加入一伙抢劫集团。攻进长安以后，他的部队烧杀抢掠，无恶不作。后宫美女无数，官兵们你抢我夺，占为己有。

杀死王莽的，是一个名叫杜吴的商人，割下王莽首级的是公宾就。王宪自称汉的大将军，将抢来的衣服穿在身上，随心所欲地乘坐插有皇帝旗帜的车马。

更始帝派遣的申屠建、李松等真正的将军很快进入长安城。他们抓捕王宪斩首。将王莽的印绶归为己有，争夺宫女，竖立天子之旗，等等，哪一条都是大逆之罪。王宪本来就是打算加入盗贼团伙，所以认为抢掠霸占是天经地义的。就为这么点事儿被判死刑，他怎么也想不通。

洛阳也被攻陷。攻打的是更始军的重要领导人王匡，守城的是王莽的太师王匡，更始军王匡活捉太师王匡，杀之。

更始帝刘玄先进洛阳，紧接着立即奔赴长安。长安有他继承的大量遗产。

一旦坐上或者接近权势的位置，就会自然而然地产生一种自我腐败的功能，之前所经历的精神紧张状态时间越长，这种反作用力就越大。

进入长安以后的更始帝，完全变成精神堕落的标本，使大家大失所望。当年拥立他即位的新市、平林造反军也严重变质。对最先进入长安的王宪处刑以后，后来进入长安的造反军大队人马的行为也和王宪相差无几。

这个时候，刘秀奉命平定河北。更始帝为继承遗产，从洛阳西进长安，刘秀率领军队却前往相反的东北方向。对刘秀来说，远离更始帝政权核心是一件好事。

更始帝杀死刘秀的哥哥，刘秀一定怀恨在心，如果他身处政权核心，必然遭人猜疑，一天到晚提心吊胆，随时都有可能被清洗。离开更始帝身边，不仅没有被清洗的危险，还可以发展自己的势力。

邯郸人王郎在河北建立自己的地方政权。说是地方政权，其实统治着从河北直至辽东的辽阔地区。当地的豪族也绝不甘心居于南阳豪族的更始帝政权之下。

王郎是一个占卜者，就是算命先生。他自称是汉成帝的儿子。母亲是成帝的讴者（歌手），身份低微，生孩子的时候，因为害怕皇后赵氏的迫害，就和别人家的孩子掉包，所以自己才能平安无事地活下来。成帝有孩子流落在民间的传说早已有之。十几年前就有一个人跑出来自称“我是成帝的儿子”，结果为王莽所杀。

拥立王郎的是汉皇族刘元之子刘林。刘元是赵王刘彭祖（景帝的第五子）的后裔，继嗣可以说是赵王分支的平干王，但似乎是一个暴君。他随心所欲地滥杀奴婢，被迫自杀的家臣达十六人之多，后被弹劾失去领国。

所以他的儿子刘林就不能继承王位。刘林在河北、河南一带以任侠之徒颇有名声，拥立王郎为天子。

另外，高阳王刘嘉（武帝第五代孙）之子刘接、真定王刘杨（景帝幼子刘舜的第六代孙）等皇族也拥立王郎。如果诸侯王是皇族，其分支的列侯不过是准皇族。更始帝刘玄还是准皇族春陵侯的旁系。所以不仅仅是河北，全国的诸侯王都不甘心在刘玄的领导之下，这个心情完全可以理解。

河北的皇族们拥立占卜者王郎为天子有什么样的背景呢？王郎是成帝之子的可靠性可能很高。另外，也许因为河北的皇族之间互相牵制掣肘，拥立谁也不合适，王郎是皇族之间妥协的产物。

皇族之间存在微妙的对立，刘秀巧妙地加以利用。他派骁骑将军刘植说服真定王刘杨。刘杨拥有十多万人马，支持王郎政权。刘杨的妹妹嫁给当地的大豪族郭昌。这样的联姻关系在当时随处可见。郭昌已死，其妻人称郭主，在当地深受尊重。她的女儿叫圣通，是真定王刘杨的外甥女。刘秀娶这个郭圣通为妻。这样，刘秀就拉拢河北豪族集团中以真定王为中心的这部分势力。以真定王为中心的豪族集团脱离王郎，其人马被刘秀所吸收。

刘秀以真定（现在的河北省正定）为据点，接连攻占邻近的郡县，不断扩大势力。一旦形成强大势力，追随者也不断增加。

更始二年（24 年）五月，刘秀攻陷邯郸，追杀败北的王郎。离昆阳之战仅仅一年，刘秀再次大胜。

刘秀在邯郸收缴到大量的文件材料，他看也不看，命人当着部下的面付之一炬。地方豪族、吏民等害怕自己与王郎以前的关系被暴露出来，现在这些证据化为灰烬，心里都松了一口气。从这件事可以看出刘秀是一个了不起的政治家。

长安的更始帝以此功封刘秀伟萧王，命令他解散军队，回到长安。对此，刘秀以“河北尚未平定”为由，拒绝回京。

此时的刘秀已经下定决心脱离长安的更始帝，谋求自立。

长安的更始帝政治腐败、生活糜烂已至极点，日夜笙歌宴饮，娶右大司马赵萌之女为夫人，并对其宠爱至极，把一切政治完全交给赵萌，听任所为。赵萌恣肆放纵，随意杀人。有诉赵萌之非者，更始帝当场斩杀，令正直良知之士心灰意冷。

对于短命政权的君主，后继的王朝的史书记录都格外强调其所干的坏事。可是，更始帝可以说是不折不扣的昏君。东汉王朝和更始帝一样，都是汉的舂陵侯出身。一般不会故意贬损污蔑同一个血统的君主，所以《后汉书》所记述的有关更始帝的事情可以认为基本上是事实。他违背了渴望汉王朝复兴的天下人的期待。

现在来看看赤眉军后来的情况。

这支农民军无论如何想回山东老家去，但几十万人的大军，就不可能按照每个士兵的个人意愿，而是作为集团组织的意图。士兵想回乡，但如果赤眉军转而向故乡方向东进，恐怕整个部队就会土崩瓦解。士兵们归心似箭，一接近故乡，他们都会不顾一切地往家跑，队伍也就烟消云散了。

赤眉军领导决定，部队转而朝故乡相反的方向——往西行进。赤眉军也听说更始帝在长安堕落腐败，失去人心。赤眉军富有与丧失人心的集团作战的经验，所以对战胜更始帝充满信心。但是，部队往西，必须说服士兵，做通他们的思想，而最具说服力的，就是长安财宝如山，正等待着他们。于是，樊崇、逄安、许宣、谢禄、杨音等领导人率领三十万大军浩浩荡荡奔向长安。

更始帝命讨难将军苏茂迎战，结果被打得落花流水。接着，丞相李松也在蓩乡折兵三万多，大败而归。

赤眉军一直没有强有力的精神支柱，军中有齐（山东）的巫，祭祀城阳景王，以鼓舞士气。要说团结的核心思想，大概就是这个信仰。城阳景王是汉高祖的孙子刘章。其兄刘襄为齐王，他是朱虚侯，在讨灭吕氏的时候，他先斩吕产，立得头功，被封为城阳王。由于立下显赫的武功，在山东被奉为神，赐福给人们。其实，这只是民间信仰。既然是神，城阳景王的意图就通过巫转告给人们。

赤眉军首领认为，现在的活人比两百年前死去的战神的亡灵一定更能增强队伍的团结，于是寻找到城阳景王的后裔，将他立为天子。这个做法意味着赤眉军抛弃“流寇”的性质，转向建立王朝的思想。

城阳景王的后裔有七十多人，其中最接近正统的有茂、盆子、孝三人，他们自然都姓刘。因为只是一个象征，谁当皇帝都可以。于是由抽签决定。古代天子率军时，自称“上将军”，便在一块牌子上写“上将军”三个字，而其他两块牌子上没有写字，放在笥里，按年龄顺序依次抽取。纸的发明在此后七十年左右，所以这牌子大概是木牌子。最后抽签的是十五岁的刘盆子，他抽到写有“上将军”的牌子。

刘盆子是式侯刘萌之子，刘茂是他的哥哥。式在山东泰山郡，初元元年（前 48 年），城阳王刘顺（景王第五代孙）之子刘宪被封为此地的列侯。后来，刘宪之子刘霸、刘霸之弟刘萌继承侯位，但在王莽时代，与其他汉室列侯一样，被废除。盆子是他的父亲失去侯位以后所生之子，而且幼年时，赤眉军攻陷式后，他被抓到军中打杂，所以不识字。他当时在右校卒使（俸禄一百石的官吏）的手下放羊，却突然间成为天子，赤眉军的所有将领都对自己俯首称臣，让盆子诚惶诚恐，胆战心惊。《后汉书·刘盆子传》这样记述当时的景象：

> 盆子时年十五，被发徒跣，敝衣赭汗，见众拜，恐畏欲啼。

就这样，赤眉军将一个汉的准皇族少年推上天子的宝座，从而宣告“王朝复兴”。

赤眉军立少年天子是在更始三年（25 年），这一个月，刘秀也在鄗县的南面设坛称帝，改元号为“建武”，这一年即为建武元年。

其实，在这一年的正月，有名叫方望、弓林的两个人拥立定安公刘婴为天子，聚众数千，但被更始帝派遣的丞相李松所灭。刘婴是宣帝的玄孙，平帝死后，他被定为继承者，此时才两岁，但王莽篡位后，将刘婴贬为定安公。这个刘婴活到二十一岁。

平帝十四岁死后，王莽为便于自己操纵朝廷，便立婴儿为继承者。当时刘婴就是被王莽选中的汉王室的继承者。连应该被人遗忘的刘婴都被寻找出来抬上皇帝的宝座，可见复兴汉室已成为人们的共同愿望。

这一年四月，四川军阀公孙述即帝位。他起家于成都，所以定国号为“成”。这不是复兴汉王朝，而是建立一个新王朝。

人们所渴望的是“秩序”。众所周知，汉王朝是一个秩序井然的社会。

人民如此渴望秩序，可见当时的社会是如何的无序。

长安是一座绝望的城市。王莽试图建立新秩序彻底失败，把整个国家弄得破烂不堪。在众人的欢呼声中进入长安的更始帝也暴露出他毫无统治能力，令人失望。就在这个时候，赤眉军拥立着少年皇帝刘盆子攻进长安。

赤眉军进入长安城是在这一年的九月。更始帝单骑落荒而逃。他手下的高官将军都投降赤眉军。败逃的更始帝不久又回到长安，向赤眉军投降，被封为长沙王。

然而，赤眉军和更始帝一样缺乏统治能力。整个状况比更始帝时代更糟糕。更始帝还只是无能无才、无所作为，长安一片荒芜；而赤眉政权不仅没有复兴长安，反而一心只是搜刮掠夺。把想回山东老家的士兵带到这里来，最大的诱饵就是长安的财宝堆积如山。可是，到长安一看，几乎没有可供掠夺的财宝，别说财宝，甚至连吃的东西都没有。

第二年正月，长安城内粮食告罄。赤眉军在三个月里把长安城的粮食吃个精光。于是，破罐子破摔的农民军士兵放火烧城，不论是宫殿还是民宅，一把火点燃，然后全军往西，开始掠夺粮食地行军。

在此之前，更始帝已被谢禄绞杀。因为赤眉军的做法过于残酷，人们开始同情更始帝，于是赤眉军就把更始帝杀掉，以为这样人们就会死心。其实，这样做无异于自我毁灭。

赤眉军变成狂暴的集团，一路往西。西面有隗嚣自立，饥寒交迫的赤眉军被隗嚣的部队击退，往东败逃，许多士兵死去，几乎都是被冻死。

回到长安，一片废墟，景象凄惨。

> 时三辅大饥，人相食，城郭皆空，白骨蔽野。

地面上已经一无所有，他们便去挖掘汉朝的历代陵墓，抢掠金银财宝随葬品，但还是缺少粮食，只好东归。虽说是处于溃灭状态，但据说人数尚有二十万。

在半路上等待回乡的赤眉军的是已经即帝位的刘秀、东汉的创始人光武帝。

前面说过，刘秀消灭王郎以后，以“河北尚未平定”为由违抗更始帝的命令，不去长安。其实这不仅仅是借口，当时河北各地的确存在诸多造反军。

铜马、大彤、高湖、重连、铁胫、大抢、尤来、上江、青犊、五校、檀乡、五幡、五楼、富平、获索……

这些造反军的名称，有的因地而名，有的像是绰号。据说总人数有几百万。

其中最大的是铜马军。光武帝在蒲阳将他们全部歼灭。《后汉书·光武帝纪》写道：

> 悉破降之，封其渠帅为列侯。

与王郎作战的时候，《后汉书》的记述是斩首数千，拔其城，诛王郎。这是毫不留情的彻底歼灭。王郎的军队是豪族联军，还自立为帝。而造反军是难以活命。走投无路才揭竿而起，除赤眉军外，没有自己建立政权的意思。也许出于这个原因，光武帝对这些造反军采取宽大的政策。其实也应该如此，把造反军的军队吸收过来，光武帝的兵力迅速增长，立即拥有几十万的大军。《后汉书》记述道：

故关西号光武为“铜马帝”。

因为光武帝麾下的铜马军士兵众多，所以送给他“铜马帝”这个绰号。

光武帝率领这样的军队制服溃败而来的赤眉军，十多万赤眉军士兵在宜阳向光武帝投降。光武帝对“赤眉帝”刘盆子也予以赦免，让他在叔父赵王刘良的手下当家臣。后来，刘盆子失明，但在荥阳得到一块土地，一生过着悠闲自在的生活。赤眉军的领导人徐宣、杨音也都回乡安然终身。

如此说来，光武帝似乎是一个理想的明君，宽严相济，对赤眉军、铜马军这样政权意识薄弱的部队采取宽容的态度，对王郎这样志在夺取政权的对手则毫不手软地予以镇压。

光武帝之所以能够消灭王郎，是因为把真定王刘杨拉到自己的阵营里来。为了实现与刘杨的联合，他娶刘杨的外甥女为妻。光武帝娶新野的绝代佳人阴丽华为妻是在前一年。当时没有重婚罪，伦理观也与现在的不一样。但是，刘秀即帝位后的第二年，以谋反罪将妻子郭氏的舅舅刘杨诛杀。

《后汉书》是东汉的正史，自然按照对光武帝有利的记录撰写。诛杀的理由没有比“谋反”这个罪名更合适的了。从复兴汉王朝这一点来看，堂堂正正的皇族真定王刘杨远比准皇族的旁系光武帝刘秀更接近汉的皇统。而且光武帝是依靠真定王才取得天下的，心里有一种自卑感。要是真定王消失，光武帝也就轻松放心了。

赤眉军的领导人樊崇和逄安，先是被赦免，后以“谋反”被诛。光武帝大概觉得这两个人也是危险人物。

天下绝不是光靠讲漂亮话就能得到的。

推翻王莽政权的是农民造反军，但是他们不能建立自己的政权。人民渴望安定的秩序，他们无法给予人民这个秩序，他们不知道建立统治天下所必需的组织。建立组织，就必须具有铁一般的纪律。他们做不到，所以他们最后的形象就变成流寇土匪集团，这是一种必然。

光武帝以严厉的纪律约束军队，以宽容的态度网罗人才和兵力。光武帝集团与赤眉军的不同就在于“知识”的差距。光武帝曾在洛阳的太学研读，应该从《战国策》《史记》等史书中学习到很多历史，也从《孙子》中熟知谋略，并能学用结合。据说赤眉军领导人中能读书识字的，就一个曾当过基层官员狱吏的徐宣。

光武帝吞并赤眉军后，剩下的就是残喘于陇（甘肃）的隗嚣和蜀（四川）的公孙述这两个地方政权。

建武八年（32年），光武帝致信正在攻打陇的部将岑彭，其中这样写道：

人苦不知足，既平陇，复望蜀。每一发兵，头须为白。

“得陇望蜀”这个成语就源于此处。这封信为《后汉书·岑彭传》所引用，光武帝说每次派遣远征军，自己的头发都变白。这其中包含着他为远征军的艰难劳顿而苦恼的心情，但是，另一方面，人的欲望是无限的，既平陇，复望蜀。自己也是一个人，欲壑难填，也为此苦恼。

岑彭原是王莽的官员，在宛城投降光武帝。光武帝对他重用，他也没有辜负光武帝的期待。

建武九年（33年），隗嚣病死，其子隗恂于翌年投降，陇的问题得以解决。

建武十二年（36年），公孙述战败而死，蜀也归入汉的版图。在此前一年，岑彭被蜀的刺客暗杀。他对光武帝忠心耿耿，至死不渝，大概上述那封信所显示的主君的人情味让他深受感动吧。

光武帝可以这样表现自己，而赤眉军的领导人就做不到。不过，光武帝很少有故事传说，至少比汉高祖要少得多。光武帝性格严谨、慎重、质朴、耿直。创业者多是像高祖那样粗犷悍野，不拘一格，但光武帝不是这样的人。

光武帝开创的王朝，我们称之为“后汉”或“东汉”。前汉、后汉是依据时代的时间前后命名，西汉、东汉则依据首都的位置命名。西汉的首都是长安，东汉的首都在其东面的洛阳。现在中国似乎一般称为“西汉”“东汉”。10世纪中叶，唐朝灭亡后，进入短命的王朝接连持续的五代，其中也有一个只存在四年的“后汉”王朝。大概为了区别起见，将光武帝创建的后汉称为“东汉”。但是，以东、西汉称呼，有被误以为是分裂国家的缺点，其实无论是西汉还是东汉，都是统治全中国的泱泱大国。

前后、东西，或者南北等冠在王朝前面其实都是后人为了方便起见的称呼。光武帝开创的后汉，即东汉这个王朝，其实在当时的称呼就一个“汉”字。只是后来的史学家感觉光一个“汉”字容易与别的政权混淆，才这样分别称呼。

灰色的时代

皇城之内，宫室光明，阙庭神丽。

《两都赋》以如此华美绚丽的辞藻赞美洛阳。

“两都”指的就是西面的长安和东面的洛阳。《两都赋》以美轮美奂的文字对这两座大城市进行比较，其作者就是《汉书》的著者——东汉的班固（32—92年）。此外，同样题材的文章还有张衡（78—139年）的《二京赋》。

《两都赋》和《二京赋》都是对长安和洛阳进行比较，结果还是洛阳略胜一筹。因为是东汉人写的文章，自然要偏爱洛阳，但两都的比较，肯定是长安华美，洛阳质朴。这不仅是两座都市的比较，同时也是西汉和东汉两个王朝性格的比较。

光武帝定都洛阳，建武二年（26年），在洛阳修建高庙。修建祭祀汉高祖刘邦的宗庙就意味着明确宣告复兴汉王朝。

光武帝基本继承西汉的各种制度，但不是原封不动地全盘照搬。首先把首都长安迁到洛阳。光武帝出身南阳，洛阳离自己的家乡近，更有亲切感。光武帝的统治集团据说有云台二十八将或者说是三十二将、三百六十五功臣，其中南阳出身者所占的比例很高，可以说是南阳政权。一旦发生事变，洛阳能够与南阳立即取得联系，所以定都洛阳心里更有把握。

长安被赤眉军烧成一片焦土与光武帝定都洛阳、修建高庙几乎在同一时间。这个时候，光武帝大概还没有得到长安烈焰冲天的消息，所以东汉定都洛阳不是因为长安化为焦土废墟、皇帝无处可住的原因。

虽然废除王莽的制度，恢复到西汉的制度，但不是盲目死板地恢复原状。光武帝对行政进行相当大规模的整顿，减少官衙门数量，削减定员。

书生出身的光武帝由于学习过历史，对造成弊害的制度加以改革。

其中之一就是军事制度。西汉的军事制度是全民皆兵。各地的农民一到适龄期就进入郡的兵营接受训练。郡的军事长官是郡都尉。光武帝废除郡都尉这个职务，征兵制度也就不复存在。

有人认为，王莽末期，农民造反之所以轰轰烈烈，是因为农民军队伍多有在各地接受过军事训练的退役士兵。光武帝亲历战乱，也许他深切感受到接受过军事训练的人遍布全国各地是危险的。

光武帝的目的不仅仅是精简机构，厉行节约，其真正目的是确立皇帝的独裁权。官僚机构太复杂，有的地方皇帝过问不到，这样就难以全面把握国家政治。精简机构以后，任何角落都逃不出皇帝的眼睛。

军事制度的改革不仅仅是废除地方的郡兵，建国元勋的将军们的部下也编入由皇帝直辖的军团，这样，只有皇帝一个人才能调动军队。

光武帝在位三十三年中，前半期发动不少平定国内的战事，后半期似乎有意让人民休养生息。光武帝大概从史书中学习、理解到在汉高祖粗野激烈的创业之后需要文帝、景帝时代的恢复期吧。《后汉书》这样记述道：

初，帝在兵间久，厌武事，且知天下疲耗，思乐息肩。自陇、蜀平后，非儆急，未尝复言军旅。

幸运的是，光武帝时代，西汉时代的强敌匈奴分裂为南、北两半，对汉朝已经不再构成威胁。如果北方的匈奴还是冒顿单于时代那样强悍，恐怕光武帝的后半期就不可能悠闲自得地休养生息。

在内政问题上，引人注目的是频繁颁布解放奴隶的诏书，同时还经常对老弱贫困者予以粮食补贴。光武帝曾经和农民并肩战斗过，知道他们蕴藏着可怕的能量。

奴隶或者处于奴隶状态的人、赤贫而绝望的人、受到极度压迫的人，他们会无所畏惧地揭竿而起。光武帝看到这一点，如果说有人要灭亡自己的王朝，那应该正是这些人。光武帝经过深思熟虑，采取各种措施，防止产生先前参加赤眉军、绿林军那样的人。

以前奴隶主杀死奴隶，可以说因为奴隶不是“良民”（普通的人），奴隶是自己的私有财产，而获罪甚轻。然而，建武十一年（35 年）二月，光武帝颁布诏书：

天地之性人为贵。其杀奴婢，不得减罪。

这一年六月，颁布诏书：

敢灸灼奴婢，论如律，免所灸灼者为庶民。

灸灼就是热灸，当然不是为了治病，而是一种惩罚，或者像在牛马身上烙印一样，在奴隶身上烙印私有权的标记。如果奴隶主这样做，就要依法受到惩处，被灸灼的奴隶可以解脱奴隶的身份，成为庶人（自由民）。

同年十月，又诏令废除奴婢射伤人一律处死弃市的法律。第二年三月，诏令：

陇、蜀民被略为奴婢自讼者，及狱官未报，一切免为庶人。

建武十三年（37 年）十二月，诏令：

益州民自八年以来被略为奴婢者，皆一切免为庶人；或依托为人下妻，欲去者，恣听之；敢拘留者，比青、徐二州以略人法从事。

接着，建武十四年，颁布诏书：

益、凉二州奴婢，自八年以来自讼在所官，一切免为庶民，卖者无还直。

我之所以不厌其烦地一一介绍光武帝接连不断颁布的解放奴隶诏书，因为据称是中国最出色的编年史——司马光的《资治通鉴》对此不置一词。北宋的司马光是旧法派的大学者，对光武帝解放奴隶的历史性意义缺少足够的认识。

王莽时代，通过严厉的惩罚强制推行烦琐复杂的法律，因罪被贬为奴隶身份的人一定很多。另外，从王莽末期到东汉初期，由于战乱饥荒，卖妻鬻子的也不在少数。

光武帝通过具体的奴隶解放诏令，告诉人们复兴汉王朝的美好时代已经到来，在全国营造浓厚的解放和轻松的气氛。他深深知道被逼得走投无路的人所蕴藏的最后爆发的能量的可怕，所以采取这些措施也包含着让这些巨大的能量逐渐释放出来的意图。

然而，恐怕不能把这一切都解释为光武帝的政治性谋略，他的王朝政策也反映出在洛阳的太学学习《尚书》的青年刘秀所受到的儒家理想主义的影响。

当时的书生刘秀一定怀着强烈的愤怒。在王莽的权势逐渐增强、最终夺取西汉王朝的时候，表示反抗的义人竟然如此之少。这究竟是为什么呢？汉朝的廷臣、高官都是见风转舵，还有不少大臣对王莽阿谀奉承。

这就是道义的堕落。刘秀痛感国家官吏最需要的既不是政治知识，也不是事务能力。强烈的道义心才是从事国家政治的人绝对不可或缺的。

那个时代还没有“科举”，但存在这个制度的雏形，称为“选举”，按照各项德目加以举荐。其德目有“贤良方正”“直言”“明经”“有道”“茂才”“孝廉”等科目。举荐者有郡太守、国相乃至中央的高官。东汉时代，其中最重要的是“孝廉”科目。孝顺清廉是光武帝刘秀最寄予希望的骨气之士。

被举荐到孝廉科，就意味着肯定能飞黄腾达，所以有志于仕途者都希望被举荐为孝廉。

举荐者责任重大，不能仅仅因为是亲朋好友等关系就随意举荐。如果在当地深孚众望、公认廉洁的人未被举荐，举荐者甚至会受到玩忽职守或者弄虚作假的质疑。

孝顺清廉在全国蔚然成风，当然其中也会出现假孝廉。有人为了官宦仕途，假装孝廉，不惜散财，摆出淡泊金钱的样子。

不论哪一种制度，都有其长处和短处，即使出现假装孝廉的人，但崇尚孝廉这种风潮作为时代精神深入人心。儒学在西汉已经国教化，在东汉更变本加厉，成为礼教至上的社会。

尽管产生很多骨气之士，但他们也被囚闭在礼教的樊笼里，严谨审慎，却缺少野性的能量，缺少情趣的魅力，难以产生豪情澎湃的人物。

稳健，但也可以说是沉闷呆滞，这样的社会，波澜不惊。也许这就是光武帝的喜好。

作为光武帝政治基础的全国各地豪族也极其保守，不喜欢发生大的变革。具有讽刺意义的是，光武帝计划推行的变革有时被他所出身的阶层否定。

土地兼并越演越烈，光武帝打算限制土地拥有，但这也和奴隶解放一样，效果不佳，因为遭到大土地所有者豪族的强烈反抗。

建武十五年（39 年），光武帝命令调查耕地面积和户籍情况。掌握土地和户籍的真实状况是执政的基础。但是，豪族们抵制进行这种强制性的调查，他们兼并大量的土地，如果官府了解他们土地的真实状况，必然要加重租税，于是，他们瞒报耕地面积。豪族与地方官僚互相勾结，狼狈为奸，不真实的瞒报照样得以通过。

抵制强行调查耕地和户籍的不仅仅是大地主、大豪族，还有从未申报过耕地数量的普通农民。战乱期间，不少农民背井离乡出去流亡，留在当地的农民就自作主张地耕种这些无主的土地。一旦被调查出来，他们就必须缴纳租税。

各地发生农民叛乱，他们的背后也许有一部分地主的支持，其中青州、徐州、幽州、冀州这四州的叛乱最为激烈。这些地方是王莽政权末期农民叛乱的中心，光武帝就是利用农民叛乱的暴风骤雨得到现在这个帝位的，所以他非常熟悉如何镇压。

光武帝宣布各项政策：叛乱者如揭发对手，可赦免其罪。五个叛乱者如杀死一个叛乱者，这五人全部无罪。这是对叛乱军进行内部分化的方法。对地方官吏，在自己的辖区内发生叛乱，不追究官员的责任。王莽末期，追究地方官的责任，结果有的地方官被迫投向造反军。地方官只是隐匿叛乱者才有罪。

叛乱者的极大不满之一是不公平。豪族等有权有势者与地方官互相勾结，通过弄虚作假的申报隐瞒偷漏租税，而对一般农民过于严厉。

光武帝为平息这种不满情绪，对与虚假申报有关的十几个高官予以处理。

大司徒欧阳歙就是其中之一。大司徒是三公之一，在西汉时代相当于丞相。西汉的三公是丞相、御史大夫、太尉，东汉初期的名称是大司徒、大司空、大司马。建武二十七年（51 年），大司徒和大司空的“大”去掉，大司马恢复为“太尉”。

一人之下、万人之上的高官欧阳歙被投入监狱，问题出在他担任汝南郡太守的时候，测量耕地弄虚作假，将一千多万钱中饱私囊。欧阳歙家族八代都是博士，一直教授《尚书》。弟子为他哀求者多达千人，甚至有年轻人愿意替他去死。但是，光武帝没有赦免他。欧阳歙最终死于狱中。

另外还有河南尹（洛阳长官）张伋等一批郡太守，最终也死于狱中。

叛乱被镇压下去，可以说是光武帝采取巧妙的措施。但是，他一再对耕地进行强制性调查。

在光武帝解放奴隶的时候没有发生叛乱事件。奴隶是一种身份，即使法律上不再是奴隶，但事实上的奴隶还多得很，而奴隶主也没有被逼到非叛乱不可的地步。

土地问题比解放奴隶更加严重，而且事关王朝的基础阶层。光武帝似乎把土地问题暂时搁置一边。

叛乱镇压下去以后的第二年，建武十七年（41年），光武帝两次回到故乡。因为离洛阳很近，想回去就能马上回去。南阳郡的舂陵已经改名章陵。光武帝在家乡会见亲人，宴饮欢乐。

据《后汉书》记述，宴席上，亲戚中的几个长辈女性互相说道：

文叔少时谨信，与人不款曲，唯直柔耳。今乃能如此。

豪放不羁、与人肝胆相照，这些光武帝都做不到，即使与人相处，也总是内敛低调，没想到这样的人居然能当上皇帝。这些大妈们既佩服又觉得不可思议。光武帝听后，呵呵大笑，说道：

吾理天下，亦欲以柔道行之。

柔道，就是稳重柔韧。光武帝少年时候大概也不喜欢与人争执、口无遮拦，总是态度温和地倾听别人的说话。在家族的大妈大娘眼里，他不是一个争强斗胜的孩子，如今却当上皇帝，让她们大为惊讶。

光武帝说，自己的执政，还是和过去一样，顺其自然，量力而行。

他说“量力而行”的时候，脑子里大概想到强制调查耕地这件事吧。这件事就是不顾实际情况，强行硬干，结果招致强烈的抵制，甚至发生叛乱。在平叛后的第二年，光武帝就说出这一句自我反省的话。

违背豪族利益的政策就是与大势背道而驰，今后不能再做。也许他的言外之意就是让大家尽管放心。

近代史学家中，有人把光武帝的这句话解释为是对豪族的全面屈服。但是，光武帝说这句话之前，先有大妈大娘们说的话，令人感兴趣的倒是这句话简明生动地道出光武帝的性格。

不仅仅是光武帝的性格，也是对东汉王朝性格的形容。

我在上面提到三公的名称，说光武帝去掉大司徒、大司空的“大”字。其理由是太古的官名就是司徒、司空，本来就没有“大”字。不过，不喜欢夸大其词的光武帝也许对“大”这个字有抵触感，这也是改名的原因之一。

那么，东汉就不是大帝国吗？绝非如此。虽有匈奴分裂的天助，东汉统治着与西汉全盛时期几乎一样辽阔的领土，是一个应该称为大帝国的王朝。

但是，王莽末期的战乱大伤这个国家的元气，人口锐减。

《汉书·地理志》记述有平帝元始二年（2年）的户数和人口。根据唐朝颜师古的注释，东汉元始年间的户口似乎最为兴旺，户数一千二百二十三万多户，人口五千九百五十九万多人。

东汉大学者伏无忌学识渊博，著有《伏侯古今注》等。据他记录，东汉时代，每死一个皇帝，都要调查登记户数和人口。光武帝死去的建武中元二年（57年）这一年，全国的户数为四百二十七万多户，人口二千一百多万。

与五十五年前的西汉平帝的元始二年的数字相比，户数和人口都锐减至三分之一左右。这还是光武帝从其在位中期开始实行的让人民休养生息的结果，他统一天下的时候，户数和人口大概更少吧。恶政和战乱草菅人命，人命不如蝼蚁。

质帝死去的本初元年（146年），户数九百三十四万多户，人口四千七百五十六万多。这是光武帝死后九十年的人口，还没有恢复到一百四十四年前西汉最兴旺时期的数字。

东汉继承西汉的事业，从领土上说，的确是一个大帝国，但实力已经明显单薄弱小。

关于耕地面积，《汉书·地理志》记载的数字是八百二十七万顷。光武帝死去那一年的耕地面积没有留下记录，自然是惨淡稀少。据伏无忌记述，质帝本初元年的耕地面积是六百九十三万顷，还没有达到一百四十四年前的水平。

《两都赋》的作者夸耀洛阳比长安质朴。洛阳是东汉的象征，可以说东汉不能不质朴简约。东汉没有出现西汉武帝时期那样辉煌绚丽的时代。偏心于洛阳的《两都赋》的作者大概想把西汉比喻为黄金，把东汉比喻为白银。实际上，东汉既不是纯粹的白色或者黑色，应该说是一个灰色的时代。

西汉时代，对盗马人处以死刑，对盗牛人只是以普通的盗窃罪予以处罚，因为马是重要的战争武器。然而在东汉时代，不仅盗牛人被处以死刑，连杀死自家的牛也要被判死刑。

军事固然重要，但最重视的还是农业。不言而喻，人口与耕地面积关系密切。增加耕地，就是增强国力。对耕地作出巨大贡献的耕牛一定要严加保护。《后汉书》记载有牛瘟流行的事。西汉大概也有牛的瘟疫流行，但不认为值得记载在史书上。

在一个勉强维持生存的时代，不可能出现壮丽宏伟的事业。东汉是一个不起眼的灰色时代，但如果考虑到东汉建国之前的毁灭性破坏时期，东汉能做到这个地步，已经是很了不起的了。

《两都赋》这样描写东汉创建之前遭受大破坏的荒凉破败的惨象：

往者王莽作逆，汉祚中缺，天人致诛，六合相灭。于时之乱，生民几亡，鬼神泯绝，壑无完柩，郛罔遗室。原野猒人之肉，川谷流人之血。秦、项之灾犹不克半，书契以来未之或纪也……

自此以后，还没有发生过如此巨大的破坏。光武帝成为“继天之君主”，滋养众民，恢复国土，博得人民的盛赞。

在观察东汉这个时代的时候，我们的脑子还是应该记住是天下大乱之后的东汉，那是治疗伤痕的时期。那么，就会产生这样一个问题：光武帝为什么出兵越南？

从西汉时代开始，在现在的越南北部就设置有交趾、九真、日南等郡。所以，光武帝出兵这些地方并不是进攻外国。因为交趾郡发生征侧、征贰两姐妹的叛乱，光武帝的出兵是为了保卫汉领土的完整。征侧、征贰两姐妹大概是当地的女首领。光武帝的这次出兵越南实质上是中央对地方民族自立运动的镇压。据《汉书》记载，平帝元始二年（2 年），交趾郡的人口为七十四万六千多人，九真郡为十六万六千多人，日南郡为六万九千多人。顺便提及一下，当时设置在朝鲜半岛的乐浪郡的人口为四十万六千多人。现在中国南方的主要城市广州，当时属于南海郡，全郡人口仅有九万四千多人。

交趾郡的人口比位于首都长安城里的京兆人口稍微多一些，绝不是边境的荒凉地带，而是东汉极其重要的地方。光武帝派名将马援前去平定叛乱。两姐妹被马援抓捕斩首是在建武十九年（43 年）。这两姐妹至今还被越南奉为民族英雄。大叛乱虽然被平定，但后来小规模的叛乱不断发生。

在东面的朝鲜半岛乐浪郡，东汉初期，一个名叫王调的人自立为王，但立即被平定下去。在光武帝派遣的军队来到之前，当地的人们就消灭了王调。王调似为汉族，他的自立行为不采取民族斗争的形式，所以十分脆弱，立即遭受挫折。远征军的司令是王遵，他成为乐浪郡的太守。这一年是建武六年（30 年），参与王调叛乱的相关人员都被宽赦。

自西汉以来，各地郡县和南部边境的交趾等地发生较大的叛乱，东部边境的乐浪郡比较稳定，这大概因为多有汉族移居者的缘故。

有的地区局势比较平稳，那是因为东汉放弃了对这些问题地区的统治。西汉时代对黄海至日本海地区的朝鲜半岛行使统治权，但东汉时代放弃了对岭东，即朝鲜半岛的日本海一侧的地区的统治权。大概这也是遵照光武帝的量力而行的方针吧。他对确保民族摩擦很少的西部地区就感到满足了。

辽东的东面有高句丽国，东汉初期表现出友好的态度，建武八年还派使节团前来朝贡。据史书记载，王莽时代，对“高句丽”这个国号很不满，说明明是野蛮民族，脑袋还挺高，便将“高”去掉，改为“下句丽”。实在愚蠢之极。

放弃对朝鲜半岛岭东的统治权大概是遵照光武帝的“柔道”方针，在镇压交趾叛乱的时候，这个方针得到进一步的加强。以马援为总司令的远征军虽然成功地平叛，但军费的支出肯定数额巨大。对于在王莽末期的动乱中疲惫凋敝的国家来说，这笔开支不堪重负。

这次远征关系到帝国的荣誉，但切身体会到付出的代价太大。那么，有没有别的维护帝国荣誉的方法呢？如果采取让征侧、征贰这两个女首领保住面子的方法，就可以避免如此巨额的军事开支。

光武帝从这次远征中吸取很大的教训。怀柔政策比军事远征的成本要低得多，而且更有效果。

建武二十年（44年），有韩的廉斯人苏马諟来到乐浪郡，献上贡品。光武帝封他为汉廉斯邑君。

授予印绶，再送点礼物就可以，这比远征军的军费少得多。光武帝不仅仅算经济账，他的整个外交政策向怀柔大幅度倾斜。

《后汉书·光武帝本纪》记载，光武帝中元二年（57年）正月，“东夷倭奴国王遣使奉献”，二月戊戌——

帝崩于南宫前殿。

日本派来的使者在光武帝死前到达洛阳。

《后汉书·东夷传》记载，倭奴国使节自称“大夫”。日本使节先到朝鲜半岛的乐浪郡，再由郡的官员带到洛阳。

光武，赐以印绶。

日本在江户时代天明四年（1784年）在志贺岛[①]出土一方金印，上刻五个字：

汉委奴国王

① 志贺岛：位于日本博多湾北面，属于福冈县。岛上有志贺海神社等。——译注

这正是《后汉书》所记述的光武帝授予日本使节的那方金印。

苏马谌只被封为“邑君”，相当于“村长”，日本却是“国王”。朝鲜半岛有乐浪郡，周边的情况就会报告给朝廷，对来到乐浪郡的“外国”人进行审察、评价应该也是郡长官的重要职责。如此说来，东汉认可倭奴国是与其“国家”名称相适应的土地，来自倭奴国的是正式的“国家”使节。

委奴国应该读做“倭的奴的国”这种说法比较有说服力。有人认为“委奴国”就是伊都国。出土金印的志贺岛的对面系岛半岛①是古代伊都国②的领域，所以这个观点比较有说服力。

金印问题与后来的卑弥呼③、邪马台国等都是日本自古以来广泛研究的课题。本书不能一一涉及，但可以肯定地说，日本从这个时候才终于开始接触大陆文化。

西汉在朝鲜半岛设立郡，汉文化浸透进这个地方，日本也以某种形式接受其影响。北九州和朝鲜半岛的来往在古代并不十分困难。西汉在鼎盛时期的统治力量也未能到达朝鲜半岛的南部，尽管没有政治的影响力，但依然受到文化潮流的冲击。

委奴国不论是倭的奴还是委奴，东汉政府对以前一直未承认为“国家”的政权授予印绶，将其首领称为“国王”。这可以说是光武帝所制定的怀柔的外交政策的产物。

另外，也有人提出不同的意见，认为这是中国周边的尚未形成国家形态的部族集团开始产生自己是国家的意识。

换言之，可以说是政治性的民族意识的萌芽。交趾的征侧、征贰姐妹反抗东汉的统治，这是一场政治性的民族运动，但运动之火能够燃烧起来的前提，是当地人的民族意识必须高涨。

---

① 系岛半岛：位于福冈县西北部，玄界滩上的半岛。——译注

② 伊都国：《魏志·倭人传》记载的倭国内的国家之一，一般认为在系岛半岛。——译注

③ 卑弥呼：《魏志·倭人传》记载的倭国内的3世纪中叶的邪马台国女王，统治有三十多国，239年曾派使者难升米到魏国，接受“亲魏倭王”的称号和印绶。——译注

是什么原因使他们具有民族意识呢？难道是自然产生的吗？

对此有各种各样的看法，大概是各种因素综合而成的，但哪一种因素最主要呢？

有人认为，作为政治意识学问的儒学对周边各民族产生极大的影响。孔子追求的是政治人物的学问，具有文化至上主义。他的理想是以文化的不同浓厚度区别华夷。具有礼乐者为“华”，缺少礼乐者为“夷”。他重视的不是血统，而是有无礼乐。

西汉的武帝将儒学变成国家宗教，但儒学本身的普及则在很晚以后。在想当圣天子的王莽时代，已经具有国教地位的儒学才终于结出果实。而且王莽试图依照儒学理想来推行他的外交政策。

王莽无法容忍那些缺少礼乐的周边民族称王。王莽的外交政策极其拙劣，他把以前一直保持友好关系的王降格为侯。

将高句丽王降格为下句丽侯的做法实在可笑之极，但王莽非常认真，他相信从儒学的精神来看，这样做是必须的。

从王降为侯，从高句丽变成下句丽，自然引起高句丽方面强烈的反抗，导致政治性的民族意识的觉醒不足为怪。而且重视政治的儒学正逐渐渗透进周边民族里。

越南征侧、征贰姐妹的反叛与塞外民族先前的以掠夺为目的的反叛在性质上似乎不同。光武帝应该认识到这一点。

为与量力而行的政治理念相适应，东汉的外交方针发生很大的变化。按照新的方针，甚至对从来就不是王的大海彼岸的委奴国的首领也授予“王”的印绶。

江户时代出土的、引起极大轰动的“金印”应该具有这样的背景。还不能说当时儒教已经渗透进日本北九州的这个部族集团，这个部族集团也不具有很高的政治性民族意识。可以推测，当时整个东亚产生这样的萌芽，为此东汉政府确定了应对原则，对日本也采取同样的原则。

汉文化、儒文化的浪潮对越南、朝鲜是全面覆盖，从地理位置来看，对日本只是余波轻缓的浸润。此后日本进入古坟时代，之所以能够出现如此巨大的建筑物，应该有一种理念把人们的力量凝聚在一起。这个理念有可能是政治性民族意识的高涨。

《后汉书》记载，光武帝死后五十年，安帝永初元年（107 年），倭国王帅升献俘虏一百六十人。尽管是余波轻缓，但不停地拍打浸润着东海之滨的国度。

群　臣

中国的正史通过《史记》《汉书》《后汉书》《三国志》……一直撰写延续下来。上面的排列是根据历史时代顺序，从执笔时间来看，《三国志》比《后汉书》要稍早一些。虽然《后汉书》也记述倭人的事情（如前所述），但更成为人们话题的是《三国志》中的《魏志·倭人传》。因为它的写作时间要早于《后汉书》。中国史书中最早记述日本的是《三国志》。

《后汉书》与早于它的《史记》《汉书》的很大不同点大概是列传中没有《货殖传》和《游侠传》。《后汉书》的作者范晔（398—445年）是南朝东晋至宋朝时代的人，似乎能够充分把握东汉的时代精神。

东汉是所谓的强硬的儒教时代，崇尚礼教至上。东汉的时代精神认为在史书中写入侠客传，彰显他们的事迹，是十分荒唐的。另外，尽管东汉也有货殖优秀的实业家，但在那个时代的评价不高。

不是没有侠客和实业家，而是没有必要在正史中为他们立传，留下他们的名字。

《汉书》的作者班固是东汉人。他模仿《史记》的体裁，也开立《货殖传》和《游侠传》，但似乎不太热心。我在本书的第二卷也谈到，班固批评司马迁吹捧游侠，排斥处士，主张货殖，崇尚权益，羞辱贫贱。尽管如此，还是要写《游侠传》，大概因为要论述西汉已经避不开游侠。吴楚七国之乱时，周亚夫奉命讨伐，当他知道叛乱的军队没有把侠客剧孟拉过去，高兴地说道，这样子乱军就没什么了不起的。《史记》和《汉书》都记载有这则故事。

东汉人班固讨厌侠客，但如果侠客具有如此强大的势力，也不能不写。

《后汉书》新设立有《史记》和《汉书》所没有的《烈女传》《独行传》《逸民传》《方术传》等。这也生动地反映出东汉的时代特色。所谓烈女，意为富有才华的贞节女子。

独行，大概是指特立独行、忠于自己立场的人。范晔也说过，虽然为他们立传没有什么历史重要性，但忘记他们的事迹又感觉很可惜，所以姑且记录下来。

所谓逸民，就是隐者，不愿仕宦、远离俗尘、淡泊名利的人。范晔认为他们值得写入正史。

方术，就是精通阴阳推步之学，乃至医术、谶纬等。《后汉书》写有二十多个这样的人的传记。

光武帝尤其相信预言。他曾在洛阳的太学学习过儒学，所以令人感觉不可思议，大概他是一个宿命论者吧。

《后汉书》记载光武帝家乡的大妈大娘们说做梦也想不到他会当上皇帝，感到惊讶。他自己也没想到会即位称帝。易帜反叛王莽的时候，在南阳豪族中深孚众望的也是他的长兄刘縯。光武帝是幼弟，他还有一个二哥刘仲。反叛初期，刘仲战死。而长兄刘縯为更始帝所不容，被杀。

于是，大概光武帝就认为这一切都是命运早就做好的安排。

当时有各种各样的预言书，在《赤伏符》这本预言书里有这样一句晦涩难解的话：

王梁主卫作玄武。

所谓谶纬，大抵都是莫名其妙的话，然后进行各种各样的解读。

王梁，渔阳人，野王县县令。野王县是卫元君从濮阳迁来之地。因此，这句谶纬可以解释为：王梁将成为卫，即野王县的主人，成为玄武。

玄武是类似龟的一种动物，可以视为水神。古代，司空这个官职被称为“水土之官”。“成为玄武”，可以解释为将担任大司空的职务。

就因为书上有这一句预言，光武帝就任命王梁为大司空。大司空是仅次于大司徒的相当于“副首相”的要职。

沛县出身的桓谭在光武帝欲以谶纬决断事务的时候，说谶非经，表示反对，结果差一点被判处死刑。他跪地磕头，几至流血，才算保住一条命。明君声誉之高的光武帝也有这令人意外的另一面。《后汉书》辟有《方术传》可以说反映了光武帝对谶纬的喜好。

其实，儒学体系中也有类似谶纬的内容，《易经》等就是其代表。光武帝的时候，有一本书名叫“孔丘秘经”，其中说汉朝的制度是孔子制定的。汉朝在孔子死后二百七十多年才创建，因此所谓孔子制定汉朝制度就是一种预言。看来曾经是儒学生的光武帝相信谶纬未必就断言他是自相矛盾。

独裁君主要提高自己的权威，有时也希望身上附有某种神秘的力量。王莽就是这样，他试图通过各种各样的预言来证明自己是接受天命的圣天子。其实这些大抵都是他捏造出来的。也许光武帝也希望自己超人化，即神圣化。

《后汉书》写有众多人物。因为著者范晔的方针是，即使没有历史的重要性，但只要被人忘记感觉可惜的人就收进去，但这样收进去的人物就显得太多。《逸民传》写有十几个隐者，其实，如果是真正的隐者，就不为世间所知。

人物虽多，引人注目的显著人物却很少。汉朝创业时期，出现很多不同凡响的人物，而东汉的建国元勋中，没有一个人深刻留在人们的记忆里。当然，能否留在记忆里是一个主观问题，不能一概而论，但我是这么认为的。

说到西汉的建国功臣，张良、萧何、曹参、樊哙、韩信……马上就能说出几个熟悉的人名，而东汉的建国功臣实在屈指可数。

光武帝作为独裁君主，通过小政府来掌控国政。他不喜欢庞大的官僚组织。政府组织越小，里面的人也往往显得渺小。作为个人，也许他们的能力可以与张良、萧何相匹敌，但在组织里显示不出来。其实，光武帝本人看上去也不是一个大人物。

远征讨伐越南征侧、征贰姐妹的马援倒是一个比较显著的人物。这个人经常豪言壮语，也许这让我们对他感觉亲切。

马援是右扶风郡（今陕西省）人，出生在一个仕途无法飞黄腾达的家庭里。西汉时代，马援的曾祖父马通曾是列侯，却因其兄马何罗反叛被连坐诛杀。马援出身于这样一个曾经反叛过朝廷的家庭里，所以他的仕途十分渺茫。至王莽时代，反叛过汉朝的人终于可以在新王朝里不受避忌，马援的哥哥们才都升为俸禄二千石的高官。

马援随其兄来到陇西，受到当地军阀隗嚣的重用，授予绥德将军的称号。当时天下形势混沌不清，是倒向东面的刘秀（光武帝），还是追随蜀的公孙述，隗嚣拿不定主意，犹豫不决，于是派马援去了解情况。

马援与公孙述是同乡，自幼相熟。但是，公孙述以威武庄严的仪仗队迎接马援。公孙述自称皇帝，见到自幼在一起的同乡竹马之友，也不高兴地拉手交谈，而是装腔作势摆出皇帝的架子。

马援回到陇西，向隗嚣汇报说：

子阳井底蛙耳，而妄自尊大，不如专意东方。

“以井底之蛙不可言海”这句话出于《庄子》，读书人皆知之。公孙述不过一个小小的蜀地领主，就摆出天子的架势，如同不知大海的井底之蛙，将来不会有大作为的。

后来，马援奉仕于光武帝，受命讨伐隗嚣的时候，以米粒堆积成模型，献上作战策略。他一边手指着米粒做成的山谷模型一边说明作战部署，直观易懂。光武帝高兴地称赞道：

虏在吾目中矣。

马援远征交趾平定征侧、征贰姐妹之乱后，被任命为守卫边境的将军，征战沙场。这是他自愿请缨，当时他的豪言壮语十分著名：

男儿要当死于边野，以马革裹尸还葬耳，何能卧床上在儿女子手中邪？

好男儿不希望被妻子儿女抱着死于卧床之上。

建武二十四年（48 年），发生武陵五溪的蛮夷之乱时，六十二岁的马援又要求从军出征。光武帝因其年迈未予允许。马援则身穿甲胄骑在马上，以示尚能驰骋沙场。

光武帝笑道：

矍铄哉，是翁也！

同意他率兵出征。

但是，这场战争十分艰苦。问责使梁松是光武帝的女婿，他原本就和马援不合，而且后来还替代马援指挥军队作战，所以他把这一场战争贬损得一塌糊涂，连自己指挥不力失败的责任都推到前任马援的身上。马援此时已经阵亡，死者无嘴，不能辩解。

马援曾被封为新息侯，但光武帝听信梁松的汇报，收回他的印绶。落井下石，世态炎凉，有人甚至把过去的事情搬出来诽谤已经死去的马援。

马援从越南获胜归来的时候，曾带回来一车薏苡的种子。他平时经常食用薏苡，感觉南方的薏苡比北方的薏苡颗粒大、效果好。他带回来的一车薏苡种子是打算用来移植北方的。马援死后，有人上奏说马援装在车上带回来的东西是珍珠和有花纹的犀牛皮。光武帝更加恼怒，据说为此长久不为马援举行正式的葬礼。中国形容蒙受不白之冤称为“薏苡之谤”就是出于这个典故。

不久，马援所蒙受的不实之词得以昭雪，这一切都是梁松的诬陷也大白于天下。

马援是一个美男子，《后汉书》形容其为“眉目如画”。他的女儿大概也是绝代佳丽，十三岁入太子宫，皇太子即位后，封为皇后。东汉第二代皇帝明帝的皇后马氏就是马援的女儿。

通过小政府执政，势必形成亲信政治的模式。光武帝意欲君主独裁，但自然不可能完全个人独裁，必须有助手具体实施他的命令。

于是，皇帝个人感觉亲近可信的人物就成为心腹，实际上参与政治。这些亲信不是皇族里的人。虽然有远近亲疏的不同，但皇族都具有皇位继承权，所以让他们接近权力核心是危险的。即使以“量力而行”作为执政信条的光武帝也把皇族、妻子的舅舅刘杨清洗掉。皇子成为诸侯王、皇族以及功臣被封为列侯者不在少数，但与西汉时代很大的不同点是，无论是诸侯王还是列侯，其领地都非常小。东汉不仅政府小，一切都是小型化。

犹如鹤立鸡群，一切都小，皇帝就显得格外引人注目。在这样的机构里，受到皇帝信任的心腹具有很大的权力。皇帝本打算将他们作为助手使用，但无人可以与他们平起平坐，结果形成这样的局面。

亲信手中的权力原本是皇帝赋予的，所谓的亲信，只是单纯的用人，随时都会被主人解雇。但是，当皇帝处于无法行使主人权力的状态时，具体地说，例如皇帝生病或者过于年幼的时候，亲信就拥有令人无法想象的巨大权力。

既然皇族一般没有资格成为皇帝的亲信，那么什么样的人会受到皇帝如此重用呢？首先是外戚。皇后的亲戚与皇族是异姓，自然没有皇位继承权，因此皇帝可以放心使用。中国同姓不通婚。东汉的皇室姓刘，所以皇后必定选择刘以外的姓氏家族。

除了外戚之外，使用起来得心应手的就是那些在皇帝身边伺候日常生活起居杂事的宦官。宦官都做过阉割手术，失去了作为男人的生理功能。这些不是男人的男人可以出入于后宫。在皇帝看来，宦官可以说是皇帝家庭的仆人。因为他们也知道家庭内的情况，皇帝感觉他们也是亲人，予以信任。宦官自然没有孩子，一般的高官会考虑本家族的利益，宦官没有家庭，皇帝就认为他们会一心一意地为自己服务。所以，比起有家族的大臣，皇帝往往更信任宦官。

外戚和宦官很快就成为东汉的宫廷政治的主角。不幸的是，东汉的皇帝多为短命，所以幼小的继承者即位后，这些亲信就掌握政治的主导权。

第一代皇帝光武帝六十三岁死去，他在东汉皇帝中寿命最长。光武帝三十岁即位，在位长达三十三年。第二代明帝与其父亲一样，也是三十岁即位，但在位只有十八年，四十八岁死去。虽然可以说是短命，在东汉皇帝中却是第二长寿者。在他之后，没有一个皇帝的寿命超过四十岁。

需要说明的是，这里所说的寿命是“作为皇帝”的寿命。第十三代、即末代皇帝献帝活到五十四岁，但是他在三十九岁时退位，是因为东汉灭亡，被魏取代。后来，他被封为山阳公，其寿命仅次于第一代的光武帝。

第三代章帝十九岁即位，三十三岁死去。此后即位的十个皇帝中，即位时年龄最大的是第十一代桓帝，十五岁。第五代殇帝出生后一百多天即位，第二年死去。第九代冲帝也是两岁即位、第二年死去的幼年天子。这种情况下，外戚和宦官执掌大权是理所当然的。

皇帝更换，皇后、皇太后家族自然也随之更换，唯有宦官的势力不会发生变化。从这个意义上说，宦官比外戚更难办。

东汉的宫廷政治，当宦官的势力过于强大时，就试图利用外戚的力量予以削弱；反之，当外戚专横时，就试图通过宦官的力量予以抑制。

除外戚和宦官之外，东汉还存在一个光武帝即位以后就一直培养扶植的“骨气之士”的政治集团。他们是强硬的儒教信奉者，绝对不允许刑余之人的宦官如此干预政治。骨气之士与宦官的对立日益激烈。

这三股力量错综复杂的权力斗争动摇了东汉王朝的根基，使东汉失去生机，最终导致灭亡。

光武帝奉为理想政体的小政府也存在巨大的缺陷。如果是一个坚强有力的君主执政，君主独裁的政体可以发挥作用；但如果不是这样的君主，这种政体就会发生混乱。

东汉王朝具有浓厚的“皇帝之家庭就是国”的性质，家庭的混乱立即引发国家的混乱。光武帝当然很清楚这一点。在他以及此后的明帝时代，都禁止外戚和宦官登上政治舞台。

既然东汉是“家即国”的政治，在这里对东汉创建者光武帝的家庭情况略加介绍。

前面说过，尽管光武帝标榜“娶妻当得阴丽华”，但他在娶得阴丽华的第二年，为了拉拢河北的豪族，便与真定王刘杨的外甥女郭圣通结婚。

即位之后必须册立皇后，当上皇后的不是阴丽华，而是郭圣通。据《后汉书》记载，光武帝想册立阴丽华为皇后，但是她坚决不肯接受，因为此时郭圣通已经生子，所以阴丽华谦逊让位。

郭圣通的舅舅刘杨以谋反罪被诛杀，但是此后她依然被册立为皇后。郭氏已经生子，即使她的舅舅反叛，她的地位仍然安然无忧。建武二年（26年），郭氏所生之子疆同时被立为皇太子。

阴丽华在两年后的建武四年也生下一个儿子，取名阳。

这一年，光武帝亲征彭宠，来到元氏这个地方，就是现在的河北省石家庄市南面的元氏县。此时，他听从伏湛的劝谏，回到洛阳。阴丽华是在元氏县生下皇子的，说明她跟随光武帝亲征。从这件事也可以看出光武帝对阴丽华倾注着深切的爱情。

顺便说一句题外话，当时劝谏光武帝的伏湛，他的玄孙伏无忌是饱学之士，《伏侯古今注》的作者。前面说过，由于他的记录，使后人可以大致了解东汉的户数和人口。伏无忌的曾孙女是东汉末代皇帝献帝的皇后伏氏。伏皇后为曹操所杀，这在《三国志》里是很著名的故事。

郭皇后失去光武帝的宠爱，心生怨恨，做出有违妇人之道的事情，于建武十七年（41年）被废黜，阴丽华代之册立为皇后。爱衰而生怨，这是很自然的事情，但“帝怒之”，则是男人的任性。

建武十七年这一年，光武帝两次回到故乡章陵。前面说过，他和家族的大娘大妈们说说笑笑，谈到自己的“柔道”。他的两次回乡大概是为了获得家乡族人对他的废立皇后的谅解吧。从这件事也可以看出“家即国”的思想。

连光武帝也觉得内心有愧，这样做毕竟不正常，于是颁发诏书，大意是说这并非国家幸事，不必庆贺。另外，他封郭氏所生的第二个皇子——右翊公刘辅为中山王。母亲被降格，将其子从公升格为王，以此加以弥补。被废黜的郭皇后后来就称为中山王太后。

皇太子并没有立即更换。两年后，郭氏所生的刘疆辞去皇太子的地位。他的心头一定悲愤委屈。

刘疆主动请辞是听从郅恽的劝告：

久处疑位，上违孝道，下近危殆。

阴氏所生的刘阳被封为东海王，刘疆请辞后，他成为新的皇太子，并利用这个机会，改名为“庄”。前皇太子刘疆成为东海王。

光武帝颁布诏书，冠冕堂皇地大谈特谈“《春秋》之义，立子以贵”的道理。贵为皇后，既然皇太子疆的母亲已经不是皇后，自然就要立皇后阴氏之子为皇太子。

被降为东海王的刘疆于光武帝死去的第二年——明帝永平元年(58年)死去。皇太子即位后，前皇太子马上就死去，令人感觉时间过于巧合。但是，史书记载明帝对东海王之死悲哀恸哭。

光武帝在更换皇后和皇太子以后，依然谨慎从事，力求对郭氏和阴氏这两个家族一视同仁，公平对待。光武帝提拔郭氏的弟弟郭况为大鸿胪，经常前往他的宅邸，设宴畅饮，下赐金钱缣帛。洛阳市民流传说郭况家是“金穴”。

既然郭况是大鸿胪，那么阴皇后的同父异母哥哥阴识就是执金吾。这是光武帝年轻的时候渴望向往的“仕宦当作执金吾”的炫耀风光的职务。阴识虽然身居执金吾的要职，实际上他担任皇太子的指导教师。

据说阴识和客人谈话的时候，十分小心谨慎，绝对不谈国事。

第二代皇帝的皇后是马援的女儿。史书记载有第一代光武帝的皇后郭圣通、阴丽华的姓名，却没有记载马皇后的姓名，只是简单地记述“马皇后讳某”。

明帝时候，在云台宫殿里挂有建国功臣的肖像画，其目的是为了永远铭记开国元勋的丰功伟绩。一共挂着二十八个将军的肖像画，所以称为“云台二十八将”。但是，这其中缺少本应该有的一个人的画像，此人就是伏波将军马援，即马皇后的父亲。为此马皇后格外谨慎，尽量不让自己家族的人担任显要的职务。

尽管皇后本人以及像阴识这样与皇后极其接近的人小心严谨，但一到下面，外戚依然凭借特权耀武扬威，不过没有东汉后期的外戚那样专横跋扈。

不论哪个时代，仗势欺人、为非作歹的总是下面的人。

与东汉后期的专横霸道的外戚相比，前期的外戚还算是比较老实的。东汉的鼎盛时期无疑正是外戚的沉闷时期。光武帝、明帝、章帝这三代基本上保持了创业精神。

第三代皇帝章帝的皇后是窦氏。西汉文帝的窦皇后的弟弟是她的先祖，所以可以说是出身于汉王朝的名门家族。光武帝时代的大司空窦融是章帝皇后窦氏的曾祖父。窦融是王莽的司马、更始帝的太守、隗嚣的重臣，臣服光武帝以后担任大司马。他是一个典型的豪族，无论政权如何更迭，他总是稳如泰山，身居要职。窦融的孙子窦勋与被降为东海王的前皇太子刘疆的女儿结婚。章帝的皇后窦氏是窦勋的女儿，所以他与皇室的关系可谓千丝万缕。

章帝三十三岁死去，十岁的和帝即位。和帝不是窦皇后亲生之子，其生母是梁氏，但窦皇后视为己出，精心培养。梁氏不久死去。和帝是幼帝，皇太后窦氏的势力自然增强起来。

外戚的祸害从此开始，我在后面还会涉及。以下介绍东汉时代前期其他的重要人物。

在东汉后期掌握权势、作威作福的外戚邓氏和梁氏都是东汉开国元勋的后裔。章帝的皇后窦氏也是如此。这可以说是豪族政权的必然结果吧。

第四代皇帝和帝的皇后邓氏是南阳的豪族，也是光武帝的同学邓禹的孙女。

南阳豪族举兵推翻王莽，与绿林军一起拥立更始帝刘玄的时候，不论什么人规劝，邓禹就是不参加这个政权，而当他得知光武帝刘秀挺进平定河北的消息时，特地赶去追随刘秀。因为他和学生时代的刘秀相识，交往甚笃，对他的非凡才能尊重佩服。

光武帝与久违的同学见面，询问他希望得到什么样的官职。邓禹回答道“不愿”。光武帝问那你为何而来？邓禹回答道：

但愿明公威德加于四海，禹得效其尺寸，垂功名于竹帛耳。

当时没有纸，都是在竹简绢帛上记录文字。“竹帛”就是记录的意思。我不想得到官职、爵位，只想留名青史，在史册上记下自己的功名。

此后，邓禹成为光武帝年轻的幕僚，无论是方针政策、人事安排、战争等，各个方面都是光武帝得力的谋士。光武帝封其为高密侯，领地有高密、昌安、夷安、淳于四县。东汉列侯的领地一般都比西汉的小，但高密侯邓禹的领地大概是所有列侯中最大的。邓禹死后，他的领地分给三个儿子，长子邓震自然继承高密。

邓震之子邓干娶明帝的女儿沁水公主为妻。

第八代皇帝顺帝的皇后梁氏是开国元勋梁统的玄孙女。

梁统征讨隗嚣的时候，与窦融一起立有战功，被封为高山侯。梁统之子梁松娶光武帝的长女舞阴长公主为妻。前面说过，正是这个梁松谗言马皇后的父亲马援。梁统之弟梁竦的女儿是和帝的生母。但是，窦太后把和帝作为自己的养子，生母梁氏遭到排斥，短命死去。

建国元勋的家庭和皇室的联姻如此复杂，例如和帝的皇后邓氏是邓禹的孙女，但她的母亲是光武帝的皇后阴丽华的侄女。外戚与其他外戚之间也有血缘关系。

光武帝在他的姐姐湖阳公主丧夫寡居的时候，曾想找一个朝廷大臣，让她再婚。他若无其事在姐姐面前评论大臣，听取她的意见。湖阳公主说道："宋公威容德器，群臣莫及。"这个宋公就是长安人、现任大司空的宋弘。光武帝想成全姐姐的这一桩好事，于是把宋弘叫来，让姐姐坐在屏风后面听他们的谈话。光武帝对宋弘说道：

谚言贵易交，富易妻，人情乎？

你现在当上了大司空，封为列侯，所以更换一下妻子，这不是人之常情吗？宋弘回答道：

臣闻贫贱之知不可忘，糟糠之妻不下堂。

贫穷时候的朋友不能忘，吃糟咽糠、患难与共的妻子不可逐出家门。

宋弘走后，光武帝回头对屏风背后的姐姐说道：

事不谐矣。

将结发夫妻称为"糟糠之妻"正是出于宋弘的这个典故。东汉是礼教时代，可以说宋弘是这个时代的楷模典范。

重视礼教，教育自然兴盛。首都洛阳设有太学，各郡国也都创办有学校。此外还有私学，尤其对儒学的研究蔚然成风。

统一校订和解释儒家经典成为国家的一项大事业，章帝建初四年（79年），在宫中的白虎观召开大规模的儒者会议，共同研究此事。将这次著名的重要会议的成果撰写成书的是班固，书名为《白虎通义》，简称《白虎通》。

班固还著有《汉书》，是东汉前期首屈一指的大文豪。他生于建武八年（32年），自幼才华横溢，我在前面引述过他的《两都赋》。他的父亲班彪也富有文采。班固撰写《汉书》是为了完成父亲的遗志。但是他也没有写完，未竟而殁，由其妹班昭补全。可以说《汉书》是班家的业绩。

如此说来，班家似乎是文学家族，但是从《汉书》卷末的述传来看，其实并非如此。

班氏的先祖是楚国的令尹（相当于丞相）子文的后裔，楚亡后，移居晋、代（今山西省北部），自称姓班。秦始皇末年，班壹饲养马、牛、羊等牲畜数千头，成为当地的豪族。班壹之子班孺是任侠之徒，班孺之子班长官至上谷郡太守，班长之子班回举秀才，班回之子班况举孝廉。从这个述传看，班氏应该是弃武从文。一门之中，任侠与儒者并存。

班固的弟弟班超在西域发挥其威武勇猛的本领，在这家族中燃烧着任侠的沸腾热血。我将在《西域》一章讲述班超。

班固的妹妹班昭在宫中为女子教授文学。她与曹世叔结婚，但夫早亡。她在宫中被称为曹大家。当时的后宫具有浓厚的钻研学问、文学的氛围。据《汉书》记载，明帝的马皇后喜欢阅读《春秋》《楚辞》《周官》《董仲舒书》等，和帝的邓皇后七岁熟读史书，顺帝的梁皇后九岁精通《论语》，也悉晓《诗经》。

明帝时代，与班固一起在宫中掌管图书的贾逵也是东汉的大学者，是作赋吊唁屈原的著名文人贾谊的第九代孙。据说他精通《左氏传》。可惜的是，他的同事班固有著作传世，而贾逵的作品早已亡佚。

贾逵的弟子许慎也是一个不可忘记的学者，他博闻强记，被称为“五经无双”，其著作《说文解字》可以说是文字研究领域永放光芒的金字塔。后世学者从中受益简直无法估量。

许慎于和帝永元十二年完成《说文解字》，这一年恰好是公历100年。这个时期，在世界文化史上值得大书特书的一件事就是纸的发明。

据《后汉书》记载，宦官蔡伦使用树皮、麻头、破布、渔网等作原料造纸，于元兴元年（105年）献上和帝。此前都是在竹简、木简上记录文字，重要的文献写在帛上，正如邓禹所说的那样“垂功名于竹帛”，既麻烦，又高价。纸张使用方便，成本低廉，对学问、知识的普及作出巨大的贡献。以前一本书需要装载在一辆牛车上才能运输，如今一个人就能拿得动，完全可以说是划时代的发明。也有这样的观点：认为在蔡伦之前就已经制造出类似纸的东西，但蔡伦的造纸方法最先进。

蔡伦虽是宦官，却也是了不起的学者，他曾奉命召集儒者，主持召开校订儒家经典的会议。他被封为食邑三百户的龙亭侯。

许慎的《说文解字》成书于纸的发明之前，其中就已经收入有“纸”这个字。从字体结构的绞丝旁来看，似乎指的是一种纤维性的东西。蔡伦发明的东西在形状上与其相似，于是人们称之为“蔡侯纸”，但很快就以“纸”一个字称呼。这说明纸张得到迅速的普及。

模仿班固的《两都赋》创作《二京赋》的张衡既是文人，也是科学家。他制作的浑天仪、候风地动仪十分精巧。

西　域

在丝绸之路上旅行，沿途时常会看到汉代的遗迹。

例如库车县城西北面大约十七公里的地方有一座高约二十米的土塔，据说是西汉的烽火台。

库车在《汉书》《后汉书》里称为“龟兹”，自古以来就是西域的重要国家。为实行西域方略，西汉在乌垒城设置西域都护府，就是今天的库车县城东面大约一百公里的轮台县。

“都护”就是“守护一切”的意思，大概当时就已经意识到，要守护这里统括西域的北路和南路。

西汉为守护西域，实行屯田兵制度。屯田兵团的司令是戊己校尉。其实这是官职戊校尉和己校尉的合称。其缘由尚无定论，戊和己恰好在十干的正中央，成为西域的中心，这个观点现在最为普遍。

绿洲星星点点散布在广袤的沙漠上，守卫队的士兵十分分散，所以必须建造烽火台，以便紧急时刻召集各路的士兵。

西汉的西域方略与对付匈奴的政策密不可分。对汉朝来说，西域是丝绸运往西方的必经之道，也是骏马运来东方的通道，还是昆仑玉交易之路。然而，最重要的无疑是和匈奴较量角逐之地。贸易量的增减不至于马上亡国，但与匈奴的争斗，弄不好会导致立即亡国。从这个意义上，说西域方略就是对匈奴的政策也不为过。

汉朝在西域设置西域都护，同样，匈奴也在西域设置“僮仆都尉”。

僮仆就是奴隶。匈奴将西域的居民视为奴隶，进行榨取，征税剥削。

汉朝对西域各国不征税，但是让他们履行平时给汉使臣以及军队提供粮食、战时派兵参战的义务。驻扎在西域的汉军属于田卒，就是平时开垦农田耕种的屯田兵，所以西域当地居民供给粮食的义务不会很苛刻。

西域各国处在汉朝和匈奴的双重统治下，总是惶恐不安。汉朝强大就倒向汉朝，匈奴强大就倒向匈奴，这就是西域各国的宿命。

现在这个地方的居民中，能歌善舞的维吾尔族人最多，但汉朝时代似乎并非如此。唐朝放弃西域是在8世纪末，后来其他势力进入，9世纪中叶被吉尔吉斯族驱逐出来的维吾尔十五个部族开始民族大迁徙，如洪水般涌进这个地区。

库车出土的用倾斜的婆罗米文字书写的语言称为吐火罗语。研究表明，这个地区使用印欧语系的语言。

印欧语系大致可以分为颚音类和咝音类这两大语族。印度语、伊朗语属于咝音类语族，希腊语、拉丁语、日耳曼语等属于颚音类语族。出人意料的是，研究表明，西域的吐火罗语属于颚音类语族。

汉时代的西域，也许是很多民族的混居地，但居住在天山南面的中心地区的确是接近希腊、拉丁语系的民族，至少古代龟兹国的居民无疑属于雅利安人。

这个古代龟兹国，从西汉时代开始，就一直奉行亲汉政策。天山北路还有一个亲汉的国家——乌孙。汉朝皇女称为乌孙公主嫁给乌孙国王，不过，匈奴也把王族的女子嫁过去。

据《汉书》记载，龟兹王绛宾娶乌孙公主的女儿为妻，访问长安，居住一年多。回国以后，宫室、仪仗、音乐、礼法、服饰等，一切都采用汉朝制度，所以别的西域国家诽谤道：

驴非驴，马非马，若龟兹王，所谓骡也。

汉朝和匈奴反反复复殊死拼搏，至西汉末期，由于匈奴内讧，紧张局势才缓和下来。汉宣帝神爵二年（前60年），发生匈奴的日逐王降汉这样的大事。第二年，汉朝设置西域都护。

随着匈奴势力的衰弱，西汉的西域方略趋于稳定安泰。从日逐王投降到西汉灭亡的约七十年间，西域一直保持平稳状态。

破坏西域和平的是王莽。

汉朝的统治比匈奴的剥削要好一点，对于西域居民来说，其实这只是程度的差异而已。汉朝对西域居民虽然不征税，但西域的绿洲小国接待来来往往的汉朝使臣，也是相当重的负担。汉朝屯田兵的素质很差，他们都是“免刑罪人”。按汉朝规定，被宣判有罪之人，只要志愿去边境垦荒或者随军参战，便可得到赦免。这些屯田兵时常为非作歹。

受人统治，尽管程度上有所差别，其本质都是受剥削。如果真正独立，就可以免受这一切负担，这自然是最理想的状况。但是，由于特殊的地理条件，西域绿洲的弱小国家难以实现真正意义的独立。要不臣服汉朝，要不臣服匈奴，二者必居其一。当然也有第三条道路，那是万不得已的最坏打算，就是同时臣服汉朝和匈奴双方，即所谓的“两属”状态。

王莽的西域政策等于把西域各国赶到匈奴那一边去。王莽注重的只是形式，他自以为受天命，是圣天子，要君临天下，所以必须具备威武盛大的仪仗排场。当然这一切都太过分了。

始建国元年（9年），王莽将五威将王奇等十二人派往各地，收回汉朝印绶，重新授予新王朝的印绶。不仅到国内，五威将也前往外国。

西域各国都被汉朝授予王的印绶，而王莽的使者把汉的印绶收回后，授予他们侯的印绶。从王降格为侯，西域各国自然心怀不满。超形式主义者王莽指示使者五威将摆出奢华气派的排场，乘坐绘有天文图的华丽精美的五乾车，副使五帅跟随，其他随员也是人数众多，八面威风。迎接这样的使者，必须具备相应的接待规格。西域各国为迎接王莽的五威将，只好倾其国库。

第二年，王莽任命心腹甄丰为右伯，派其前往西域。西域各国一听，叫苦不迭。前一年为接待五威将，国库几乎告罄，现在又来一个比五威将地位更高的广新公甄丰，接待规格自然要超过上一次。

车师后国王须置离无法忍受，想逃往匈奴。他打算举国夜逃，看来实在是被逼得走投无路。身在吐鲁番盆地交河城的戊己校尉刁护得知以后，把须置离叫来，将他送到西域都护但钦那里，但是但钦草率地杀掉须置离。于是须置离的哥哥狐蓝支带领车师后国的两千多部下以及牲畜投靠匈奴。

西域的反叛从此开始。

当时，匈奴与西汉保持着友好关系，但王莽也破坏了这种关系。

王莽将西汉授予匈奴的印绶“匈奴单于玺”收回，代之授予“新匈奴单于章”的印章。西汉视匈奴为平等之国，所以印章上没有“汉”字，只有“匈奴”。而且皇帝的印章称为“玺”，这个字只能用于皇帝之印。称匈奴单于的印章为“玺”，说明西汉承认匈奴单于等同于皇帝的地位。

但是，王莽的印章在“匈奴”前面加一“新”字，因为王莽王朝的国号为“新”。这样，匈奴就成为新臣。而且不是“玺”，而是“章”字。王莽大概是告诫匈奴要明白自己蛮夷的身份。然而，匈奴对这种蔑视自然满心愤怒。

就在这时，狐蓝支率车师后国投奔而来。匈奴接受狐蓝支的投奔。这个举动意味着对王莽政权已经无所顾忌。

王莽政权在西域地区的口碑也非常不好，使得从西汉时代开始就一直生活在西域的汉人离心离德。他们长期居住在西域，对西域的状况非常熟悉。当时西域地区一定弥漫着王莽政权还不如匈奴的气氛。

戊己校尉的幕僚陈良、终带、韩玄、任商杀死校尉刁护，带领两千多男女随从，投奔匈奴。他们自称“废汉大将军”，以被废除的汉王朝将军的名义斩杀王莽之臣校尉。

这样，西域就从王莽政权中脱离出来。王莽对此置之不理。置之不理，就意味着交给匈奴。

西域各国中，焉耆国（哈喇沙尔）离匈奴最近，所以带头反叛王莽。他们杀死王莽任命的西域都护但钦，作为归顺匈奴的礼物。此事发生于始建国五年（13 年）。但是，王莽无法立即出兵征讨，直至三年以后的天凤三年（16 年）才派出远征军，重新任命王骏为五威将、李崇为西域都护、郭钦为戊己校尉，并兼任远征军司令。

焉耆诈降，同时调兵遣将，准备抵抗，动员全国的壮丁，伏击五威将王骏的军队。王骏率领龟兹、莎车（叶尔羌）等西域国的士兵，但他们一遭遇到伏击，立即倒戈。王骏战死。

戊己校尉郭钦从另一路进攻焉耆国。所有的壮丁都已动员上阵作战，焉耆国内只剩下老人、孩子和妇女，郭钦尽行杀戮后撤出。

西域都护李崇收罗残兵败将，进入最亲近中国的龟兹，居而不去。

李崇收余士，还保龟兹。数年莽死，崇遂没，西域因绝。

《汉书·西域传》以这句话作为结语。此处的“数年”，乃指此次远征七年后王莽死去。

在匈奴势力范围内的西域各国的日子并不好过。匈奴是一个游牧帝国，将掠夺榨取视为正常的行为。因为没有竞争对手，所以匈奴对西域各国的榨取毫不留情。西域各国人民开始怀念在汉朝的西域都护保护下所享受的和平时代。

西域各国对匈奴的苛敛诛求并非一味忍气吞声，而是进行过相当激烈的抗争。匈奴也不是鼎盛时期的匈奴，没有力量让统治下的国家从一开始就停止反抗。离匈奴的根据地越远的国家，对匈奴的反抗越强烈。

中国本土战乱平息，光武帝建立东汉王朝以后，西域各国自然而然地靠拢过来。其中远离匈奴的莎车国最为热心，积极要求和东汉建立友好关系。

《后汉书·西域传》有这样一段话：

匈奴敛税重刻，诸国不堪命，建武中，皆遣使求内属，愿请都护。

要求恢复西域都护的呼声很高，但光武帝实现“量力而行”的政策。光武帝前期忙于平定陇、蜀、交趾、五溪蛮等，无暇顾及西域。虽然匈奴暗中支持反叛光武帝的彭宠、卢芳，给予各种各样的援助，但光武帝还是认为与匈奴和亲为第一要策。

就匈奴而言，不希望看到中国大地上出现一个强大的政权，他们没有忘记汉武帝时代一次又一次的远征所带来的痛苦。他们希望中国本地适当地分裂，这样对自己有好处，光武帝谋求国家的统一，匈奴出于自己利益的考虑，自然要支持反对光武帝的势力。

但是，形势朝着对东汉有利的方向发展。

中国本土也不愿意看到塞外出现一个强大的统一政权。冒顿单于所领导的匈奴大帝国曾经让刚刚成立的西汉大受其苦。

匈奴的分裂对东汉有利。分裂以后的匈奴在光武帝后半期再次分裂。这是东汉求之不得的大好事。

匈奴的孝单于舆将南部领土和乌桓之地分封给侄子日逐王比，并且为了将单于的位置给予儿子，杀掉其弟知牙师。知牙师是嫁到匈奴的王昭君之子。

日逐王比心里很不高兴，他是前一代单于乌珠留的长子。就乌珠留和孝单于的关系而言，单于的位置不是传给儿子，而是传给了弟弟。这样，孝单于也应该把位置传给弟弟知牙师。然而，孝单于却杀害了弟弟。如果传位于子，日逐王本人就是前一代单于的长子，所以他觉得自己是名正言顺的继承者。

知牙师被杀，日逐王决心自立。他宣布自己承袭祖父呼韩邪的称号。他的祖父呼韩邪单于与汉朝关系亲密，甚至娶王昭君为妻。日逐王之所以承袭祖父的称号，大概是打算依靠东汉的力量与叔叔孝单于系统的单于相对抗。此时孝单于已经死去，其子蒲奴即单于之位。这样，呼韩邪的政权称为南匈奴，蒲奴的政权称为北匈奴。

南匈奴要与北匈奴争夺霸权，自然就要和东汉保持友好关系。将西域各国置于自己的势力范围以内，对它们苛敛诛求的是北匈奴。然而，北匈奴似乎也是力不从心，对西域无法实行强有力的统治。

汉朝力量的衰退，北匈奴软弱的统治，加上地方性小霸权国家的兴起，这几股力量错综复杂地纠集在一起，形成西域混沌紊乱持续的局面。最先成为小霸权国家的是莎车，接着是龟兹。莎车和龟兹向周边的绿洲小国征税，而北匈奴又从中揩油。

东汉第二代皇帝明帝于永平十六年（73年），才下决心派兵远征西域。与汉断绝来往六十五年以后，西域再次出现汉的军队。

《汉书》作者班固的弟弟班超正是在这一年出征西域。第二年，东汉恢复西域都护和戊己校尉。

讨伐北匈奴的远征军兵分几路向朔北和西域进发，西域远征军的司令是窦固。班超属于窦固的军队，官居假司马，是一个骨干军官。他作为使节，率领三十六个勇士进入鄯善，立下大功。

不入虎穴，不得虎子。

这个著名的成语就是当时班超激励部下奋勇杀敌所说的话。

鄯善国原先是楼兰国，地处西域南路和北路的交叉处，是一个交通要道。班超作为东汉使节，带领三十六个勇士，进入鄯善国。起先受到鄯善王的热情款待，但很快情况发生变化，明显备受冷遇。

班超猜对了。鄯善国也臣服北匈奴，之所以突然间对班超变得冷淡起来，一定是因为北匈奴的使节——征税吏之类的官员到这里来了。班超侦察出北匈奴使节的住处，便把部下召集起来，设宴款待，说服他们攻杀之。对方虽然人多势众，但如果夜间偷袭，对方情况不明，必定惊慌失措，我方便可取胜。没有冒险精神，岂能建树大功？！

三十六个勇士在班超的激励鼓舞下，勇猛袭击北匈奴使节的住处，放火烧毁，彻底摧毁数倍于自己的敌人。

鄯善国惊恐万状，遂降汉。

后来班超又平定于阗（和田）、疏勒（喀什），西域南路完全归入东汉的势力范围。

永平十八年（75 年），明帝死去，四十八岁。十八岁的皇太子登基，为父举行大葬，却因此未能向西域派遣援兵。此时在西域的汉军正陷于艰苦卓绝的战斗。

北匈奴联合车师国包围汉的戊己校尉所在的柳中城，龟兹和焉耆攻杀西域都护陈睦，己校尉关宠阵亡，只有戊校尉耿恭被救出。

第三代皇帝章帝对西域采取消极的政策，命驻军疏勒的班超撤回。班超奉命撤离疏勒。汉一放手，在北匈奴支持下的龟兹必定再次消灭疏勒。那个时候，与东汉合作过的人大概都会受到清洗。班超撤离以后，疏勒国的亲汉派大臣中有人悲观绝望而自尽。而且果然不出所料，龟兹再次占领了疏勒。

班超离开疏勒，沿南路回国，来到于阗时，王侯以下官员抱着班超坐骑的马脚，号啕痛哭道：

依汉使如父母，诚不可去。

此时，班超决心留在西域。他急忙返回疏勒，但疏勒已被龟兹占领。班超清除龟兹派，收回疏勒。

班超没有服从中央政府的命令，但他的行动无疑是正确的。从此以后，在西域具有强大影响力的北匈奴逐渐衰弱下去。这不仅仅因为与南匈奴的争斗筋疲力尽，也因为鲜卑、丁零等塞外部族的逐渐强盛开始压迫北匈奴。北匈奴已经没有余力争夺西域。

失去北匈奴这个后盾，西域的小霸权国家龟兹也开始风雨飘摇，遂于和帝永元三年（91 年）降汉。这一年，汉朝任命班超为西域都护，都护府设在龟兹。此时班超去国已经 18 载。

现在库车县城附近还有龟兹古城遗迹，泥土堆砌的城墙长约二百米，高约三米至七米。这大概就是东汉管辖西域的根据地吧。龟兹国本来是亲汉政权，后来依靠北匈奴的力量，成为西域的小霸权国家，与东汉对抗。其实这不足为怪，也不能对它责难，亲汉也好，亲匈奴也好，都是为了本国的生存所作出的选择。要说责难，只能责备它的选择错误。

班超当上西域都护以后，积极准备为前任西域都护陈睦复仇作战。陈睦被焉耆军杀害后，十六年间西域都护空缺。

永元六年（94年），班超联合龟兹、鄯善等八国军队七万多人讨伐焉耆，斩焉耆王，将其首级送到洛阳。读史，最令人感觉郁闷的就是这种复仇之战。焉耆杀死东汉的西域都护，如果要报仇，东汉军队杀死焉耆王就足够了。但是，复仇之战祸及无辜人民。据史料记载，东汉军队大肆掠夺，斩首五千多，俘虏一万五千人。《后汉书·西域传》记载焉耆人口五万二千，可见这一场冤冤相报的战争是何等残酷凄惨！

班超立元孟为焉耆王。西域的每一个国家都有亲汉派和亲匈奴派，也许这样可以根据不同时期的不同政治形势，更换领导。

《后汉书·班超传》这样写道：

超留焉耆半岁，慰抚之。于是西域五十余国悉皆纳质内属焉。

永元九年（97年），定远侯班超决定派部下甘英前往大秦、条支。大秦就是罗马，条支就是叙利亚地区。

但是，甘英未能抵达目的地。他从安息（现在的阿富汗至伊朗地区）往西，来到海边，准备乘船出海时，船员说道：

海水广大，往来者逢善风三月乃得度，若遇迟风，亦有二岁者，故入海人皆赍三岁粮。

于是他决定不再继续前进。

如果汉与罗马建立直接贸易的通道，中转地的利益将受到损害。也许是为阻挠甘英出海，船员故意这样吓唬他。

那个时候，罗马的多米提安皇帝被暗杀，涅尔瓦即位，然后是图拉真时代，正是罗马帝国的鼎盛时期。

《后汉书》记录大秦国王派使者进贡是在桓帝延熹九年（166 年），也就是甘英去罗马遭受挫折六十九年之后。

阻挠甘英前往罗马的船员还这样吓唬他：

海中善使人思土恋慕，数有死亡者。

“思土”就是思乡。他忠告说，在漫长的航海旅途中，不少人因精神错乱而自杀。

然而，对班超来说，岂止三年，他在西域这个“大海”里度过了三十一年。

《后汉书·班超传》说道：

年老思土。

永元十二年（100 年），班超向洛阳的朝廷提出回国的恳求。

臣不敢望到酒泉郡，但愿生入玉门关！

大约三十年前，胸怀大志的班超作为将军窦固的部将从酒泉郡向西域进发。现在，自己并没有奢望回到酒泉郡，但至少渴望在有生之年进入汉朝土地的进口处——玉门关。他的话令人唏嘘动容。

班超的妹妹班昭侍奉宫中，负责对宫女的教育，她也向皇帝提出同样的恳求。

班超的恳求终于得到批准，永元十四年（102 年）八月回到洛阳。九月死去，享年七十一岁。

班超回到洛阳以后，他的后任西域都护任尚向他请教治理西域的方法。班超引用《孔子家语》中“水清无鱼”这句话开导他，指出宽恕小过，把握大纲即可。班超死后，任尚对身边亲近的人说道：本以为班超治理西域有奇招，原来说的也都是平平常常的话。

其实，班超心里担心任尚这个人待人过于严厉苛刻，而且性情急躁。向班超讨教治理西域的奇招本身就不合适。果然如班超所担心的那样，任尚在西域失去民心，西域再次发生动乱，任尚本人也被围困于疏勒。在梁慬带领的援兵到达之前，任尚勉强自己解围，虽然总算保住了面子，但被洛阳的朝廷召回，解除西域都护之职，由段禧接任。这一年是延平元年（106 年）。

第二年，东汉政府撤销西域都护，虽然段禧还留守在龟兹坚持，但洛阳朝廷不再给他发送公文。

以为西域阻远，数有背叛，吏士屯田，其费无已。

虽然西域都护被撤销，但并非弃而不顾。皇帝命令骑都尉王弘率领大军保护、迎接都护等官吏要员回国。

东汉撤退以后，北匈奴的势力自然重新返回西域。尽管北匈奴的势力已经衰弱，但因为没有竞争对手，无异于“天上掉馅饼”。然而，就当时北匈奴的势力而言，最多只能进入到西域的北部和天山的南北路。大月氏的势力逐渐渗透到西域南路。

东汉朝廷内主张对西域采取积极治理政策的声音第三次高涨起来。不过这一次并没有恢复设置都护，只是打算在敦煌派驻西域副校尉，往西域派遣西域长史。

延光二年（123 年），班超的幼子班勇作为西域长史进入吐鲁番盆地。永建元年(126年),在平定车师国之后,一鼓作气趁势击败北匈奴的呼衍王。

此时西域各国中唯有焉耆未降汉。具有讽刺意义的是，这个焉耆王正是班勇之父班超所拥立的元孟。班超认为他是亲汉派，才立他为王。

这个元孟是西域各国中最顽固的反汉派，一直抵抗到最后。其实，元孟既不是亲汉派也不是反汉派，他是将祖国焉耆的国家利益放在第一位考虑的焉耆派。

东汉从南北两路夹攻焉耆，西域长史班勇从南路，敦煌太守张朗从北路进攻。张朗因过失判死罪，自愿从军，欲戴罪立功。他能否保住自己的性命，就看战场上的表现，所以奋不顾身。张朗风驰电掣奔向焉耆。焉耆王果然惧怕，派使投降。

张朗以此功赦免死刑，而南路的班勇以耽误战机之罪入狱，不过很快就放出来。焉耆王元孟也以其子作为人质被赦免。

但是，这次作战以后，东汉无法继续在西域行使自己的力量——它已经喘不过气来了。

这种状态说明东汉的西域政策并不是始终如一。史学家称之为“三通三绝”，三次贯通三次断绝的意思。当然，这“通”和“绝”都是站在东汉的角度上的认识。

从西域各国的角度来说，在与东汉“绝”的状态的时候，正是与北匈奴、月氏“通”的状态。如果把整个丝绸之路作为贸易之路来看待的话，极少断绝的时期。在如此广袤的大地上，五万大军、十万大军的战争也不过如同一场小小的沙尘暴，奔走于东西方贸易之路上经验丰富的商队只要躲避一阵子就可以了。

通过这条丝绸之路，汉的丝绸运往西方，西方的玻璃、罗马金币等运到东方。不仅仅是物资的交流，通过人员往来，人们的思想、信仰也得到互相传播。

至少在这个时期，丝绸之路西部的重要国家大月氏就已经是佛教国家。汉朝称之为“大月氏”，但是其国号贵霜。属于大月氏的一个君主取而代之，所以严格地说，“大月氏”这个名称有问题。《后汉书·西域传》记载这个国家户数十万、人口四十万，灭天竺而富强，但没有涉及该国的佛教。《后汉书》说该国国王有丘就却、阎膏珍。丘就却大概就是迦德菲塞斯吧。出土的货币上有他的名字。

佛典上经常出现的护法王者迦腻色迦王据说就是贵霜王国的第三代国王。有人认为他是与《后汉书》所列举的两个国王的家族不同的第二王朝的第三代国王。并不是迦腻色迦王时代以后，佛教突然进来，在此之前佛教在这个国家就应该相当普及。

迦腻色迦王是一个神秘的国王，佛典中经常出现他的名字，但中国的史书未见此名。关于他的即位时期，众说纷纭，从公元前80年至公元278年，跨度竟然达三百五十多年，其中最有说服力的观点似乎是公元140年左右。如果是这样的话，正是东汉与西域处于“绝”的状态的时期，中国史书没有出现他的名字也可以理解。另外，迦腻色迦王时代，贵霜国迁都到现在的阿富汗至巴基斯坦的白沙瓦一带，在中国看来是一个更加遥远的国家。

《三国志》的裴松之注引用《魏略》说，西汉哀帝元寿元年（前2年），博士弟子景庐接受大月氏王的使者伊存口授《浮屠经》。

虽然《魏略》已全部亡佚，但这是一部可信度很高的史书。这个记述可以认为是佛教传到中国的最早记录。

此时西汉即将灭亡。从传播者是大月氏的使者这一点也可以推测，佛教在迦腻色迦王以前的贵霜国就已经相当普及。

也许可以这样说，西域也是佛法之路。

窦氏始末和宦官之影

西汉亡于外戚王莽，承继其后的东汉自然对外戚格外神经过敏。前车之鉴，由于东汉初期采取审慎的政策，外戚没有制造重大的事件。

第二代明帝死去的时候，明帝的皇后马氏的兄弟急急忙忙要进宫，担任北宫卫士令的杨仁全副武装，持戟严守城门，对外戚也毫不客气。马氏兄弟向章帝告状，诬陷杨仁，章帝反而将杨仁提拔为县令。

光武帝的女儿馆陶公主下嫁韩光，要求哥哥明帝让她的儿子担任郎中之职，但明帝未允，赐予她一千万钱。明帝考虑尽量不能让外戚担任要职。

明帝封尚书阎章的两个妹妹为贵人，十分宠爱。阎章精通典章掌故，才能超群，但明帝最终还是没有重用他。

章帝即位初始，想对母亲马太后的兄弟赐予爵位封侯，但马太后不同意。当时恰逢天灾干旱，“因为未封外戚之缘故”的流言在世间不胫而走，也有的朝臣进言“应依旧典”。所谓旧典，就是西汉的制度，外戚以恩泽受封列侯的规制。然而，马太后坚决不允，指出“说这些话的人皆媚朕”。对于才能出类拔萃的人来说，外戚这个身份反而成为擢升提拔的障碍。当然外戚具有外戚的特权。官吏对外戚都避让三分，例如外戚杀人有的似乎不偿命。

第三代章帝死去，年幼的和帝即位以后，外戚开始专横。窦太后不是和帝的生母，正如和帝的父亲章帝不是马太后所生之子一样。虽然不是生母，但父亲的正室，即皇后就是自己的母亲。章帝即位的时候，他的生母贾夫人还健在，但章帝碍于马太后的关系，与生母贾夫人保持一定的距离。

也许因为不是自己的亲生儿子，窦太后才打算将其作为傀儡，让自己的本家人掌控实权。和帝之前的三代皇帝时代，外戚都谨言慎行，所以窦太后家族的专横格外显眼。

窦太后的父亲窦勋是开国元勋窦融的孙子，获罪死于狱中。看来窦氏家族问题很多。

窦勋的母亲是公主，窦勋本人娶东海王刘疆（光武帝的长子、前皇太子）的女儿沘阳公主为妻。曾是班超的上司、西域远征军司令的窦固是窦勋的从堂兄弟，其妻是光武帝的女儿涅阳公主。

窦勋的父亲窦穆是窦融的长子，但此人也颇成问题。他是地方豪族，为扩大自己的势力，采取与周边的其他豪族联姻的方法。他想把六安这个地方并入自己的势力范围，便打算将女儿嫁给六安侯刘盱。但是刘盱已有妻室，窦穆便诈称这是阴太后的诏命，逼刘盱离婚。刘盱之妻上书洛阳朝廷，明帝大怒，将窦穆等所有家族成员罢官，除七十多岁的元勋窦融外，其他人全部赶出洛阳。不过，明帝这样做也只是一种警戒，在窦穆家族回故乡陕西来到函谷关附近的时候，接到皇帝诏书，说可以回到洛阳。

回到洛阳以后，窦穆并没有反省改过。明帝派一个谒者“监护”窦穆家。所谓谒者，是隶属于郎中令的官员，向皇帝传递、汇报情况，虽然俸禄六百石，但可以直接听命于皇帝，大概也从事秘密的特务监视工作。派到窦家的谒者名叫韩纡。

谒者韩纡向明帝汇报说窦穆父子抱怨牢骚，有失为臣之礼。明帝决定将窦穆家族送回故乡，但因为窦穆之子窦勋是东海王的女婿，允许他留在洛阳。

不久，窦穆因受贿罪被捕，死于狱中。其子窦勋也在洛阳被捕，死于狱中。

正是这个窦勋的女儿成为皇太后，掌握实权。她的父亲和祖父都死于狱中，所以她深知权力的厉害，也许还渴望享受行使权力所产生的快感。章帝在位的时候，“慎用外戚”的建国方针依然管用，窦太后不能随心所欲地行使权力。章帝一死，她便从所有的制约中解放出来。

窦太后代替十岁的幼帝和帝“临朝”，就是摄政。窦太后的哥哥窦宪任侍中，掌管机密，朝廷颁布的所有命令，都必须经过窦宪之手。窦宪的弟弟窦笃任虎贲中将，窦笃的弟弟窦景和窦瓌任中常侍。中常侍在宫廷宿值，类似皇帝的秘书。

窦宪掌权以后，做的第一件事就是对揭发父亲和祖父的谒者韩纡进行报仇。此时韩纡已死，窦宪便斩其子，将其头颅供奉于父亲墓前。韩纡之子与韩纡的所作所为毫不相干，但是在那个时代，父亲的所有行为都会延及儿子。

明帝对窦家怀有戒备之心，不仅仅因为皇族的三个女子下嫁所形成的外戚集团，同时也因为窦氏家族本身的人品也很成问题。

窦宪的一个幕僚崔骃曾写信规劝他：

“生而富者骄，生而贵者傲。”生富贵而能不骄傲者，未之有也。

西汉的二十家外戚中，保族全身者不过四家。他引用《书经》中的“不可不鉴于有殷”予以劝诫。

然而，窦宪置若罔闻，依然我行我素。章帝在位期间，他想强行霸占沁水公主（明帝之女）的田园，归为己有。章帝大为激怒，亏得窦宪的妹妹窦太后再三再四赔礼道歉，章帝才不予追究。但是，此后章帝不再提拔重用窦宪。

从窦宪斩杀韩纡之子也可以看出，此人心胸狭隘，冥顽固执，嫉妒心极强。

章帝大丧时，都乡侯刘畅来到洛阳。他是光武帝之兄刘縯的曾孙。刘縯为更始帝刘玄所杀，如果他活着，必然即东汉之帝位。刘畅是新即位的和帝的皇族，自然要前来参加大丧。此人品行不是很好，但不知什么缘故，很得窦太后的喜欢，经常受到召见。

窦宪妒火中烧，本想依靠妹妹皇太后的力量专权天下，却突然冒出来一个竞争者。窦宪派刺客杀死刘畅，并嫁祸于刘畅的弟弟刘刚。手法太巧妙反而失算，事情很快败露，真相大白。

窦太后震怒，囚禁其兄窦宪。窦宪要求参加讨伐匈奴以赎罪。

这一年是章和二年（88 年），章帝死于十月，此时尚未改元。班超还在西域积极开展活动。

几乎所有的三公九卿都反对讨伐匈奴，最主要的原因是正值谅暗（皇帝大丧）时期，而且匈奴并没有侵犯边境。不仅如此，匈奴受到鲜卑的压迫，处境艰难，北匈奴的屈蓝储等五十八部二十八万人于前一年刚刚降汉。趁对方危难艰辛之时征讨消灭之，乃非义。这也是儒家式的反对理由。

群僚百姓，咸曰不可，陛下独奈何以一人之计，弃万人之命，不恤其言乎？

这是侍御史鲁恭奏章中的一句话。所谓“一人之计”，指的就是窦宪的进言。

尽管反对的声浪很高，但窦太后充耳不闻，任命窦宪为车骑将军，准予远征。她的目的还是想让哥哥建树军功，虽然刘畅之事令她生气，但毕竟是兄妹。

班超的哥哥班固也参加这次远征。此时他应该正在撰写《汉书》。这个创作《两都赋》、编纂《白虎通义》的文豪，其实身份很低，通过参加这次远征，才提高地位，获得俸禄二千石的中郎将的待遇。但是，我将在后面讲述，这成为他毁灭的缘由。

窦宪的远征大获成功，北匈奴处境艰难，四面楚歌，东汉的部队大获全胜其实并不值得骄傲。窦宪在稽落山大破北匈奴单于的军队，斩首一万三千，投降者达八十一部二十多万。窦宪登上离长城三千多里的燕然山，立碑歌颂汉朝之威德和自己的功绩。不言而言，碑文出自班固之手。

窦宪以此功擢升为大将军。按照旧的规制，大将军位于三公之下，但以窦宪的任命为开端，将大将军置于三公之上。

外戚窦氏的专横时代从此开始。大将军下设长史、司马等辅佐官职，这些官职先前的俸禄都是一千石，但从此开始定为二千石，与九卿同级。

从西汉的后半期开始，朝廷分为三公九卿的政府、即外朝与外戚等皇帝身边人形成的内朝。内朝的势力压倒外朝，终于导致王莽篡权。

出于王莽恐惧症这种心理因素，东汉初期尽量将外戚排除于政治核心之外，阻扰内朝形成一股势力。但是，窦宪成为大将军，拥有一群与"阁僚"同等级别的部下，从而形成与三公九卿的外朝相对立的政治中心。

少年天子和帝一定深感危机，虽然已经过去了七十年，尤其是皇族成员对篡位夺权的王莽依然记忆犹新。

窦氏逐渐扩大统治的地盘。以前多是使用贿赂地方官、联姻等手段，但如果本派的人直接担任地方官，就不需要贿赂。

这场远征作战，让窦宪尝到了甜头。许多年轻人加入到队伍中来，军队的各级领导也都是本派的人担任，然后论功行赏，把他们提拔到各个重要岗位。从中央到地方，只要有空缺，立即就挑选本派的人补缺。即使没有空缺，甚至也会强行更迭。任免事项，最好的借口就是战功。

永元三年（91年），窦宪再次发兵讨伐匈奴，击败北单于。

窦氏父子兄弟及其党羽身居高位，充斥朝廷。他们越发专横跋扈，其中最肆无忌惮的是窦宪的弟弟、居于执金吾要职的窦景。他唆使部下抢掠他人财货，诱骗妇女，经常随意征使人民，无恶不作。

自光武帝以来，作为一条建国方针，培养骨气之士，所以也有人弹劾窦氏专权。三公之一的袁安以及任隗等高官对窦氏所任命的官员，只要一有过失，就毫不客气地撤职或贬职。被他们处分的官员多达四十多人，窦氏对他们恨得咬牙切齿。但是，袁安、任隗人格高尚，品德端正，窦氏拿他们没有办法。

为袁安起草弹劾奏章的是他的秘书周荣。有一次，窦氏党徒徐齮威胁周荣说："窦氏之悍士、刺客遍布城中，你可要注意！"周荣反击道："为窦氏所杀，乃我所愿。"不过，也有像尚书仆射乐恢那样，上书后被置之不理，愤而辞职返乡，饮毒而死。

窦太后临朝摄政，使得和帝没有机会和外朝高官们深入交谈。大臣上朝，只是遵从既定的规范形式。和帝能推心置腹交谈的就是在身边伺候自己的宦官。这些宦官，除了受宫刑者外，也有自愿者。他们自愿接受阉割手术，以便成为宦官。说是自愿，他们多是小时候就被阉割，应该说是父母亲或者家族的意志吧。不仅皇宫需要，有的地方豪族、富商也需要受过阉割的男子。这样，受过阉割的男子的就业机会就多起来。

和帝身边有一个名叫郑众的宦官，南阳人，明帝时，曾侍奉皇太子。章帝即位后，从小黄门升为中常侍。这是宦官仕途的一个典型。

《后汉书》评论他：

为人谨敏，有心几。

有心几，就是胸怀大志，是一个值得信赖的人。除窦氏家族外，和帝有事经常和郑众商议。

窦氏党徒最主要是穰侯邓叠及其弟步兵校尉邓磊。其实，这一对兄弟的母亲元比他们更能干。因窦宪的嫉妒被杀的刘畅其实是由于元的牵线搭桥才受到窦太后召见的。这个元大概是一个搅乱后宫的怪物。另外，窦宪的女婿射声校尉郭举及其父长乐少府郭璜也是重要党羽。

永元四年（92 年）六月，和帝十四岁，但已于前一年元服。史书记载五年后窦太后死去的时候，和帝才知道自己的生母是梁氏。其实这只是表面的说法，实际上和帝也许早就知道窦太后不是自己的亲生母亲。如果这样的话，和帝甚至觉得自己和窦氏家族根本就没有血缘关系。十四岁的皇帝发动政变夺回本属于自己的政权也在情理之中。

政变计划是宦官郑众制订的。和帝大概参考西汉时代铲除外戚的经验，这些在班固的《汉书·外戚传》里有所记载。当时纸张尚未发明，《外戚传》记录在竹简上，数量庞大，不能悄悄地拿进宫里来。

这个时候，班固已经写就《汉书》中的《外戚传》，但刚刚完成，估计还没有其他抄本。和帝想看，身边却没有，于是托年长自己一岁的哥哥清河王刘庆寻觅。

刘庆是宋贵人所生，曾被立为皇太子。但皇后窦氏不喜欢宋贵人，大概性格不合，或者窦皇后嫉妒宋贵人的儿子被立为皇太子，便使用种种阴谋诡计，逼得宋贵人不得不自尽。皇太子刘庆也因其母自尽被废黜，降为清河王。

刘肇，即和帝，作为窦皇后之子代替刘庆立为皇太子。然而，这一对年龄仅仅差一岁的兄弟相处融洽，关系很好。和帝即位后，清河王刘庆经常进宫，在宫中饮食起居。和帝托这个兄长弄到《外戚传》。刘庆在另一个哥哥千乘王刘伉那里得到《外戚传》。

刘伉是章帝所生的八个皇子中的长子，《后汉书》只记载其中四个皇子的生母姓名，千乘王刘伉的生母名字没有记载，大概是身份低微的女子。正因为如此，他虽为长子，却没有被立为皇太子。

《外戚传》记载有西汉文帝杀薄昭、武帝诛窦婴等各种铲除外戚的方法。和帝让郑众认真研究。

吸取前朝的历史教训——从中可以看出东汉王朝的一种执政态度。另外，从寻找《外戚传》的过程也可以推测，皇室的刘氏兄弟齐心合力对付外戚窦氏。生母被杀、皇太子被废的刘庆，对窦氏肯定是恨之入骨，说不定清河王刘庆才是政变的真正主谋，他充当和帝与政变参谋长郑众之间的联络角色。

铲除窦氏的行动在窦宪回到洛阳以后断然实行。窦宪在远征中获得成功，自鸣得意，经常调动军队，本人也暂时留在凉州。如果窦宪不在洛阳就实施政变计划，他兵权在握，一定会率兵攻打洛阳。

窦宪如同凯旋将军一样威风八面，一回到洛阳，和帝就颁布戒严令，关闭所有城门，将郭璜父子、邓叠兄弟等窦氏党羽一举抓捕，全部投入监狱，处死于狱中。

和帝派谒者仆射收回大将军窦宪的印绶，同时封他为冠军侯。其实以前就曾封他为冠军侯，但是他没有接受，因为列侯必须回到受封地，这意味着被赶出首都。这一次，窦宪、窦笃、窦景三兄弟奉命回到各自的封地，是作为囚犯被押送回去的。回到封地以后，他们被迫自杀。

因为他们是窦太后的兄弟，所以不采取诛杀的形式，但这种形式与诛杀并无差异。窦氏兄弟中，只有喜欢钻研学问、没有为非作歹行为的窦瓌保住性命。

依仗窦氏家族的权势得以当官的所有人全部罢免，强制返乡。三公之一的太尉宋由为窦氏出谋划策，被撤职后自尽。史书在记述这一起事件时，经常使用“自杀”一词。确切地说，应该是“被迫而死”。

最可怜的当数班固。这个世所罕见的大文豪被视为窦氏党羽。的确，他曾跟随窦宪远征，撰写歌颂窦宪战功的碑文，并由此得以晋升。但是，是因为窦宪看中班固的文才，请他随军远征。窦宪当时是东汉的大将军，应他之请而入伍，绝非是参加谋反叛乱。

在班固被视为窦氏同党的时候，他家的用人仗势欺人，行为不端。这个喝得醉醺醺的用人闯进洛阳令种竞的行进队列里，大肆喧闹，出尽丑态。种竞大怒，但一打听，知道是班固家的仆人，而班固的后台是权势熏天的窦氏，只好咬牙切齿地忍气吞声。等到窦氏失势，种竞以班固是窦氏的得力干将为由，将其逮捕。班固死于狱中，时年六十一岁。其弟班超此时正在西域努力效命。

不言而喻，铲除窦氏的最大功劳者是宦官郑众。那个时候的宦官恭顺谦卑。郑众担任大长秋之职，他似乎没有更高的官欲。大长秋是主管伺候皇后的机构的长官，在西汉一般由士人担任，但东汉成为宦官的职责，俸禄二千石，是宦官的最高职务。

帝策勋班赏，众每辞多受少，帝由是贤之，常与之议论政事，宦官用权自此始矣。

和帝推翻窦氏家族的时候，最主要的倚靠是宦官。东汉的宦官之祸乱始于此，然而最早得到皇帝信任的宦官郑众是一个品德极其优秀的人。品德的优秀也会酿成大祸。假如郑众品行不好，也许皇室会对宦官保持一定的距离。后来，当出现心术不正的宦官时，皇室总怀着也许还会有郑众那样人品出色的宦官的想法，期望不灭，这也是容忍宦官专横的一个原因吧。

窦氏外戚被清洗五年后，窦太后死去。前面说过，史书记载和帝此时才知道自己的生母是梁氏。其实他应该早已知道。

这五年里，和帝和皇太后的关系应该十分微妙。如果具有血缘关系，很多问题都可以得到解决。和帝一定装作对生母的事情一无所知的样子，和窦太后周旋。

永元九年(97年)闰八月，窦太后死去。和帝现在无须佯作不知的样子。史书记载，梁氏的人请求和帝对已经死去的生母梁贵人赐予尊号，这种事不过是一道手续吧。

薄幸的梁贵人接受亲生儿子和帝所赐予的恭怀皇后的谥号。

此时，有人提出应该贬去窦太后的尊号，不宜与先帝合葬。光武帝开创新王朝，为了明确表示东汉是对西汉的继承，特地修建了祭祀刘邦的高庙，但从高庙中撤去吕后的牌位，以文帝的生母薄氏作为高皇后而祭祀。从这件事可以看出对皇帝的生母极其崇敬。吕氏、窦氏都是危害王室的外戚，所以不应该作为皇室的先祖加以祭祀。这种想法无论是否合理，但对已经灭亡的窦氏如此大加鞭挞的做法令人感觉不快。那些主张窦太后不宜与章帝合葬的人，在窦氏鼎盛时期，是否舍生忘死地谴责过窦氏呢？

明末思想家李卓吾评论请求贬去窦太后尊号的那些人是“可恶小人”，可谓一语中的。

西域都护班超派遣甘英前往罗马正是在窦太后死去这一年。

在此前一年，和帝册立贵人阴子为皇后。她与第一代光武帝的皇后阴丽华同一家族。

永元十四年（102年），班超从西域回到阔别三十一年的洛阳。这时，皇后阴氏受宠日衰，和帝更深爱贵人邓氏。在推翻窦氏的过程中也表现出来，和帝绝对是一个说一不二的人。这一年，他废黜阴氏，立邓氏为皇后。

三年后，和帝死去，在位十八年，但他十岁即位，所以死去时还是年纪轻轻的二十七岁。大概和帝生理有疾，生下的孩子全都夭折。虽然生有十几个孩子，却未能长大。所以，他把晚年所生的孩子立即送到民间养育。

和帝一死，邓皇后立即把寄养在民间的皇子接回宫里，当晚马上即位。这个孩子名叫刘隆，此时还是出生仅有一百多天的婴儿。他就是殇帝，第二年夭折。

于是，迎立和帝的哥哥、曾立为皇太子的清河王刘庆的儿子刘祜即位，此时他十三岁，由邓皇后作为太后摄政。

刘祜八月即位，十二月，其父清河王刘庆三十岁英年早逝。令人疑惑不解的是，清河王遗言希望葬于生母宋贵人墓旁。不管怎么说，先前的皇太子之子已经登基称帝。

二十七岁死去的和帝生有十几个孩子，但几乎都是在婴儿时期就夭折，这也令我们不可理解。虽说当时的卫生状况恶劣，但至少宫廷内应该是最好的，所以怀疑是有遗传病。说到疑惑之处，明帝、章帝、和帝这三代皇帝都不是正室所生，感觉不可思议。

和帝死去的时候，其后代不仅仅有那个才出生百余日的刘隆（殇帝），还有一个名叫刘胜的孩子，而且是长子。刘胜之所以没有即位，理由是因为有“痼疾”。所谓“痼”，就是无法治愈的老病。刘胜年少时的确有病，但有的朝臣认为“非痼疾”。

把刘胜扔在一边，扶植一个出生才一百多天的婴儿当皇帝，这只能怀疑邓氏皇太后这样做更容易摄政。

婴儿天子殇帝两岁死去，清河王之子刘祜即位，称为安帝。其实这个继承也有一点问题。

因为和帝还有刘胜这个儿子。有人认为，两个儿子健在的时候，选择那个婴儿当皇帝，现在只剩下一个儿子，尽管有痼疾，也应该拥立他即位。

于是有人议论道，刘胜本来就曾经落选，如果现在让他即位，长大以后，也许会怨恨邓太后，所以坚决以痼疾为由不予考虑。

邓太后在宫廷的影响力可谓一手遮天。

邓骘、邓悝、邓弘、邓阊分别被任命为车骑将军、城门校尉、虎贲中郎将、黄门郎，又一起被封为列侯，但他们都辞退不受。不过，这种辞退本来就只是做做样子。

窦氏的外戚专横时代历四年而结束，然而似乎又产生一股新的外戚势力。

在推翻窦氏外戚中发挥重要作用的郑众居于大长秋之职，深孚众望。另外，蔡伦天才地发明了纸张。朝廷里有这些优秀的宦官，所以宦官也是一股不容忽视的力量。

和帝永元十四年（102 年），郑众被封为食邑一千五百户的鄛乡侯。铲除窦氏恰好在十年之前，这是对十年前的功绩的奖赏。宦官封侯，郑众是第一个。

十二年后，造纸的蔡伦被封为龙亭侯，不过食邑只有三百户。

十九侯诞生

密谋弑君夺权，败而被诛——史书记载这样的事件模式实在太多，甚至令人感觉厌烦。实际上，的确发生过史书所记载的事件，但恐怕也有很多是皇帝为诛杀臣子而制造的口实。

《后汉书》对和帝推翻窦氏家族也这样评述：

窦宪潜图弑逆。

和帝只是抢在窦宪之前先发制人而已。

和帝长到十四岁的时候，开始不太听话，对窦氏不再百依百顺，同时担心窦氏家族要对自己下手，这也是合乎情理的。但是，和帝方面一直潜心研究《汉书·外戚传》，耐心地等待窦宪从凉州回京的时机，倒是具有极强的计划性。所以，窦氏家族反叛不过是一个借口的可能性似乎很大。

窦氏灭亡后，看似进入皇帝亲政的时代，但和帝依靠郑众为首的宦官势力的辅佐。推翻窦氏，究竟是十四岁的和帝的本意，还是宦官唆使和帝的结果，现在难以判断。

东汉后期的政治斗争表现为外戚与宦官之间的激烈争斗，其局势朝着对宦官一方有利的方向发展。郑众的出现只是这场斗争的前奏曲。

既不是外戚也不是宦官的“士人”对外戚与宦官的斗争抱着抵触的态度。他们主张兴办儒学，以培养骨气之士作为教育的目的，让被荐举孝廉者成为政府的官吏而执政，认为这才是东汉王朝的理想。然而，现实远离他们的理想。

东汉后期，骨气之士的抗争有的也非常壮怀激烈。安帝即位的第二年——永初元年（107 年），周章政变的失败可以说是他们抗争的序曲。

这一年，周章从太常升为司空。太常是掌管宗庙、礼仪的官员，位居九卿之首。司空在西汉就是御史大夫，相当于“副首相”。只要和外戚、宦官关系融洽，就可以功成名就地安度一生。

但是，司空周章坚信政治的现状不正常。首先是皇位问题，和帝死后，应该由长子刘胜即位。根据外戚邓氏认为幼帝为宜的意见而让一个婴儿刘隆即位的做法是错误的。这个婴儿皇帝死去的时候，其实事情还来得及，完全可以让已经成为平原王的刘胜即位。然而，也由于邓太后的意见，未能实现，最终让清河王之子即位。

对这一系列的做法心怀不满者不在少数，其实大家都知道刘胜绝不是一个患有“痼疾”的少年。

据说周章为使这种不正常状态恢复到正常状态而发动政变。他的计划是关闭宫门，诛杀邓家兄弟，清洗宦官的巨头郑众以及蔡伦，然后废黜万恶之首邓太后，安排安帝刘祜到偏远的地方为王，迎立平原王刘胜即位。然而，事情败露，政变未遂，周章自杀。这起事件反映出“士人”对外戚和宦官的抵抗。换言之，就是外朝对内朝发动进攻。另一方面，内朝里面的外戚与宦官之间的对立更加深刻激烈。

安帝治世时期，内外局势也不允许廷臣们一天到晚忙于争权夺利。干旱洪水自然灾害连续不断，各地饥荒严重，甚至首都洛阳也出现粮荒。原本与东汉一直保持友好关系的南匈奴趁东汉朝廷混乱之际，侵犯边境。高句丽进攻朝鲜半岛上的东汉领土，鲜卑族也在东北频繁活动。

这其中最为激烈的是西北的羌族的叛乱。羌族属于藏系民族，东汉政府民族政策的失败是发生叛乱的重要原因。

建国初期，马援攻打先零羌部族，将投降者移居到天水、陇西、右扶风三郡。这三郡位于甘肃东部至陕西西部的地区。

明帝时代，烧当羌部族降服，移居于三辅之地，即长安附近。“移居”

这个词说起来很好听，其实是像奴隶一样供地方豪族驱使。

永初元年（107 年）六月，决定撤消西域都护，骑都尉王弘率兵前往迎接都护段禧回来。这支队伍里，有归顺后移居内地的羌族人，大概考虑到原先居住在西北地方的羌族习惯西域的水土。但是，羌族对此十分不满，他们平时就当牛做马，现在又让他们从军远征，路途遥远，生死未卜。当他们来到酒泉的时候，发动叛乱，四处逃散。

烧当羌的首领家族麻奴兄弟带领在酒泉叛乱的同族人越出国境，其他滇零、钟羌等部族也发动叛乱，封锁西北的道路。当地的东汉官员对此束手无策。

第二年，可以说是外戚统帅的邓骘率领五万大军前往讨伐，却在冀县西面被武器简陋的钟羌叛军打得落花流水。那个曾向班超请教治理西域的奇招、却说只得到平平淡淡回答的任尚也被滇零的数万叛军打得一败涂地，损兵折将八千多。

滇零自称天子，将中国的西北地区从中央政权分裂出去。

讨伐羌族需要巨额军费，东汉政权的财政越发困难拮据，被饥馑和战争逼得走投无路。但是，宫廷的权力斗争依然激烈。太尉徐防和司空尹勤等因天灾肆虐和贼寇横行被解职。罢免的理由实在过于勉强，令人感觉背后存在着激烈的权力斗争。要说贼寇横行，本来应该由讨伐羌族惨败的车骑将军邓骘负责，然而他不仅没有被免职，反而升为大将军。

安帝在位十八年，其中十四年是邓太后掌握实权。

邓太后虽然重用本族的人，但没有垄断全部要职，对其他人才还是十分重视。那个时代，出现了何熙、李郃、杨震、陈禅等不少名臣。

杨震担任东莱郡太守的时候，经他推荐担任昌邑县令的茂才（即秀才，）为避光武帝刘秀之讳，东汉称茂才）王密持黄金十斤夜间来访。这是一种贿赂行为。杨震拒而不受，王密说：“暮夜无知者”。深更半夜，无人知晓，不要紧的，把黄金放下来就要离去。杨震严词道：

天知，神知，我知，子知。何谓无知！

王密羞愧难当，喏喏而退。以上是《后汉书·杨震传》的记述，不过《资治通鉴》的记述不是“神”，而是“地”。这个记述为一般人所熟悉。

东汉从建国开始就具有豪族政府的性质，这一点与西汉大不一样。西汉是非名门出身又缺少教养的刘邦创建的王朝。东汉可以说是赤眉、绿林农民军推翻王莽后，豪族联盟夺取其胜利果实的政权。东汉时代，重视门第、教养的风气自然十分浓厚，因为这首先是豪族的秉性。

外戚也是豪族，外戚出自建国元勋的家族。外戚的存在本身与东汉政权的性质并非格格不入。

邓太后是邓禹的孙女，也是一个富有教养的女子。六岁熟读史书，十二岁通晓《诗经》《论语》。她的政治理念极具儒家思想。班超的妹妹曹大家（班昭）在后宫教育女子也是在这个时期。邓太后创办贵族学校。不过在这所学校里学习的学生似乎只限于皇族和邓氏家族的子弟。在发生饥荒的时候，据说她带头厉行节约，积极救济灾民。

阴阳不和，军旅数兴。

史书记载有她以此为由停止音乐戏曲的演出、精简宫中活动的“善政”。她身居可以操纵记录历史的地位，所以对史书的记述不能轻易全盘相信。不过，她的确按照儒家理念执政，可以说这就是豪族模式的政治。

邓太后做事也有失手的时候。皇帝元服之后，郎中杜根上书提出太后应该大政奉还。邓太后大怒，命人将杜根装入麻袋活活打死。这个杀人手段实在残酷。不过，杜根没有死。他装死，麻袋扔到城外，杜根爬出来，逃到山间的一家酒馆里，九死一生，得以活下来。

邓太后大概研究过外戚窦氏失败的历史教训。外戚窦氏的致命伤是完全无视宦官的力量，结果和帝通过宦官郑众推翻窦氏。窦氏家族却毫不知情，没有任何情报，是因为与宦官之间没有联系的渠道。邓太后对此深有体会，采取同时使用外戚和宦官的方法。

不过，邓太后摄政的时间实在太长。她在建光元年（121 年）死去的时候，安帝都已经二十八岁。和帝十四岁断然对窦氏发动政变。安帝想到这些，大概心中感觉委屈窝囊吧，自己正是年轻有为的大好时光，却依然还是一个摆设。

安帝能够即位其实就已经注定了这种必然的趋势。邓太后选择婴儿刘隆作为摆设，可是刘隆夭折，无奈只好拥立安帝。邓太后奉行儒家理念，时常对安帝的言行表示不满。安帝似乎有缺少德行之处。

《后汉书》也说安帝“德不升”，崇尚圣人的邓太后对他不可能感到满意。

河间王明帝之子刘开在当时是皇族中的最长老，其子刘翼来洛阳的时候，很得邓太后的欢心。刘翼姿容端丽，风度翩翩，礼仪规矩。但是，河间王的嗣子已经定为刘政。邓太后想到平原王无后，便将刘翼作为他的孩子。因痼疾未能即帝位的刘胜成为平原王，但他还是短命之人，未生子即死去。

被封为平原王的刘翼按照邓太后的意图，没有赴任，一直留在洛阳。这对安帝来说，实在是心头之患，这个“救援投手”随时都会取代自己。

从杜根事件也可以看出，邓太后是一个手段狠毒的女人。她满脑子都是儒家思想，对有违孔孟之道的言行严惩不贷。她虽然同时重用外戚和宦官，但受惩罚的几乎都是宦官。邓太后的脑子里无疑还存在着宦官就是奴隶的思想。受到惩罚、对邓太后心怀怨恨的宦官为数不少。

物以类聚，对邓太后心怀不满的人马上联络聚集在一起，其头目正是安帝。对安帝煽风点火的人是他的乳母王圣，大概她经常给安帝吹风说“立刘翼为平原王也许就是不久废黜皇帝的部署”。

安帝虽然忧心忡忡，却不能采取行动。不久，邓太后死去。只要邓太后不在，安帝就无所畏惧，谁也不怕。于是，李闰、江京等一批宦官就成为安帝的亲信，开始皇帝亲政。

安帝亲政的头一件事自然是清洗邓氏家族，其理由是阴谋立刘翼即帝位。宦官们都忙得不亦乐乎，接连不断地上书诬告邓氏家族。

邓骘及其子邓凤绝食而死，家产被悉数没收，宗族中有为官者全部被撤职，强制回乡。邓广宗、邓忠 、邓豹、邓遵、邓畅等邓氏家族中自杀者接二连三。只有邓太后的亡兄邓弘之子邓广德和邓甫德因为其母与安帝皇后阎氏是姐妹关系，才允许他们留在洛阳。

应该说是我们的大恩人、纸的发明者蔡伦成为这次政变的牺牲品。

安帝调查自己的父亲清河王刘庆立为皇太子后又被废黜的来龙去脉，发现其理由是因为刘庆的母亲宋贵人喜欢厌胜之术。调查这起事件的是小黄门蔡伦。大概蔡伦是奉窦氏严命才进行调查的。他将此事属实的调查结果汇报上去，逼得宋贵人只好自杀。此事发生在四十三年前的建初七年（82 年）。

安帝对逼死祖母、把父亲从皇太子位置上拉下来的参与者蔡伦不能宽恕，下诏敕命他自行前去廷尉（九卿之一，掌管刑罚）处。蔡伦接到诏书后，饮毒自尽。

古代有士大夫不受刑的思想。受刑罚的仅仅是庶民百姓，士大夫是为政者，所以应该免受刑罚。当然这并不是说士大夫可以为所欲为而不受刑。一旦涉嫌犯罪，自杀谢罪成为惯例。

礼不下庶人，刑不上大夫。

这句话出自《礼记》。烦琐复杂的礼的规则，庶民无需遵守，那是士大夫的事情，但对庶民要施加以刑。刑与礼是相对的，刑所在之处无需礼，礼所在之处无需刑，这是当时人们的想法。

自行前去廷尉处，这道敕命实际上就是命令他自杀。

西汉哀帝时，丞相王嘉反对增加哀帝的同性恋者董贤的食邑，触怒龙颜。哀帝议王嘉之罪，以迷国罔上不道命其去廷尉处。传达这道敕命的人大概带去了毒药，但王嘉没有自杀，而是前去廷尉处，最后在狱中绝食而死。

他的想法是：

当伏刑都市，以示万众。

希望在刑场于众人环视之下服刑，以此让世人评论自己的意见是否正确。

王嘉的情况是一起例外，廷尉主簿都会劝当事者服药。

将相不对理陈冤，相踵以为故事，君侯宜引决！

即便将军、丞相坚信自己清白无辜，也都不做任何辩解而自决。这样的事例积累起来，便成为一种规矩。

蔡伦是一个宦官，但是他像士大夫那样饮毒而死。

安帝一旦掌权，就立即进行报复，可以说不是一个出色的君主。他所重用的都是先前心怀不满之徒，尽是小人物。江京、李闰、樊丰、刘安、陈达这些二流宦官围在安帝身边。乳母王圣的女儿伯荣等趁此机会疯狂受贿，大发横财。

这个伯荣是朝阳侯刘护的堂兄刘瓌的妻子。刘瓌本是无爵之人，但刘护死后，他继位朝阳侯，成为列侯。刘护有一个胞弟刘威，本应由他继承侯位，那个说“天知、地知……”的杨震上书劝谏道这样做不符旧制，也不合经义，但安帝没有采纳。

如此看来，邓太后执政时代似乎远比安帝公正。

大司农（九卿之一）朱宠备棺冒死上书，说邓骘无罪，乃遇祸。安帝装模作样地仿佛此时才知道邓氏深孚众望，不得不改葬邓骘等人于洛阳的北邙山。

即使如此，依然人心未平。宦官、乳母的女儿之类士人眼中的下贱者如今炙手可热，权势熏天。要想天下大治，必须由举荐为孝廉的、有教养的士人进行治理，现在连王侯、三公九卿都要对伯荣这样的女人俯首低眉。

身居太尉要职的杨震不断地劝谏，尽管安帝充耳不闻，但还是引起皇帝身边的小人们的担心。于是，樊丰等人诽谤杨震是先前的郭氏所推荐受到重用的人，如今对主上怀有恚恨之心。杨震被解除太尉之职，命其回乡。他在洛阳城西的夕阳亭饮毒自尽。

他叫喊道：

死者士之常分兮，吾蒙恩居上司，疾奸臣狡猾而不能诛，恶嬖女倾乱而不能禁，何面目复见日月？

王圣、江京、樊丰等诬陷皇太子的乳母和厨监，将他们杀害。其中的详情不得而知，但肯定卷入宫廷争斗的情感泥沼漩涡。十岁的皇太子刘保对日常一直在身边伺候自己的乳母和厨监的死去深深叹息，这引起江京、樊丰对将来的担心。他们和阎皇后商量，捏造捕风捉影的事情向皇帝谗言皇太子及其身边人，于是，废黜皇太子的问题就提到议事日程上来。

皇太子当然并非阎皇后所生，而是李贵人所生，但李贵人为阎皇后所杀。如果皇太子知道这件事，阎皇后将来也不得安宁。这样，宦官和皇后就具有共同的利害关系。

安帝就刘保这一个儿子，如果废黜皇太子，无人继承，但这个愚蠢的皇帝还是废黜皇太子，降为济阴王。

太仆来历对此拼死反对。东汉后期的历史污浊混沌，杨震、来历这样的骨气之士才时而在这浑浊中透出一丝清气。来历质问道：年仅十岁的皇太子有何责任？经书上不是说未满十五岁者过恶不在其身吗？他坚决反对废黜皇太子，甚至静坐以谏，最后安帝将其撤职。

废黜皇太子发生于延光三年（124 年）九月。第二年三月，安帝死于巡游途中，年仅三十二岁。

执金吾的阎显以及阎景、阎耀等阎皇后的兄弟们秘不发丧，回到洛阳以后，开始紧张安排后事。阎皇后想尽量长期摄政，决定将皇族中最年幼的北乡侯刘懿立为嗣子，即章帝之孙。

刘懿于三月即位，这一年的十月死去。由于在位时间太短，《后汉书》未将这个少帝列入帝纪。

安帝死后，其身边的小人们立即开始内讧争吵，表现为车骑将军阎显为掌握全权而清洗反对派的形式。

大将军耿宝大概是阎显最大的眼中钉，他的同党中常侍樊丰、虎贲中郎将谢恽、侍中周广等都死于狱中。安帝已死，他的乳母王圣及其女儿等也就没有利用价值了。只有耿宝，阎显还不敢对他下手，命其返乡。耿宝在回乡途中自杀。王圣母女被流放到国境附近的雁门。

这起丑陋的内讧事件导致原先狼狈为奸的皇帝派和皇后派出现分裂。

阎显任车骑将军，阎景任卫尉，阎耀任城门校尉，阎晏任执金吾，正是阎氏家族的鼎盛时期。然而这个鼎盛时期十分短暂。

少帝一卧病在床，中常侍孙程就立即与被废黜的皇太子刘保的家臣秘密取得联系。这是史书的记载，也许少帝根本就没有病，有人认为是孙程设计毒死少帝。谁都明白，少帝的即位是非法的。少帝一死，先帝的遗孤刘保就顺理成章地即位。阻挠刘保即位的只是阎氏家族。

少帝死后，阎氏家族秘不发丧，研究继承者的问题。事先没有决定继承者也是少帝被毒死的观点的有力证据。如果少帝不是猝死，阎氏家族就不会出现如此混乱现象。他们紧闭宫门，派兵严守，以防政变。

另一方面，孙程召集宦官，连同自己在内一共十九人于十一月丁巳日夜晚举事。如同配合他们的举事，那天晚上流传洛阳发生了地震。这十九个歃血之盟的宦官冲进阎氏系统的宦官把守的禁门，开始宦官之间的拼搏。

阎氏宦官中，李闰深得人心。这十九个发动政变的宦官在禁门杀死宦官江京、刘安、陈达等，但对李闰，只是以刀逼他就范。李闰表示同意。《后汉书》记述道：

以李闰权势积为省内所服。

这十九个宦官立即把十一岁的济阴王刘保迎回西钟之下，拥立即位。阎氏家族的抵抗土崩瓦解。阎氏兄弟全部被杀，阎太后被幽禁于离宫。政变一举获得成功。一方面他们的计划周密细致，另一方面阎氏家族为非作歹，众叛亲离，在关键时刻，公卿百官无人支持，这也是政变成功的重要原因之一。

十九个宦官以此功全部被封为列侯，而且孙程一万户，王康九千户，黄龙五千户，在东汉列侯中属于大列侯。最少的是魏孟两千户，苗光一千户，其他都在四千户以上。李闰算是政变参加者，但他是被逼迫参加，没有参与事先的策划，所以未被封侯。

苗光之所以受封的户数最少，是因为冲击章台门的时候，就他一个人没有进去。王康汇报功绩的时候，说苗光也冲进去了，但苗光坦白说自己没有进去，所以减少食邑。

阎太后被幽禁两个月后，于第二年正月死去。她的死也被怀疑为毒杀。

刘保即位，称为顺帝，算上少帝，为第八代皇帝。少帝以诸侯王的礼制安葬，也许不应该算进去。

当初反对废黜皇太子的来历、桓焉自然重新复职，来历任车骑将军，桓焉任三公之上的太傅。备棺拼死为邓骘作无罪辩护的朱宠受到重用，任太尉。反对废黜皇太子的闾丘弘因已死去，其子皆被提拔为郎中。

顺帝即位第三年的永建二年（127 年），由于班勇和张朗争打头阵，西域最后一个反汉国焉耆国王元孟投降。

东汉政权似乎重新恢复生机，但难以解决的新问题困扰着这个新政权。

这就是宦官的势力迅速膨胀。

在铲除窦氏家族的政变中立下汗马功劳的郑众十年之后才被封为列侯，食邑不过一千五百户。他是头一个宦官列侯，第二个宦官列侯是在十二年之后的元初元年（114 年），具有划时代意义的纸张发明者蔡伦，他的食邑户数仅有三百户。

在士人看来，列侯是非功勋卓著者无法企及的地位。然而，现在十九个宦官一下子全部封侯，而且户数最多的竟达一万户，令人吃惊。

东汉是豪族政权，外戚存在于同一个系统里，但宦官就不一样。没有一个宦官出身于豪族家庭。从此时开始，东汉政权接受了另一个系统的、性质不同的势力。

阳嘉四年（135 年），顺帝同意中官（宦官）以其养子继承爵位，从而进一步加强了宦官的势力。被阉割的宦官不能生子，即使成为列侯，因无子嗣世袭，所以一代而绝。但是，宦官通过养子可以将爵位传承下去。

灭东汉取得天下的魏国曹氏就出身于宦官通过养子传承下来的家庭。

《资治通鉴》的注释者胡三省注解“阳嘉四年”这个条目时说，曹操称之为阶，后终移汉之皇位。魏取代东汉是在曹操的儿子曹丕时期——公元 220 年，离决定允许宦官袭爵恰好八十五年。

除世袭爵位之外，以前只有三公九卿和俸禄二千石以上的大官才有资格举荐官吏的权力也授给宦官。宦官所举荐的官吏自然为宦官服务，最后甚至举荐买来的奴隶担任地方长官。县令这些官员的出身如果都是宦官收买的奴隶，那么，诞生于豪族联盟的东汉政权的基础，其性质就发生了重大的变化。即使不是奴隶出身，只要对宦官溜须拍马，就会被宦官举荐为官员，他们是读书人中人品最恶劣的家伙。

士人的愤怒已经形诸颜色。地方豪族中有不少人将仕途上的一官半职作为人生的最大目标，为此刻苦学习，勤奋不懈，然而现在那些缺少教养、没有门第的宦官所推荐的下贱卑劣小人轻而易举地爬到相当高的地位。

顺帝同意宦官世袭的时候，御史张纲上书表示反对，其中写道：

无功小人皆有官爵。

这句话包含着当时士人的愤怒情绪。

在士人看来，外戚比宦官要好得多。所谓士人，就是出身豪族的人，至少是从小在地方豪族的氛围中生长起来的人。

大家都明白，内朝比外朝更掌握实权。内朝的人，不是外戚，就是宦官。如果二者必选其一的话，士人会毫不犹豫地选择外戚。

士人中希望出现强大的外戚集团的声音终于高涨起来。只有外戚的力量可以抑制日益膨胀的宦官的势力。

阳嘉元年（132 年），大将军梁商的女儿梁妠册立为顺帝的皇后。她十七岁，顺帝十八岁。梁商的姑母是和帝的生母梁贵人。和帝被窦太后收为养子，因此梁氏不仅没有外戚的权势，甚至她的父亲梁竦还遭诛杀。

阎氏是明帝时代担任尚书的阎章的孙女，虽然是豪族，但还不是建国元勋的家族。相比之下，梁氏是开国元勋梁统的玄孙女，其门第在阎氏之上。

士人似乎把希望寄托在外戚梁氏身上。

飞扬跋扈将军的没落

士人从一开始就期待梁氏具有对抗宦官、抑制宦官的强大力量。

不过，梁氏不可能一下子就大权在握。梁氏一成为皇后，她的父亲梁商就担任执金吾，接着，她的哥哥梁冀被封为襄邑侯，不过梁冀立即请求辞去列侯的地位。

梁冀的辞退列侯是听从尚书令左雄劝谏的结果。众所周知，高祖刘邦建国之初，就宣布“非刘氏不得王，非有功不得侯”，梁冀只是皇后之兄，还没有大家所公认的卓著功勋。其实左雄劝谏的真正目标是顺帝的乳母宋娥。顺帝想封她为山阳君。担任皇帝的乳母本身是否就是功绩，尚有争议。在士人的脑子里，大概会想起安帝封其乳母王圣为野王君，她与女儿一起把政界搞得乌烟瘴气的那一场噩梦。那个时候，连政府高官也要对王圣母女低声下气，俯首帖耳。这是士人无法容忍的。

梁商采纳左雄的建议，让儿子辞去列侯的地位，但是那个关键的宋娥，顺帝固执地强行封她为山阳君。当时发生地震，人们都说这是上天发出的警告，但是顺帝依然我行我素，毫不动摇。

那个时候，天变地动的自然灾害都视为上天对执政状态不满的表现。上述左雄的谏言中也写道“今青州饥虚，盗贼未息”，暗示天灾饥馑和盗贼活动也都是上天对这次封爵的责难的表现。

阳嘉二年（133年）五月，宋娥成为山阳君。六月，洛阳宣德亭发生地裂，长达八十五丈。顺帝召集学者，研究对策，会上李固直言不讳地提出宋娥的封爵问题。事到如此，顺帝也只好取消对宋娥的封爵。李固在谏言中还提出整顿宦官机构、取消宦官权限等意见。

李固被提拔为议郎。但由于这次谏言，李固引起宋娥以及宦官的憎恨，受到谗言诬陷而获罪，幸亏大司农黄尚等请求梁商，才被释放。

这样，外戚梁商成为士人依靠的对象。从他让儿子辞去列侯地位这件事也可以看出，他本人的态度也很谦虚谨慎。

《后汉书》这样描写梁商：

性慎弱无威断，颇溺于内竖。

内竖，就是妇女、小孩。他大概以家庭为重，胆小气弱。任命为大将军后，称病躲在家里一年不出来，结果顺帝派太常桓焉到梁商的家里硬是让他接受这个任命。西汉的卫青在征讨匈奴的途中拜受大将军的任命，此后，还没有在宫殿以外任命大将军的例子。在自己家里拜受大将军任命的，空前绝后，唯梁商一人。

儿子梁冀继父亲之后任执金吾，又成为河南尹。梁冀与父亲梁商的性格大相径庭，好像是一个惹是生非的家伙。

《后汉书》在梁冀评传的开头部分这样写道：

为人鸢肩豺目，洞精矘眄，口吟舌言，裁能书计。少为贵戚，逸游自恣。性嗜酒。

勉强能够读书写字，算术计数，讨厌学问，却喜欢赌博，各种赌博方法无不精通，还喜欢猎鹰等体育活动。

冀居职暴恣，多非法。

游戏玩耍是行家里手，但这样的人当官就很麻烦，随心所欲，恣意妄为，一定让别人苦不堪言。洛阳令吕放向梁商告状梁冀的恶行，梁冀就雇凶杀掉他。这个为非作歹的梁冀与小心谨慎的父亲不同，做事有魄力，雷厉风行。

永和六年（141 年），梁商死，梁冀顺理成章地成为大将军。

三年后的建康元年（144 年），顺帝死，两岁的皇太子刘炳即位，梁太后临朝摄政。

刘炳称为冲帝，其生母是虞贵人。顺帝的皇后也不生子。东汉时代，只有第一代光武帝的皇后生子，后来被立为皇后的女子，不知何故，都未生子。

顺帝三十岁死去。东汉皇帝的寿命多很短暂，而且皇后不孕，都是不祥的事情。

冲帝刘炳于第二年正月死去，虚岁三岁，在位五个月。

逼迫顺帝取消为乳母封爵的硬汉子李固作为三公之一，官居太尉。这是梁商留下来的人才。此时李固主张在选择皇帝继承者的时候，要改变过去的方针，应该选择年长的皇族。因为幼帝即位，皇太后就会摄政，使得外戚掌握权势，为所欲为。

然而，外戚大将军梁冀执意不肯，李固的主张不可能被采纳。梁冀与皇太后商量决定的继承者是渤海王刘鸿之子刘缵，年仅八岁。五十三年前，和帝依靠宦官郑众的力量推翻外戚窦氏的时候，将《汉书》的《外戚传》借给和帝的千乘王刘伉就是新皇帝刘缵的曾祖父。

刘缵称为质帝。八岁即位，但他与梁冀的期望相反，极其聪颖敏慧。他知道梁冀利用外戚的地位骄横暴戾。

有一次梁冀进宫，质帝说道：

此跋扈将军也。

在梁冀听来，这言外之意是说：现在我年龄尚幼，等我长大以后，绝对不能允许你如此跋扈。

梁冀感觉此人对自己很危险，说干就干，轻而易举地毒死质帝。从梁冀杀吕放这件事也可以知道，与其说梁冀性格果断，不如说他病态的情绪冲动，为所欲为，从来不顾后果。

于是，重新开始选择皇帝的继承者。在不到两年的时间里，死去顺帝、冲帝、质帝三个皇帝，这不能不说是异常状态。“国祚三绝”让人们心情沉重阴暗。

太尉李固、司徒胡广、司空赵戒三公联名写信给梁冀，其中说道：

国之兴衰，在此一举。

日俄战争[①]的日本海大海战时，东乡元帅[②]曾引用这句话激励部下。

皇帝继承者集中在两个人身上：蠡伍侯刘志（十五岁）和清河王刘蒜（年龄不详）。

清河王刘蒜曾当过一次继承人候选者被遴选过，虽然年龄不详，似乎不会是幼年。因为梁冀选中的是幼年的质帝。

据说刘蒜仪表堂堂，言行举止中规中矩，公卿们都对他寄予深望。

三公以及大鸿胪杜乔等都极力推荐清河王。

刘志是章帝的曾孙。那个容貌端庄秀丽、深得邓太后的欢心，让他继承平原王，留在洛阳，从而引起安帝怀疑的刘翼是他的父亲。

李固积极推荐刘蒜，除了他具有帝王风范外，还因为他与先帝（质帝）的关系最近。从章帝开始的家谱大致是这样的：

---

① 日俄战争：1904 年至 1905 年间，日本与沙皇俄国为了侵占中国东北和朝鲜，在中国东北的土地上进行了一场战争，以沙皇俄国的失败而告终。——译注

② 东乡元帅：东乡平八郎（1847—1934 年），在日俄战争中担任日本联合舰队司令。——译注

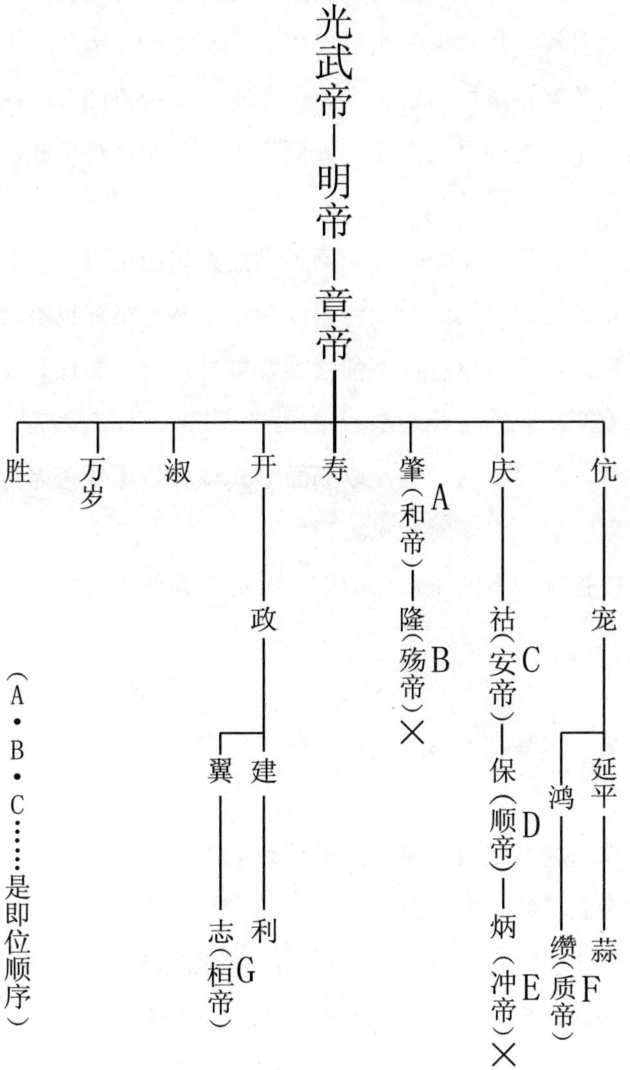

梁冀的意见得以通过，最终还是刘志即位。这个继承存在问题。以前当皇统断绝的时候，由同辈的皇族继承。安帝继承殇帝的帝位。冲帝断绝安帝系统的皇统时，还是由同辈的质帝来继承。冲帝和质帝都是章帝的玄孙。但是，刘志比冲帝和质帝高一辈，他是章帝的曾孙。按照儒家之礼，应该尽量避免这种逆向继承。

为什么刘蒜不能按照本应的顺序实现皇位的继承呢？《后汉书》介绍一则很有意思的事情。

有一次，中常侍曹腾（宦官）去见刘蒜，刘蒜对他没有礼貌。不知道曹腾希望这个皇族以什么样的礼遇接待他。曹腾是顺帝的心腹，深得信任，由于宦官之间的互相嫉妒，曾有人诬告曹腾，顺帝将诬告者诛杀。因为自己在宫中是一个举足轻重的人物，大概认为对方即使是皇族，对自己也不能无礼吧。

曹腾与梁冀也深有交情，他对梁冀挑拨离间地说道，刘蒜这个人性格严明，他要是即位，恐怕危及大将军性命。当然，梁冀也不希望出现一个作风严厉的皇帝，在重臣会议上强行推荐刘志。李固和杜乔还想继续讨论下去，但梁冀武断地宣布会议结束。因为李固认为“国之兴衰，在此一举”，所以不肯罢休，便写信给梁冀，以书面形式说服他重新考虑。梁冀大为恼怒，向皇太后告状，将李固撤职。

接替李固担任太尉的是司徒胡广。罢免李固使士人们大为失望。《后汉书》说道：

李固见废，内外丧气，群臣侧足而立。

侧足而立，就是胆战心惊不能正常站立的样子。

曹腾成为大长秋，也被封为列侯。

宦官之间的明争暗斗也越发激烈。参加推翻阎氏政变的宦官十九侯中，有人恃功自傲，甚至对别的宦官受重用也感到不快。不在十九侯之中的大宦官曹腾就经常成为他们攻击的目标，但是顺帝庇护他，攻击者反而受到惩罚。

曹腾按照当时高级宦官的惯例，也收了个养子。这个养子名叫曹嵩。曹嵩之子就是三国志里的英雄曹操。

性格严明的清河王刘蒜究竟是什么样的人物，现在无从得知。或许正如李固所期望的那样，一旦即位，引导日渐衰弱的东汉帝国走向兴旺。曹腾阻挠刘蒜即位，而他的孙子正好赶上砍倒东汉帝国这棵巨树的时期。

桓帝刘志时代，东汉似乎加速走向衰亡。

梁商死后，外戚梁氏的专横霸道更加肆无忌惮。我们从梁冀的性格中感觉到一种异常。从他有资格名留历史这个角度来看，因为他是一个失败者，所以阅读《后汉书》有关他的记述时，也许需要有所保留的态度。

史书记述梁冀极其惧内。他的妻子名叫孙寿，其性格“钳忌”。嫉妒的程度如同钳子一样紧紧夹住，疼痛无比，这也怪不得梁冀怕老婆了。

梁冀的父亲梁商曾把美女友通期献给顺帝。自己的女儿是皇后，还要把美女献给皇帝，这种做法我们现代人有点难以理解。然而，友通期在宫中犯有过失，皇帝把她退还给梁商。梁商无奈，只好把她嫁给一户人家。但是，儿子梁冀把友通期从那户人家偷回来，藏在城西。在为父亲服丧期间，还经常与她幽会。此事被妻子孙寿知道了。

孙寿趁梁冀出门的时候，派人夺走友通期，对她截发、刮面、鞭笞，就是把头发剪掉，把脸皮剥下来。如此残酷，孙寿的确是一个“钳忌”。她还威胁说要上书皇帝，因为在为父亲服丧中的奸淫是大罪。梁冀只好跑到岳母那里，顿首请求她出面调解。这种家庭内夫妻之间的事情怎么外人也会知道，而且写进史书，其素材出自何处令人费解。

梁冀曾经为了显示外戚的谦恭礼让，让梁氏家族的许多人从官位上退下来。然而，他的这个表演实际上是为妻子孙氏的娘家人的重用开辟道路。据说孙氏家族比梁氏家族更加贪得无厌，凶残暴厉。例如孙氏家族有人当上县令，就捏造罪名把当地的富豪抓进监狱，严刑拷打，逼迫他们出钱赎罪。

正如皇室里有外戚的横行霸道，梁冀家里也有妻子娘家人的野蛮专横。地方豪族的家庭也有不少与此大同小异。

买官鬻爵者在梁冀家门前排起长队。被问罪者请求梁冀从中说情，手持礼物也在门前排起长队。数不胜数的金银财宝进入梁家和孙家的宅邸。

梁冀修建豪宅，妻子孙寿不甘落后，就在道路对面也修建起豪宅，据说双方还为大兴土木互相竞争。豪宅极尽奢华富丽，里面有森林和瀑布。

另外，他们遍布各地的庄园十分广袤，与皇室的庄园几乎相差无二。

洛阳的时尚流行都是梁冀的妻子孙寿独领新潮。她喜欢与众不同的奇异新颖的风格，显示出极强的自我表现欲。例如：

愁眉：画眉使之变细而弯曲，似蹙眉愁容之状。

啼妆：在眼睛下面轻抹淡淡的白粉，似啼后之状。

堕马髻：发髻向一边倾斜，似从马上坠落时发髻偏斜之状。

折腰步：据说是腰身稍略弯曲而行走，或许是扭腰行走之状。

龋齿笑：笑容略显牙痛时候的表情。

孙寿意欲引领时尚新潮，追随者甚多，洛阳的所有女子似乎都在模仿她的化妆方法、发型、行走姿势、笑的姿势。但是，仔细想来，愁容、啼哭、坠马、折腰、疼痛，这些都是不吉利的表现。在迷信盛行的当时社会，也会有人将其视为梁氏覆灭的前兆。

为梁冀所嫉恨而丧命者为数不少。宛县县令吴树因其辖地内的梁冀的食客仗势欺人，为非作歹，抓捕数十人，处以死刑。为此得罪了梁冀，后被毒杀。

到地方担任长官者，离京前一定要向梁冀辞行。辽东太守侯猛因为未去辞行，后来被安上别的罪名处死。

一个名叫袁著的青年上书奏请弹劾梁冀。梁冀对他当然不能放过。袁著装作已经死去的样子，却制作人偶放进棺木里埋葬。但梁冀还不罢休，彻底追查，终于抓获袁著，鞭笞而死。袁著的同伙胡武家族六十多人皆被诛杀，另一个同伙郝絜自杀。

梁冀对弟弟梁不疑的宅邸也进行监视。梁不疑与梁冀不同，他喜欢学问，尊重士人。梁冀害怕这个弟弟将来在梁氏家里会取代自己，于是调查都有什么人与弟弟来往。结果发现著名的儒家马融和江夏太守田明到梁不疑那里去，便给他们安上其他的罪名，断发鞭笞后，流放边境。这两人在流放途中自杀，但马融未死成。

梁冀自然认为推荐清河王刘蒜为帝的李固是自己的心腹大患，李固被免职，但事情并非就此了结。他以李固在桓帝即位以后依然阴谋拥立刘蒜为由将其抓捕入狱。但是，王调、赵承等数十人上书为李固无罪辩护。梁太后便释放了李固。这个消息传出后，整个洛阳城沸腾，充满“万岁”之声。梁冀大为惊骇，如此深有声望的人必为自己之祸害，又以同样的理由抓捕李固，诛杀，并曝尸于市。

李固的弟子郭亮、董班到曝尸处临哭、静坐。对被判处死刑的罪人的遗体临哭，其罪也当诛，但他们视死如归，毫不畏惧。梁太后怜之，没有诛杀他们，并允许李固的遗体归葬故乡汉中。

梁冀的暴虐行径实在是擢发难数，于是梁太后开始抑制梁冀的专制。

阅读史书记载的梁冀的专横行为也许要有所保留，但梁太后的确抑制过梁冀的所作所为。

梁冀干尽《后汉书》所记载的那么多恶事坏事，却能维持二十年的政治权力，令人不可思议。东汉具有产生骨气之士的精神氛围，梁氏政权虽然有梁冀的作梗，但由于对宦官政策的成功运作，以及梁太后在一定程度上安抚士人的不满，才能长期避免出现破灭的局面。

对外戚的恣意狂妄实在看不下去的时候，宫中的隐蔽势力宦官就不会默不作声。让宦官们不开口保持沉默的是梁太后的手腕。《后汉书·皇后纪》有这样的批评：

> 太后又溺于宦官，多所封宠，以此天下失望。

然而，安抚宠溺这些宦官也是延长外戚梁氏政权的政策。

外戚和宦官的分工在一定程度上明确，各自有各自的地盘，互相尊重。中央政府的官僚和地方郡守一级的高官属于外戚的势力范围，地方县令以下的官吏属于宦官的势力范围。

宦官不图虚名，只求实际。宦官这个身份原本就没有“名”。在地方鱼肉百姓的与其说是州刺史、郡守这样的高官，不如说是平时经常与人民直接接触的县令以下的官吏。

虽然宦官具有举荐权，但是他们手里没有值得举荐的优秀人才。有骨气的人听说是宦官举荐自己，大概会拒绝的。只有那些虽会读书识字，却无法进入豪族圈子的那个阶层、心甘情愿听从宦官使唤的人才愿意让宦官举荐。这些人缺少在中央工作的气魄和才干，所以只能在县令以下。

宦官良贺官居大长秋。顺帝的时候，命令九卿举荐勇武威猛的人才，但是良贺一个人也没有举荐。大长秋的官职与九卿级别一样。皇帝问他为何不举荐，他回答道：

臣生自草茅，长于宫掖，既无知人之明，又未尝交知士类。

并且还说被自己所举荐的人，不是他的光荣，而是他的耻辱。宦官中还有这样的明白人。

豪族的上层人通过外戚或者中央高官、权势者或者郡守的举荐，可以走上仕途。郡守的举荐是一种义务，按照人口的比例，每年必须举荐一两个孝廉。宦官举荐听话、能替自己榨取钱财的下层人。如前所述，宦官甚至有时还举荐花钱买来的奴隶。

夹在上层与下层之间的是中层士人，他们一直没有进入仕途的机会，而且这一层的人数最多。

据说当时在洛阳的太学学习的学生有三万人。学校不仅在洛阳，其他各地都有。从人口比例来说，学生的数量显得太多。这些学生都是官吏的预备军。在鼓励儒教的方针下，各地设立学校，招收各个阶层的青年入学。学校给予他们可能当官飞黄腾达的希望，同时也给他们制造发泄不满的渠道。

学校起初的确发挥过这种渠道的作用，但后来发现这个渠道变得十分狭窄，最终堵塞不通。宦官不负责任的举荐相应减少了太学学生的就业机会，在知识分子之间开始弥漫绝望的气氛。

李固的后任胡广发挥着润滑剂的重要作用。他和宦官关系融洽，同时也与豪族士大夫保持密切的关系。由于他具有极其巧妙精湛的平衡调节能力，在朝廷里所产生的作用极大地有助于梁氏政权的维持。

然而，失衡的那一天终于来临。

和平元年（150年），梁太后死去。但梁氏的外戚势力并非因此而消失，梁太后的妹妹进入宫中，成为桓帝的皇后，所以梁氏依然还是外戚。

梁太后死后，大将军梁冀立即被加封一万户，食邑增加到三万户。这件事显示出梁氏政权稳如泰山的姿势。

梁太后在死前的一个月，颁布诏书，宣布把政权归还给皇帝。桓帝也已经十九岁，还把他当做小孩子那样监护他，他心里也一定不愉快。人们以为真的是大政奉还，其实不过是有名无实的把戏。已经习惯于掌权执政的梁冀依然如故，毫无改变。

梁太后死后的第二年，正月朝会之时，梁冀带剑进宫。尚书张陵厉声怒斥，命卫士收缴他的佩剑。这起事件被正式提到廷尉论罪，最后做出以一年俸禄赎罪的决定。这大概是桓帝对他的小小的抗争吧。

永兴元年（153年），冀州（河北南部至河南北部地区）水灾，几十万户受害，侍御史朱穆受命任冀州刺史，前往赴任。朱穆以纪律严明著称，当地官吏听说他要来，自己解除印绶辞职的县官竟达四十多人。冀州有九十三县，其中半数的县官害怕朱穆的严厉执法而逃跑。这些县官大概都是宦官举荐的吧。一旦认真调查起来，他们肯定都有违法行为。

这时，朱穆得知一个宦官埋葬父亲的时候放进了禁制的玉匣，于是开墓验棺。这个宦官大概很受桓帝的赏识，桓帝对他使用禁制的玉匣没有追究，而朱穆由于掘墓被左迁。

义愤填膺的太学书生刘陶等数千人聚集在宫门，上书请愿，最终使朱穆获得赦免。从这起事件可以看出学生运动的原型。刘陶一夜成名，成为太学的明星人物。两年后，刘陶又一次上书，论述应该把朱穆、李膺这样清正廉洁的人物请回来，进入政权核心，以辅佐王室的道理。此事关系到国家最重要的人事安排问题。这一次他的上书未被采纳。

延熹二年（159年）七月，梁皇后死去。她依仗姐姐梁太后和哥哥梁冀的权势，作威作福，无恶不作。她嫉妒心极强，自己不能生孩子，见到别的宫女怀孕，就将她们迫害致死。因为她的背后有大将军梁冀撑腰，桓帝也拿她毫无办法，但是对她毫无爱情，冷若冰霜。据说梁皇后差不多是悲愤而死。

梁皇后死去的前一年五月，发生日食。太史令陈绶说道：

日食之变，咎在大将军。

梁冀盛怒，命洛阳县令抓捕陈绶，严刑拷问。西汉时代，司马迁担任过太史令这个官，掌管史实记录和历法。思考日食这种自然现象也是他的职责。陈绶最后死于狱中。

《后汉书·梁冀传》写道：

帝由此发怒。

梁冀总认为皇帝能够即位全靠着他，而桓帝对不把自己放在眼里的梁冀开始感到愤怒。

在陈绶事件之后，又发生一件事让桓帝怒不可遏。

姑且称为“猛女事件”吧。和帝邓皇后的堂侄之子邓香与妻子宣生有一女名叫猛。猛是一个绝代美女。邓香早死，宣与梁纪再婚。梁纪是梁冀之妻孙寿的舅舅。因此，孙寿的母亲家族属于梁氏一族。孙寿见舅母宣带来的猛长得漂亮，就将她送进宫里，当上贵人。猛是宣的前夫邓香的女儿，自然姓邓。但是，孙寿要她改姓梁。她这样做是为了维持梁氏家族的权势，深受皇帝宠爱的猛必须始终保持梁姓。

猛进宫后，不出所料，果然受到桓帝的宠爱。这样，猛的本姓不是梁而是邓这件事就必须绝对保密起来。大概因为猛的姐夫邴尊曾经反对猛的改姓，梁冀担心他会泄露秘密，就把他杀掉。邴尊官任议郎。梁冀还是不放心，索性一不做二不休杀掉猛的母亲宣。

梁冀派遣的刺客打算从宣的邻居家潜进去，当他爬上邻居家屋顶的时候被这家的人发现。这邻居原来是宦官袁赦的住宅。袁赦击鼓告急。宣感觉自己才是梁冀夫妇行刺的目标，慌慌张张逃进宫里，向桓帝报告。

这件事促使桓帝下决心铲除梁氏家族。

几乎没有任何准备时间，以迅雷不及掩耳之势突然采取行动。也许有人欣赏桓帝富有决断力，也许也有人认为过于性急冒险，但是从结果来说，剿灭梁氏的行动一举获得成功，所以应该说是桓帝当机立断的胜利。

梁氏家族对自己所构筑的权势似乎过于自信。专横狂暴过度，权力的力学原理势必崩溃，引起宦官的仇恨。梁冀也意识到这一点，为此特地将自己的心腹宦官张恽安插进宫中的宦官值夜室里。宦官之间发生任何一些不稳定的迹象，都会立即向梁冀通风报信。但是，张恽不是正式的值夜宦官，未经许可擅自入内者一律以图谋不轨罪逮捕，从而失去和梁冀联系的时机。

梁冀以为宫中所有的事情，他一句话就说了算。他做梦也没有想到宦官未经允许进入宦官的值夜室就是违法。坏就坏在谁都知道张恽是仰仗梁冀鼻息的宦官。梁冀派遣张恽进入宦官值夜室大概是打算严厉监视他们，然而事与愿违，当他们起来推翻梁冀的时候，谁都明白，第一个步骤就是拘捕张恽。

虎贲、羽林等禁卫军以及左右都侯率领的千余剑戟之士将梁冀的宅邸团团围住。指挥这场战斗的是司隶校尉张彪，而制订作战计划的是宦官单超、左悺、徐璜、具瑗、唐衡。

持节敕使收回梁冀大将军的印绶，事件就此结束。这一天，梁冀夫妇自杀。

梁氏、孙氏家族全部被捕，不问老幼，一律诛杀弃市。此时梁不疑已死。据说与梁冀关系密切的公卿、列校、刺史、二千石等株连死者数十人。

三公——太尉胡广、司徒韩缜、司空孙朗以阿附梁冀之罪，减死一等，贬为庶人。被视为梁氏派而撤职的官员超过三百人，结果朝廷几乎变得空空荡荡。没有牵连进去、保留下来的重臣只有尚书令尹勋、光禄勋袁盱、廷尉邯郸义三人。

尹勋在这次事件中身负重任，他负责召集军队，将符节收回宫中。持有符节者可以调动军队，全部收回，意味着任何人都无权调动军队。

持节前往梁冀宅邸收回大将军印绶的是袁盱。

梁冀的财产全部没收变卖，获得三十多亿钱，相当于全国租税的一半。

诛灭梁氏的行动是在梁皇后死去的第二月、即延熹二年（159 年）八月举行。之后，邓香的女儿猛被册立为皇后。

推翻阎氏的时候，宦官十九侯立了功，这次诛灭梁氏行动中立功的上述五个宦官都被封为列侯，世人称之为五侯。头一名单超成为食邑二万户的大侯。十九侯的头一名孙程也只有一万户，而且十九侯是手持武器血刃拼搏，而五侯并非如此。

对诛灭梁氏胜利的论功行赏也十分宽松，可谓：

封赏逾制，内宠猥盛。

五侯以外的宦官也有的给自己编造莫名其妙的理由而封侯的，侯览、刘普、赵忠等一个接一个都成为列侯。

白马县县令李云对此事感觉愤慨，上书劝谏。桓帝激怒，把他关进监狱。李云上书的文章中有“今官位错乱，小人谄进”这样的话，甚至还有“高祖闻之将言非”这种极端的话。李云还把奏文的副本三份分别送到三公府。弘农郡的下级官吏杜众对李云的上书表示支持，也上书劝谏，其中写道：

愿与云同日死。

结果杜众也被关进监狱。李云和杜众都死于狱中。

这两个人都不是高官，对宦官得势最激烈反抗的是下级官吏、在野的士人以及学生，因为他们面前的道路越来越狭窄。

外戚的没落使得地盘一直在地方的宦官的势力范围终于扩大到中央。

宦官时代已经到来。

三国志开场

诛灭梁氏家族以后，桓帝继续在位八年，三十六岁死去。这八年里，外戚势力衰弱，宦官大权独揽，士人不断抗争，形成这个时代的特点。

梁皇后死去的第二月就被册立为皇后的邓皇后猛女保住这个地位也只有六年。桓帝之好色无与伦比，据说洛阳宫殿里有宫女五六千人，桓帝最疼爱的是一个姓郭的贵人。邓皇后与郭贵人争宠，被废黜皇后，送进暴室死去。所谓暴室，就是宫中女子的医院兼监狱。邓皇后一死，她的叔父河南尹邓万世、侄子虎贲中郎将邓会也被关进监狱死去。邓氏作为外戚的人脉不过如此，与梁氏时代完全不可同日而语。

宫女五六千人，简直是开玩笑。当时的东汉应该没有这样的富裕程度，令人不得不怀疑桓帝的良知。

横行霸道的梁氏家族被诛杀以后，东汉的状况不仅没有好转，反而越来越坏。

羌族的反叛持续不断，长沙蛮族进犯周边，劳丙等带领泰山、琅邪的反叛集团在山东频繁活动，武陵蛮族也攻入江陵地区。

史书记载对羌族和蛮族的反叛都是“击破之”“平之”“皆降散”等报告，然而果真如此吗？令人怀疑。例如延熹四年（161 年），先零羌、沈氏羌寇于并州、凉州，十一月中郎将皇甫规“击破之”，而第二年三月，史书又记载，沈氏羌寇于张掖、酒泉。

永康元年（167 年）正月，先零羌侵犯三辅，中郎将张奂“破平之”，而十一月先零羌又出现在三辅。桓帝于这一年的十二月死去。

鲜卑族经常侵犯辽东，蜀郡（四川）的夷族也举行叛乱。司隶、冀州、予州经常发生饥荒。桓帝死去的前一年，据称司隶和豫州的饥荒中死者十之四五。同年四月，济阴、东、济北、平原诸郡出现黄河水清的现象。黄河水自古浑浊，突然变得清澄，不能不说是怪异现象。其实在前一年的四月，黄河水也变清过。

《拾遗记》记述道，世间流传：

黄河千年一清，至圣之君，以为大瑞。

黄河水清，千载难逢，这是大吉大利的瑞兆。当时的人们，因为身处恶世，才如此期待圣君的出现。

精通天文阴阳的襄楷这样解释这个预兆：清为阳，浊为阴，本应浑浊的黄河变清，预示着阴欲变阳。具体地说，就是属于阴的诸侯想成为属于阳的皇帝。后来果然桓帝的儿子死去，解渎侯刘宏继位成为灵帝。顾炎武在《日知录》中介绍这件事，指出襄楷的预言在一年后果然应验。其实，预言三国志时代的来临要比预言解渎侯成为灵帝更有意思。因为三国志时代的英雄们都随心所欲地成为诸侯，还自我称帝。

桓帝末期，社会矛盾日益尖锐，但是在中央负责的宦官们对这些问题采取错误的政策。他们擅长阴谋诡计，在宫廷内部争权夺利，却缺少执政统治的能力。

外戚作为士人的代表已经失势，只有宦官一手遮天。东汉以“廉节”作为政治家的首要条件，由于宦官登上政治舞台，感觉一种异质的东西参加进来，犹如一股汹涌奔腾的浊流灌进悠然流淌的清澈大河里。

清流自然感觉危险已迫在眉睫。

洛阳太学的三万书生成为抨击宦官的先锋。他们所制造的舆论可以说就是士人的主张。当时还不是后世那样通过学问考试进入仕途的制度。官吏的任用依靠举荐，举荐的标准既不是政治的实务，也不是学问，而是从

"孝廉"这个名称便可知道的所谓人品。开国皇帝光武帝希望的是即使出现第二个王莽也绝不屈服的人物来执政。

众多书生在太学研习学问只是一种提高人品的手段。直截了当地说，是为了提高别人对自己的评价，说自己"人品高尚"。尽管不能说一切皆是如此，但这种倾向性极强。

独自潜心修养，提高人品，官职不会自己找上门来。无人举荐，就进不了官场。就是说，让别人知道自己是第一要务。只有被人知道，才会被举荐。

为了尽量使自己扬名，就要以各种方法自我标榜炫示，引人注目，因此也需要哗众取宠。各种派系活动也随之活跃开展起来。

桓帝即位以后，将小时候在甘陵郡教过自己学问的老师周福提拔为尚书。但是，甘陵郡还有一个名人，名叫房质。他们各有自己的门生。据说甘陵流传这样一首民谣：

天下规矩房伯武，因师获印周仲进。

这大概是房质的门生编写的。这边是天下的典范，那边是皇帝的老师，还是那边飞黄腾达。对此予以讽刺。

各地大概都存在这种派系的对立，但是在对待宦官势力这一点上，士人们具有共同的抗争意识。

当时在士人中声望最高的当数在中央身居要职的李膺、陈蕃和地方长官陈寔。

李膺和陈蕃都是孝廉出身，是对抗宦官的士人的代表性人物。

李膺担任地方长官的时候，曾清洗腐败的官员和豪族，率兵与鲜卑族作战，也曾经辞官办学，钻研学问，培养后进。他担任河南尹的时候，打算审查违法乱纪的羊元群这个豪族，却反而受到处罚。原来是羊元群向皇帝身边的宦官行贿的结果。幸好有人为李膺辩护，才被赦免，官复司隶校尉。然而，他对违法乱纪行为的抨击弹劾依然毫不留情，绝不手软。他曾判处手握大权的宦官张让之弟张朔死刑，令宦官们胆战心惊。

《后汉书》的李膺传里有这样一段名言：

是时朝廷日乱，纲纪颓陁，膺独持风裁，以声名自高。士有被其容接者，名为登龙门。

纲纪紊乱松弛，所以更显得李膺铁骨铮铮，为此名声日炽，士人受他接见引以为荣。“被其容接”，意味着得到知遇，人们称之为“登龙门”。

登龙门——龙门在洛阳附近，以龙门石窟著称，但相同地名在别的地方似乎还有很多。这里所说的“龙门”不是有石窟的那个龙门，而是在黄河上游一个名叫“龙门”的激流飞湍之处。据说龙门下面聚集着许许多多的大鱼，却没有一条鱼能逆流纵身跳上龙门顶上。能跳跃龙门顶上的鱼就会变成龙。

士人认为，能得到李膺的知遇，就已经很了不起了。这就是“登龙门”典故的出处。

陈蕃官至三公之一的太尉。他与外戚、宦官的战斗也是英勇顽强，博得士人的喝彩。他起初由李固举荐任议郎，后任乐安郡太守，在地方严惩违法乱纪行为，回到中央后出任九卿之一的大鸿胪。在他任职大鸿胪期间，发生上述的李云上书事件。李云最终死于狱中，但陈蕃极力相救，为此受到撤职处分。后复官，任议郎、光禄勋，延熹八年（165 年）升为太尉。

李膺和陈蕃应该都是豪族出身。桓帝废黜邓皇后以后，欲立最宠爱的田氏为皇后，最激烈反对的是陈蕃。他的理由是田氏出身卑微。陈蕃推荐窦氏。桓帝被他说服，立窦氏为皇后。

窦氏是窦融的玄孙窦武的女儿，章帝的窦皇后是窦融的曾孙女。这个家族也和邓氏、梁氏一样，出过两个皇后。重视门第的风气在东汉尤为强烈。

与李膺、陈蕃相比，陈寔是一个出身贫困士人家庭的下级地方官，最多只是县令级别，但是他高尚的人品道德为世人所知，备受尊敬。

陈寔（字仲弓）有两个儿子，都很优秀。哥哥名叫纪（字元方），弟弟名叫谌（字季方）。两个儿子也各有其子，有一次，这两个小孩子就谁的父亲好争执起来，就跑到祖父陈寔这里，要祖父评定。陈寔回答道：

元方难为兄，季方难为弟。

后来，“难为兄、难为弟”就用以形容不分上下、难分伯仲的意思。

还有一个著名的成语与陈寔的故事有关。有一年，天灾严重，民不堪其苦。一天夜晚，小偷进入陈寔家里，藏在房梁之上。陈寔发觉以后，把儿孙统统叫来，一本正经地训话：

夫人不可不自勉。不善之人未必本恶，习以性成，遂至于此。梁上君子者是矣。

藏在房梁上的小偷大吃一惊，跳下来，打算接受处罚。但陈寔对他开导一番，然后给予他两匹绢。据说他所管辖的太丘县从此盗贼绝迹。这则故事很有名，于是后人将小偷称为“梁上君子”。

这样的故事传播很快，不胫而走，大概是太学等各地学校的书生们口口相传而使众人皆知吧。李膺被撤职后，在名叫纶氏的乡下开办私塾，据说门生总有千人之多，也许不少来自邻近各县。这些门生回到自己的家乡，各种各样的故事就被传播开来。

这些书生将来都是士人，所以他们大力宣传士人中的出类拔萃者，同时自然也会传播宦官的恶行。

满天下人都在说宦官的坏话，情绪逐步升级，变成喊出推翻宦官的呼声。对于宦官来说，洛阳太学的三万书生如同强大的敌国。宦官们无法展开对抗性的反宣传，因为他们平时的确作恶多端，而且没有人替他们出面宣传。“准”士人很多，“准”宦官却极少，他们所能依靠的只有皇帝。

书生们制造舆论，李膺等强硬派官员利用这些舆论揭露宦官们的罪恶行径，甚至对宦官处以死刑。当然，宦官们也在寻找强硬派官员的错误过失，吹毛求疵，编个理由，撤职下台。在书生的鼓动下，那些被宦官们赶下台的强硬派官员得到全国人民的同情，捧为英雄。书生们情绪激昂，反宦官的呼声越来越高。

宦官们认为不能再继续不闻不问了，于是使出杀手锏，以桓帝信任的一个占卜师的弟子的名义上书请求弹劾党人。所谓党人，就是结党营私、为非作歹之徒，指的自然就是士人。

膺等养太学游士，交结诸郡生徒，更相驱驰，共为部党，诽讪朝廷，疑乱风俗。

桓帝大怒，命逮捕党人，累及李膺、陈寔等两百余人。

在审讯阶段，出现令宦官惊骇万分的情况。在党人们的供述中，自然暴露出宦官的许多罪恶行径。当他们被问及为什么要抓某某人时，党人就要叙述某某人所干过的贪污受贿、横征暴敛的行为。这样接二连三的揭发令宦官们十分尴尬。

此时恰好窦皇后的父亲窦武出面调停，宦官们也就顺水推舟，被捕者全部得以释放，但必须返回各自的故乡，终身禁锢。

这就是第一次“党锢之祸”。

逮捕党人是在延熹九年（166 年）。在这起事件中，被捕者引以为荣，未被逮捕的自以为耻，甚至还有人并未遭到通缉，却自己跑去自首。度辽将军皇甫规等对自己不是党人感到羞耻，于是以自己举荐的人是党人，自己在四年前被廷尉羁押时还是因为太学生张凤等三百多人的诉求才被赦免等为由，表示自己具有被捕的资格。不过，朝廷对他没有追究。

第二年六月，改元“永康”，颁布恩赦令，两百多党人被释放出狱。

宦官可以收养孩子以继承家业，这个养子自然不是宦官，而是正常的男人。释放党人的一个原因，是因为宦官的养子越来越多是士人，而且其中还有不少人属于党人派。

释放后“终身禁锢”，这并非束缚自由。当时的所谓“禁锢”，意思是不得为官。就是给予终生不得为官的处分。

释放党人这一年的十二月，桓帝死去。桓帝无子，于是选择章帝之子河间王刘开的曾孙解渎侯刘宏继位。当时他只有十二岁，即为灵帝。

桓帝一死，皇后窦氏首先就杀死丈夫所宠爱的田贵人。窦氏自然成为皇太后，其父窦武为大将军。

窦武开始考虑全歼宦官势力。有骨气的士人都受到终身禁锢的处分，全国成为宦官的天下。窦武作为士人的代表，曾上书请求桓帝赦免党人，他对宦官的专横统治深感危机。

也许窦武想恢复梁冀鼎盛时代那样外戚的强大权势。其实这种重温旧梦的心情也可以理解，不过从他的人生经历来看，窦武缺少那种积极的进取精神。他虽然是窦融的玄孙，出身名门豪族，但没有出人头地、飞黄腾达的思想，不愿意参与政治，而是喜欢钻研学问。他的女儿被册立为皇后以后，他才走上仕途。那个时代重视门第，如果他有心步入政界，机会应该有的是。

促使窦武下决心清除宦官势力的还是作为士人的危机感。虽然他因女儿成为皇后的关系当上大将军，但思想上士人代表的意识要比外戚意识浓厚得多。

据《后汉书》的窦武传记载，首先提出诛灭宦官势力的是太傅陈蕃。窦武只是“深然之”，陈蕃高兴得双手按席而起，看来起主导作用的是陈蕃。虽然窦武具有强烈的危机意识，但对世事不够成熟。

窦武似乎只听到释放后的党人慷慨激昂的声音以及太学书生气势豪迈的口号，产生全天下的人都在支援士人的错觉。其实世人对各种各样的人都列表排序。

所谓三君、八俊、八顾、八及、八厨等称呼，士人皆知。所谓“君”，即一世之宗仰之人，窦武、刘淑、陈蕃三人属于“君”。刘淑在宗室中学问最渊博，虽被举荐，却不为官。桓帝时，强迫进京，任尚书、虎贲中郎将，上书请求停止重用宦官，深受世间好评。

所谓“俊”，即人之英，李膺属于这一类。所谓“顾”，即能以德行引人者。所谓“及”，即能导人追宗者。所谓“厨”，即能以财救人者。

人们大概会认为，如果这么多优秀的人才齐心合力，何愁不能诛灭宦官。

然而，这个计划并不周密，宦官方面也有自己的情报网，而且窦武的女儿窦太后做事似乎也不够稳重妥当。计划败露，宦官先发制人，调动军队，杀死陈蕃，窦武被逼自杀，枭首于洛阳市。

要说危机感，也许宦官的感觉更加急迫。士人有地方豪族这个地盘，而宦官什么也没有。有迹象表明窦武他们利用三君、八俊等这些舆论，宦官们没有任何可以依靠的地盘和舆论，只能自己保卫自己。

此时宦官们已经深切感觉到，如果不彻底肃清党人派，自己就性命难保。他们大概认为对第一次党锢之祸的处理过于宽容手软，才有人制订这种诛灭宦官的计划。的确，世人的喝彩声之高甚至导致自愿被捕者的出现，不能不说党人对这种喝彩过于陶醉。宦官们认识到必须采取残酷的镇压手段，不论世人怎么喝彩，绝不能再次发生那样的事态。

第二次党锢之祸就极其凄惨严酷。越是残酷，就越有警戒效果。

一百多党人被杀，自然也包括李膺。禁锢多达六七百人，被捕入狱的太学书生一千多人。党人五等亲以内以及门生中，有官职者全部撤职、禁锢。

八俊之一的范滂在第一次党锢被捕审讯时，第一个走向审讯台，表现出大义凛然的侠义气概。入狱的党人全部“三木囊头”列于阶下。所谓“三木”，就是首枷、手桎、足梏，这些都是木制的。所谓“囊头”，就是用袋子把整个脑袋套起来。对于士人来说，这是奇耻大辱。而且当时的审讯是如何的惨无人道，简直无法想象。据《后汉书·党锢传》记载，有人不堪忍受痛苦而招供。招供就是说出同党的名字，同党自然也被抓捕。范滂坚忍酷刑，绝不松口，直到恩赦时才出狱。

范滂回乡的时候，沿途在汝南、南阳郡受到士人的迎接，几千辆车子连绵不绝。两年后，由于陈蕃、窦武的反宦官政变的失败，兴起第二次党锢之狱，对范滂也发出逮捕令。督邮吴导手持逮捕的诏书来到范滂住处，只是怀抱诏书痛哭。不必看诏书，就知道这是逮捕令。范滂径自去县衙门投案，县令郭揖解下腰间的县令印绶，表示辞官，拉着范滂的手，劝他和自己一起逃跑。范滂拒绝道：我一个人死就可以了。

辞行之际，范滂的母亲说道：

汝今得与李、杜齐名，死亦何恨！既有令名，复求寿考，可兼得乎？

既然已经得到令名，就无须要求人之长寿。

《后汉书》的作者范晔评价道：

子伏其死而母欢其义。壮矣哉！

接着，他提出疑问：既然气节未失，可是东汉为何如此沦丧，最终灭亡呢？

道之将废也与，命也。

最后，他引用《论语·宪问》中的这句话自我解释，归结于命运。

第二次党锢之狱发生于灵帝建宁二年（169 年）。黄巾之乱爆发，需要士人的合作，从而大赦党人是在中平元年（184 年）。这大约十五年间是宦官的天下，但被阉割的宦官是一种特殊的人，与士人不同，他们人数有限，不可能垄断从中央到地方的全部官职。应该说这是忠于宦官的宦官派的时代。

宦官派的特点就是几乎没有廉耻之心。并不是说所有的士人都有廉耻之心，但宦官派的人对宦官势力俯首帖耳，具有一种精神上的残疾人意识，所以出卖良心。反正都已经堕落到这个地步，那就别唱高调，尽量搜刮吧，表现出卑贱无耻的根性。

由这样一批人当官执政，绝不会把平民百姓放在眼里。人民受尽剥削榨取，本来就贫困的生活雪上加霜，更加穷苦。他们还有被拯救的活路吗？他们已经对通过政治的拯救感到绝望，于是在希望个人得到拯救的心里产生接受信仰的空间。太平道这个道教的分支以难以置信的速度在民众中发展扩大，终于爆发了黄巾起义。

关于黄巾起义，我将在后面讲述，但导致发生天下大乱的原因并不是《论语》的“命也”所能解释的。党锢之狱无疑是其中一个因素，但党锢之狱之后十五年的残酷政治可以说是直接的原因。

我想把这十五年称为“铜臭时代”。铜臭是金钱的味道。这是一切都是钱、钱、钱的令人厌恶的时代。

要当官，肯定需要金钱。以上交朝廷或者宦官的金钱的多少决定官职的大小。

东汉政府从此变质。更深刻地说，东汉政府已经等于灭亡。光武帝刘秀开创东汉王朝的时候，官员任命的考核标准，规定人品比实际才能和学问更重要。无论多么有才干有学问的人，首先在人品上不能有缺陷。“德”是政府官员最主要的条件。被举荐的孝廉当官执政，这种德的政治是东汉的理想。

对官员的考核标准从“德”一下子转变为“钱”。还有比这更大的变质吗？当然也可以认为是破旧出新。不管怎么说，这是一百八十度的大转弯。

灵帝即位之前，解渎侯时代，尽管身为列侯，对金钱的使用也不能随心所欲。据说他即位以后深感失望的是，先帝（桓帝）几乎没有留下私房钱。于是灵帝打算通过卖官积累私钱。

他开放宫中西园的宅邸，称为西邸，作为卖官交易处。各个官职明码标价，郡守等俸禄二千石的官职定价为二千万钱。县令一职，根据该县是富裕县还是贫困县的不同情况，价格也有差异。定价之外，还根据买者的身份、财产情况浮动价格。另外还采取了竞标机制。

有意思的是，同样俸禄的官职，地方官比中央官员的售价要高出一倍。县令一职，根据该县的大小、肥瘠等不同情况，俸禄也不一样，但大致在六百石左右。中央官员，例如掌管史实记录和历法的太史令的俸禄也是六百石。但是，在西邸出售的价码，县令要比太史令高出一倍。县令可以榨取县民，而太史令几乎没有榨取的对象。在中央当官，身为朝廷命臣，名义很好听，却没有实际利益，这在铜臭时代自然掉价。

按照不同的身份、财产定价，宦官曹腾之子曹嵩可以说是极端的例子。曹家巨富，他买的官职是太尉。这是一个有名无实的官，定价似乎是一千万钱，但曹嵩支付了一亿钱，是定价的十倍。当然这是西邸的管事者提出的要求。相反，著名的名士崔炎买官司徒，定价为一千万钱，但是他只支付了五百万钱。大概因为考虑到崔炎清贫又是著名的名士，才给予这样的优惠。

前面说过，朱穆因挖掘宦官之墓进行调查而获罪的时候，数千太学生上书请求赦免。那个领头人刘陶后来成为京兆尹，西邸要他出钱一千万，他称病不去上班。

洛阳的太学成为反政府运动的根据地，宦官派政府采取各种各样的对策。太学的书生不仅关心政治问题，连儒学的字句的标准也过问，经常举行反政府的示威游行，所以政府决定把五经刻在石碑上立于太学的讲堂前面。由当时的大学者蔡邕书写五经，作为标准。四十六块大石碑上密密麻麻地刻着五经，有问题可以对照，学生也就没必要示威游行了。

灵帝光和元年（178年），政府创办与旧学校相对抗的新学校，称为“鸿都门学”。因为学校位于鸿都门内，所以这样命名。政府吃够了学生的反政府运动的苦头，才创办这所亲政府的太学。政府给予这所学校的学生各种特殊的优厚待遇，感觉只要上这所学校，就意味着走上仕途。学生只要在这所学校的考试及格，就可以立即成为高级官员。大概认为旧太学教授政治性的经学才产生反政府的思想，所以新学校鸿都门学注重文学、艺术方面的教育。但是，鸿都门学的御用性质过于明显，不为人们所欢迎。

士君子皆耻与为列焉。

有骨气的人都羞于与鸿都门学的学生为伍。鸿都门学的学生据说有一千人，与具有悠久传统的太学相比，简直望尘莫及。

太学是西汉武帝时代由董仲舒的建议而创办的。如果以建元五年（前136年）设置五经博士作为创办时期，那么至鸿都门学创办之时，太学已具有三百多年的历史。东汉建国的始祖光武帝刘秀年轻时候就是这所太学的学生，这无疑极大地提高了太学的权威。新创办的鸿都门学绝对不是对手。

人民的生活更加艰辛困苦。

西邸的卖官交易也开始实行赊账方式。不能一次性付款的买官者，可以签订合同，允许过一段时间后再进行结算。就是说，这些人赴任以后再挣钱支付。为了还钱，他们在任内就千方百计不顾一切地拼命敛财。

当时官职的任期极短。西邸为了卖官交易不断繁荣昌盛，必定加快运转的速度。任期很短，又要还钱，官吏也心急火燎，苛敛诛求自然更加严酷厉害。有人不堪忍受，只好逃亡。逃亡者被视为反对国家的人，他们就索性加入义军。这种情况下，不发生动乱才是怪事。

李膺等主要党人被杀，那些被强迫回乡、受到禁锢处分的人依然打算东山再起。他们是地方豪族，不会屈服于宦官，现在只是韬光养晦的雌伏，等待时机。

还有像陈寔这样的党人，被释放后不能当官，就开办私塾教育学生。这是不违法的。但是，经学是探求政治性理想的学问，讲授的内容自然包含政治学。如果作为研究理想政治的学问，那么就不能不涉及不理想的现实政治。各地的经学讲授内容自然采取批判现实政治的形式。

纸的发明对教育的普及产生重要的作用，同时也为舆论的形成作出贡献。三君、八俊、八顾、八及、八厨等所谓人物排序表能够在全国迅速传播，除了口口相传外，大概也会写在纸上流传开来吧。对著名人物的关心空前高涨起来。

于是，出现不少所谓的人物评论家，处于那个时代，这是应运而生的现象。当时的人们很想知道什么地方出了什么样的人物。为什么想知道呢？大概因为有一种英雄期待感吧。谁都知道当今是一个坏世道。改变这个世道的人物会在哪里出现呢？改天换地的人物一定是相当了不起的人。

太原郡郭太，字林宗，被举荐，却不为官，游历各国。范滂对郭太大为赞许：

隐不违亲，贞不绝俗，天子不得臣，诸侯不得友，吾不知其他。

隐者抛弃双亲，不顾家属，但郭太不是这样的人。贞节硬汉往往与世俗断绝，但郭太没有这种倾向。他对谁也不屈服，但绝不是固执死板之人，而是富有人情味。仅仅这些就足够了，对他的其他方面还有哪些可说的呢？我不了解。《后汉书》的作者范晔也这样评述郭太：

林宗虽善人伦，而不为危言核论，故宦官擅政而不能伤也。

赞扬他胜过墨子、孟子。许多党人受迫害致死，郭太却能熬过那个黑暗的时代。按说本来应该赞美陈蕃、李膺那样置生死于度外进行改革、为义捐躯的人物，但也许范晔认为能够在黑暗时代既不屈膝变节、又能保存性命的人才是理想的人物。

郭太之所以能在宦官派时代安然生存下来，大概和陈寔一样，是不当高官的缘故吧。宦官派政府不觉得“善人伦（人物点评）”有多大的危险。

郭太是一个有口皆碑的人物，人品优秀，他所批判的人物的确都不是好人。

汝南郡的许劭（字子将）也是以点评人物而著称，他和堂兄许靖等每月聚会一天，点评人物，议论风生。每个月的一日叫做“月旦”，于是点评人物会就叫做“月旦会”或者“月旦”。

有一天，一个人来到许邵这里，让他给自己点评一下，那种态度显得有点蛮横。许邵端详此人，说道：

君清平之奸贼，乱世之英雄。

这个人听后，兴高采烈而去。此人正是三国志中的英雄曹操。上面这句话见于《后汉书》，《资治通鉴》则为“治世之能臣，乱世之奸雄”。

三国时代已经开始。

说到《三国志》，指的是西晋陈寿所著的正史。此书的文字叙述极其简洁，无注不知其详。幸亏裴松之为此书详细注解，使得我们能够知悉那个时代的事情。

一般说《三国志》，似乎指的是明朝的罗贯中以陈寿的《三国志》和裴松之的注释为基础进行小说润色的《三国演义》。日本元禄时代[①]出版的《通俗三国志》、从天保年间葛饰北斋[②]插图的《绘本三国志》到昭和时代吉川英治[③]的《三国志》都是以罗贯中的小说作为蓝本。

罗贯中的《三国演义》对历史进程的大脉络没有改动，但值得注意的是，他把刘备阵营作为主角，并且进行相当大的美化，而过分丑化其对立面、后来夺取东汉王朝的曹操阵营。

《三国演义》第一回的开头写发生黄巾之乱，刘备与关羽、张飞在桃园结义，结拜为三兄弟，勇敢投军的故事。这所谓的“桃园结义”在正史《三国志》正文以及注释里都没有。《先主传》有这样的描述：

好交结豪侠，年少争附之。

---

① 元禄时代：日本东山天皇时代的年号（1688—1704 年）。——译注

② 葛饰北斋（1760—1849 年）：日本江户后期的浮世绘画师，开拓风景版画的新领域。其画风对欧洲印象派产生很大影响。代表作有《富岳三十六景》《北斋漫画》等。——译注

③ 吉川英治（1892—1962 年）：日本小说家。创作大众小说，成为首屈一指的大众文学家。代表作有《新平家物语》《私本太平记》《三国志》等。——译注

灵帝末，黄巾起，州郡各举义兵，先主率其属从校尉邹靖讨黄巾贼有功。

上述文字经过小说加工后就演绎成桃园结义的故事。

黄巾起义始于中平元年（184 年），现在来看看《三国志》中主要角色的年龄。

听到自己是“清平之奸贼，乱世之英雄”这个评价大为高兴的曹操三十岁，刘备二十四岁，孙坚二十九岁，孙坚之子、后来成为吴国大帝的孙权三岁，辅佐刘备的诸葛亮四岁，十二岁即位、不能算是贤明君主的灵帝刘宏二十八岁。灵帝通过西邸的卖官赚的私房钱不计其数。

灵帝似乎很喜欢做买卖，他在后宫模拟开店，让宫女卖东西，自己也身穿商人的衣服，开设宴席。他耽于犬马，给狗戴进贤冠，系上绶带，成为笑料，甚至有人说“王之左右皆狗而冠”。

灵帝的身边围着宦官，张让、赵忠、夏恽等大约十个宦官是他的心腹，世间称之为“十常侍”。侍奉于皇帝身边的官员称为常侍，至东汉则专指宦官。据《后汉书·百官志》记载，原先俸禄一千石的中常侍增至二千石，其待遇相当于九卿。外朝的三公九卿只能偶尔见到皇帝，随时在皇帝身前身后伺候的中常侍对皇帝具有更大的影响力。灵帝经常说：

张（让）常侍乃我父、赵（忠）常侍乃我母。

十常侍的父兄、子弟、亲戚、宾客等被派到地方，敲诈勒索，鱼肉百姓，弄得怨声载道。但是愚蠢的灵帝对此一无所知。

灵帝废黜皇后宋氏，册立何氏为皇后。

东汉历代皇后都是豪族出身。桓帝欲立最宠爱的田氏为皇后，遭到陈蕃的强烈反对，只好作罢，立窦氏。这个传统被灵帝摧毁，他册立的皇后何氏是南阳人，其父亲开肉铺。

东汉王朝原先是豪族政权，现在内朝已经没有豪族外戚，宦官掌握主导权，新产生的外戚也不是豪族系统。东汉王朝已经失去政权的基础，变成一具行尸走肉。

鲜卑族经常从幽州（北京附近）至并州（山西）一带入侵，各地瘟疫流行，水旱灾害频繁不断。

无法忍受残酷剥削而逃亡的农民日益增多。

天下不稳，人心浮动，仿佛听得见可怕的山崩地裂的声音，由此揭开了黄巾起义的序幕。

苍天已死

苍天已死，黄天当立，岁在甲子，天下大吉。

这句话不知道是谁说出来的，但到处都在高喊如同咒语般的这句话。

道教的一个分支“太平道”是这句话流行的根源，而且是故意传播。

河北巨鹿县张角自称教授黄帝、老子之道，创立太平道这个信仰团体。在十几年的时间里，集聚信徒数十万。他把信徒组织为三十六“方”，一方大者万余人，小者六七千人，各自由称为“渠帅”的头目统率。这显然与军队组织很相似。

一百多年前赤眉、绿林军是自然形成的流民集团，赤眉军经过相当长的时间才号称有三十个营、三十万人马。与初期是无组织、无纪律的流民集团相比，太平道从一开始就是很有组织的军队。赤眉军把眉毛涂成红色，这是原始性的标识，而太平道使用黄巾扎头，所以称为黄巾军。

赤眉军信仰城阳景王，这不过以一种民间信仰作为团结的手段。太平道从成立之初开始就具有相当高程度的宗教性纪律。当然也有许多交不起租税而逃亡的农民参加进来，但这个团体一旦接收他们，就对他们进行严格的组织性、纪律性的训练。

道教从民间信仰发展成具有体系的宗教大概受到佛教的影响。

佛教肯定在西汉末期就已经传到中国，当时丝绸之路上开展着东西方贸易。贸易应该不仅仅限于商品，运送商品的人们也会进来。当时佛教在大月氏已经国家化，这个地方的人来到中国自然也把佛教带进来。

前面说过，《魏略》记载，西汉哀帝元寿元年（前2年），大月氏的使者向景庐口授《浮屠经》。《后汉书·西域传》还介绍明帝感梦求法的事情。

世传明帝梦见金人，长大，顶有光明，以问群臣。或曰："西方有神，名曰佛，其形长丈六尺而黄金色。"帝于是遣使天竺问佛道法。

《后汉书》还介绍说明帝的同父异母弟楚王刘英信奉佛教。

楚王诵黄老之微言，尚浮屠之仁祠，絜斋三月，与神为誓。

此项记录是在永平八年（65年）。桓帝似乎也信佛教。《后汉书·桓帝纪》这样写道：

前史称桓帝好音乐，善琴笙。饰芳林而考濯龙之宫，设华盖以祠浮图、老子。

楚王和桓帝都是黄老和佛教兼而信之。道教以黄老为祖，中国人感觉其虚无观与佛教很接近，感觉中国人以道教为基础来理解佛教。

包含其教团组织在内的佛教传到中国，所以道教只能接受它。无论是太平道，还是同一系统的五斗米道，我们都可以从中感觉到佛教的气息。

太平道利用治病的方法聚集信徒，他们让病人下跪叩拜，忏悔自己的过错，然后给他们喝符水治病。教祖张角自称大贤良师。大贤良师是"黄天"神的使者。黄天这个称呼大概是从"黄老"引申出来的。它是万能之神，认为疾病是神对人的惩罚，所以要想治好病必须先认罪。

无论是生理上的病人，还是精神上的病人，都集中于太平道。那是大量产生精神痛苦者的时代，所以太平道日益发展壮大，而且从信仰集团转变成反叛集团。

平民百姓对执政者的不信任已经深入骨髓。聚集着平民百姓的太平道自然而然就是反政府的势力集团。

我们的黄天时代即将来临——太平道在内部宣传这种思想。发展教团势力，就需要奋斗目标，于是，“黄天当立”就成为他们的目标。为了立黄天，苍天——东汉帝国就必须灭亡。

黄巾军的起事比赤眉军更具谋划性。地方政府似乎对他们没有丝毫的觉察。地方官们都对工作消极懈怠，一心一意热衷于榨取敛财，对搜刮民脂民膏过于热心，对别的事情自然怠惰疏忽。地方官向中央报告说张角是教化善导人民。

“岁在甲子”，就是预言甲子年——中平元年（184年）举事。

太平道——黄巾起义由于有人告密，泄露了日期，所以不得不提前举事。自称大贤良师的张角改称“天公将军”。他有两个弟弟，一个张宝称“地公将军”，另一个张梁称“人公将军”。起义军烧毁地方衙门，抢掠村庄街道，地方官员纷纷逃命。党锢之狱以后，大抵没有一个有骨气的地方官。

洛阳的朝廷自然派兵讨伐，另一项措施就是决定解除对党人的禁锢。这个时候，如果黄巾军和党人联合起来，那就非同小可。

在重臣会议上提议解除党禁的是北地郡守皇甫嵩。灵帝与中常侍吕强商量此事，对士人的建议做出是否采纳的判断，灵帝还是要听取宦官的意见。并非所有的宦官都是贪得无厌的无耻之徒。吕强似乎是一个正直优秀的宦官。

党锢久积，人情怨愤，若不赦宥，轻与张角合谋，为变滋大，悔之无救。今请先诛左右贪浊者，大赦党人，料简刺史、二千石能否，则盗无不平矣。

这就是吕强的意见。于是，灵帝终于下决心解除党锢。吕强的意见不像宦官所言，一般的宦官绝对不愿意宽赦仇敌党人。宦官们对吕强意见中的“先诛左右贪浊者”这句话极感恐惧。不久以后，吕强受到赵忠等十常侍的谗言，被迫自杀。谗言中说吕强经常阅读《汉书·霍光传》。西汉大将军霍光曾废黜皇帝，诬陷吕强阅读霍光的传记是为了研究废黜皇帝的方法。

郎中张钧上书道：

窃惟张角所以能兴兵作乱，万众所以乐附之者，其源皆由十常侍多放父兄、子弟、婚亲、宾客典据州郡，辜榷财利，侵掠百姓，百姓之冤无所告诉，故谋议不轨，聚为盗贼。宜斩十常侍，县头南郊，以谢百姓。

这是非常有勇气的上书，大概他已经做好了死的思想准备。果然张钧被诬陷研学黄巾之道，入狱而死。

从吕强的意见和张钧的上书中就可以知道问题的症结所在。

党人的禁锢虽被解除，但保留一点："唯张角不赦"。虽然张角不是党人，但能读会写，具有与党人结党的基本条件。东汉政府的意图是想切断张角与党人的关系，孤立黄巾军。

东汉政府的策略基本获得成功。由于有人告密，黄巾军不得不提前举兵日期，相互之间的联络自然不能顺畅。原本还是集中兵力的阶段，突然举事，各路部队还处在分散状态，于是被政府军各个击破，几乎全军覆没。

由于解除了对党人的禁锢，政府军在精神方面得到很大的好处。

解除党锢让原本对宦官独揽天下大权感到灰心沮丧的士人产生时来运转的期待感。落魄窘困的豪族也重新意气奋发。要消灭黄巾军，必须集中各路的兵力，如果没有地方权势者的支持，就无法集结大军。让地方豪族意识到自己的力量，也可以提高他们的精神力。

张角率领的黄巾军的核心力量集中在河北，但河南东部的颍川一带也有主力部队。东汉朝廷派遣北中郎将卢植前往河北，左中郎将皇甫嵩和右中郎将朱儁前往颍川。

皇甫嵩建议解除党禁，由北地太守升为中郎将。其父皇甫节曾任雁门太守，其叔父皇甫规曾任度辽将军，是个名人。皇甫嵩是典型的豪族出身的士人，举孝廉任官，为人“爱慎尽勤”，据说上书、进言五百多件。如果说讨伐黄巾军成功的一个因素是解除党禁，那么提出这个建议的皇甫嵩为朝廷立了一大功。

朱儁曾任会稽太守，在当时的大官中是少有的南方人，而且据说生于贫困的家庭。在地方担任下级官吏，其业绩获得上司的认可，然后举孝廉，一步一步升上来的，是一个实力派的官员。交趾（越南北部）叛乱之际，他作为刺史率领七郡之兵予以平定。他对叛军募兵讨伐，以实实在在的战功得以升迁。

皇甫嵩在长社被波才率领的黄巾军包围，陷入困境，率兵赶来救援的正是骑都尉曹操。这是曹操第一次登上历史舞台。

奔赴河北的卢植大败张角，将其逼迫到广宗县城，围之。卢植正准备攻城的时候，被撤职。

讨伐军里都配备有直属皇帝的督察，这些人都是宦官。配备在卢植部队里的督察是小黄门左丰。按照当时的惯例，似乎部队司令都要给督察行贿，然而卢植没有这样做。

卢植这个人其实作为儒学家更有名，年轻时曾与郑玄一起师从马融，通晓古今之学。

性刚毅有大节，常怀济世志，不好辞赋，能饮酒一石。

性格耿直刚强，岂能行贿？于是小黄门左丰回到洛阳，向灵帝汇报说：

广宗贼易破耳。卢中郎固垒息军，以待天诛。

广宗县城的敌军不堪一击，可是卢植迟迟按兵不动，只是等待天诛。灵帝听罢，大怒：

槛车征植，减死罪一等。

这个处分虽然免于一死，但作为囚徒，关在囚车里押送回京，这是极其不光彩的事情。

接替卢植的是东中郎将董卓。这是在《三国志》里臭名昭著的董卓的第一次出场。董卓出身名门，以“健侠”著称，始任羽林郎，曾作为中郎将张奂的军司马（幕僚）参加镇压羌族的叛乱，立功，后来作为西域戊己校尉去过西域。从他的经历来看，董卓是一个地地道道的军人。然而，他接替卢植攻打广宗县城的黄巾军，久攻不下。董卓也被召回洛阳。

讨伐军在三月组成，至十月才攻破张角的弟弟——人公将军张梁守卫的广宗县城。此时张角已病死，讨伐军剖棺戮尸，将首级送往洛阳。十一月，皇甫嵩攻陷地公将军张宝守卫的下曲阳，斩之。

但是，皇甫嵩在讨伐的过程中，曾发现宦官赵忠的宅邸逾制，便报告朝廷，结果赵忠的宅邸被没收；另外拒绝张让借钱五千万的要求。这两个宦官便向宦官的大头目告状：

嵩连战无功，所费者多。

结果不仅收回因战功而授予皇甫嵩的左车骑将军的印绶，还削减他的六千户食邑。

士人在这次讨伐中十分活跃，同时宦官作为皇帝的身边人淋漓尽致地发挥了自己的巨大威力。

中平二年（185年）六月，以讨伐张角之功劳大小论功行赏，中常侍张让等十二个宦官都成为列侯。他们虽然没有上战场，但算是在皇帝身边参与策划作战的功绩吧。

在太学的书生时代就成为学生运动首领的刘陶，那时担任谏议大夫。他上书直言：天下大乱，皆因宦官。后来被宦官谗言，死于狱中。他在奏文中说，如果西羌族叛军进攻河东得势，将有直逼首都之虞。宦官抓住这句话，谗言道：

今者四方安静，而陶疾害圣政，专言妖孽。州郡不上，陶何缘知？疑陶与贼通情。

西羌族叛乱，连州郡都没有报告，你刘陶怎么知道？怀疑他通敌。

西羌族侵入河东，众所周知，但是州郡的官员隐瞒不报。当时官吏的普遍做法是，凡是自己要负责任的尽量不报。

东汉军队攻破广宗县城、下曲阳确是事实，但因此就说叛乱军尽行平定，“四方安静”，则令人怀疑是言过其实。州郡官员隐瞒事实不报，讨伐军的领导何尝不是如此呢？军中虽然配备有皇帝的督察宦官，但只要行贿，就可以把六分的胜利谎报为大获全胜。

张角兄弟死后的第二年，各地纷纷发生盗寇动乱。在朝廷看来是“群盗”，但他们则认为自己是起义军，这与王莽末期的情形一样。《后汉书》里出现雷公、浮云、白雀、大目、左髭文八等类似绰号的首领的名字。其中博陵的张牛角和常山的褚飞燕似为大首领，他们联合攻打瘿陶。在这次作战中，张牛角战死，褚飞燕率军活跃于河北，人称“黑山贼”，号称聚集有百万之众。朝廷采取招安手段，封他为平难中郎将。贼寇头目一夜之间变成政府高官，甚至还获得举孝廉的资格，这不能不说是咄咄怪事。褚飞燕也趁此机会改名为张燕。

中郎将是比二千石的官职。所谓“比”，就是“准”的意思。当时的标准，二千石就是高官，不过，其具体内容有着微妙的差异。如果仅仅说是“二千石”，实际上每个月是一百二十石，这样年俸就是一千四百四十石。而“比二千石”，每个月是一百石，年俸就是一千二百石。如果年俸真正得到二千石，那名称就是“中二千石”。三公是特殊的规格，九卿、执金吾、司隶校尉等都是中二千石，郡的太守、州刺史是二千石，中郎将、都尉则是比二千石。

以二千石的诱饵让起义军归顺，东汉帝国的权威已经坠地。

黄巾军并不由于张角兄弟的死去而被消灭，大概有很多人参加褚飞燕的队伍，也有很多人依然打着黄巾军的旗号在各地活动。他们的力量相当强大，东汉政府最后也没有平定黄巾军。

极端地说，其实东汉政权最终还是被黄巾军所推翻。在中平八年讨伐黄巾军的作战中崭露头角的曹操后来夺取东汉王朝。八年以后的初平三年（192 年），他在济北收服黄巾军，编入自己的部队，使他的力量得到决定性的增强。曹操的部队中，最精锐的士兵称为“青州兵”，为他的建立霸业发挥巨大的作用。

曹操在建安元年（196 年）迎回献帝，自命大将军以后，才成为真正的实力巨头。但是，不要忘记，他之所以能这样做，是因为他的功绩使他具有这样做的资格。曹操将青州的黄巾军收入麾下以后的第二年，击败袁术，进攻徐州的陶谦。曹操的力量迅速壮大起来。青州军在曹操的部队里具有独立性，从来没有被解散、合并过。认为这是因为黄巾军在同意投降时双方达成的约定这个观点比较有说服力。

流民的反抗并不是在黄巾起义时才突然发生的，此前就频繁发生无组织或者组织性很薄弱的反抗。东汉末期的反抗可以说是慢性的。在黄巾起义之前，反叛军队的首领自称皇帝的例子有以下这些：

顺帝建康元年（144 年）十一月，九江的徐凤、马勉举兵，烧城邑，徐凤称无上将军，马勉称帝。

冲帝永嘉元年（145 年），历阳的华孟称黑帝，攻九江，杀太守杨岑。

桓帝建和元年（147 年），陈留的李坚称帝，但立即伏诛。

桓帝建和二年（148 年）十月，长平的陈景号“黄帝子”，南顿的管伯称“真人”，图谋举兵，被诛。

桓帝和平元年（150 年）二月，右扶风的裴优自称皇帝，伏诛。

桓帝永兴二年（154 年），泰山琅邪的公孙举等造反，杀长吏，“伪号历年”，大概是称帝。

桓帝延熹八年（165 年），渤海的盖登称“太上皇帝”，制作玉印等。

桓帝延熹九年（166 年），沛国的戴异获得未刻有文字的黄金印，送给广陵的龙尚，作符书称“太上皇”。这只是诈称，没有举行叛乱，然而离叛乱不过一步之遥。

灵帝熹平元年（172年）十一月，会稽的许生（有的文本作许昭或许昌）在句章县发动叛乱，称阳明皇帝，史书记载众以万计。在讨伐黄巾军作战时担任司令的朱儁当时是郡太守尹端的主簿。尹端讨伐许生失败被判死刑，朱儁急忙上京，通过行贿有关方面，遂将死刑改为降职。

以上是黄巾起义之前僭称帝号的例子，没有记录下来的僭称帝号的起义应该更多。

黄巾起义被镇压三年之后的中平四年（187年），又发生僭称帝号的叛乱。以前对反叛的称呼都是某县的“盗”，或者“贼”，或者“妖贼”，但这一次起义不是民间力量，其主角是政府高官。

皇甫嵩被宦官诬陷，解除车骑将军的职务后，司空张温任车骑将军，前往讨伐羌族，在途中被任命为太尉。这个张温为了讨伐凉州的义军，调动幽州、乌桓的三千骑兵，他是想使用东北的精锐部队镇压西北的羌族叛乱。此时，前中山国的相张纯想当这支精锐部队的司令官。

东汉也是实行郡国制，既有政府直辖的郡，也有皇族册立为王的国。不过，王并没有实际统治他的国。称为“相”的官员是这个国的事实上的长官。郡的长官是太守，国的长官是相。相与太守是同等的，都是俸禄二千石的官员。

但是，张温没有同意张纯的要求，任命涿县县令公孙瓒为司令。张纯恼羞成怒，纠集前泰山郡太守张举、乌桓族首领丘力居等在北京一带抢掠暴行，号称聚众十余万，大概包含有不少黄巾军的残余。他们以辽西郡的肥如为据点，张举称天子，张纯称弥天将军，还给附近周边的州郡发文，通知张举已经取代东汉。

升为骑都尉的公孙瓒奉命讨伐。在辽东石门山的会战中，张纯大败，抛妻弃子，逃往塞外。但是，公孙瓒过于深入追击，在辽西管子城被乌桓族的丘力居包围，相持两百多天，双方军粮都告罄，于是两军撤离，不分胜负。

落荒而逃的张纯为部下所杀，其首级被送到幽州牧刘虞处。政府高官的叛乱就此结束，但稍一举事，就能召集十多万人，这是一个大问题。

这个时期，掌握州的军权的刺史称为“牧”。

东汉时代，中国划分为十三州：司隶、豫州、冀州、兖州、徐州、青州、荆州、扬州、益州、凉州、并州、幽州、交州。

秦始皇在中国设置三十六郡，但是至东汉明帝时代，郡和国的数量达到一百零五个。前面说过，郡有太守，国有相。例如，幽州有十一个郡国，朝鲜半岛的乐浪郡也是其中之一。

郡下设县。与县同等的有侯国、邑、道等，县级行政单位有一千一百八十个。侯国是功臣的受封地，邑是赐予公主的所谓汤沐之地，蛮夷的土地为道。一万户以上的县的长官称为县令，一万户以下的县的长官称为县长。

《后汉书·百官志》记载，县令的俸禄是一千石，县长从四百石到三百石不等。

郡的太守、国的相俸禄都是二千石。

州的刺史原先俸禄是六百石，西汉成帝时改称牧，俸禄增加到二千石。东汉光武帝时，又改回刺史，至东汉末期，再次使用牧的名称。

全国十三州中，首都地区的司隶不是刺史，而是设司隶校尉，其他十二州设刺史（牧）。刺史原先不是地方的行政长官，是考核州、郡、县的官员的政绩的职务。刺史虽然俸禄也是二千石，但不像郡太守那样拥有管辖的土地，不过考核的地区是很广阔的。

《三国志》里的许多英雄豪杰都曾当过刺史、太守。主要人物刘备在与黄巾军作战的时候，和伙伴一起加入校尉邹靖的部队参战。他是自己报名入伍的下层军人，黄巾之乱被平定以后，以战功成为安喜县（中山国内）的尉。县的长官下面设有丞和尉。丞主管文书行政，尉主管军事、警察，俸禄在四百石至二百石之间。大县设县尉两人。后来成为刘备对手的曹操、孙坚、袁绍等在黄巾之乱时都是俸禄二千石的官员，相比之下，刘备的起步比较晚。

中平四年（187 年），区星在长沙自称将军，发动起义。长沙太守孙坚平定有功，被封为乌程侯。

中平八年（191 年），朝廷设西园八校尉。因为天下骚乱，必须加强军备，新设八大军团，任命八个司令。曹操和袁绍都是司令，八校尉的头号人物是宦官蹇硕，他作为上军校尉，不仅管辖一个军团，同时也监督其他七个军团。蹇硕身材健壮，富有武略，宦官的势力也已经进入军队。

群雄相争

中平六年（189 年）四月，灵帝死，享年三十四岁。

灵帝生有几个儿子，却总是夭折，于是就把开肉铺老板的女儿何氏所生之子寄养在一个名叫史子眇的道人家里。这个皇子名叫辩，人称“史侯”。何氏生辩，立为皇后，其兄何进成为大将军。

辩出生五年后，后宫王氏生子。王氏为善妒的何皇后所杀，但皇子寄养在董太后那里，平安无事。董太后是灵帝的生母，原先不过是解渎侯的夫人，儿子被选择为皇帝后，她直接成为皇太后。董太后没有当过皇后的经历，也是一个权力欲极强的女性。王氏的儿子名叫协，人称“董侯”。

灵帝死去的时候，史侯刘辩十四岁，董侯刘协九岁。两人比较，似乎协比辩更加稳重懂事。何皇后一直催促恳求灵帝立辩为皇太子，但是灵帝至死也没有决定皇太子的人选。其实协是灵帝十分满意的继承者，灵帝一病，就把协托付给蹇硕。

蹇硕是西园八校尉的总统帅，是最大的实力派人物。为了让协即位，首先必须杀掉辩的监护人、何太后的哥哥何进。蹇硕说有事相商，将何进接进府里。蹇硕有一个部下与何进关系密切，对何进使眼色，暗示他情况危急。何进慌忙逃回家里。蹇硕诛杀何进的计谋未能得逞。

灵帝死去两天后，辩即位，改元“光熹”。大将军何进自然掌握朝政，他对蹇硕谋杀自己怀恨在心，考虑报复。就在这个时候，袁绍劝他把宦官悉数杀绝。袁绍是豪族中的豪族，自袁安担任司徒、司空以来，四代人必出三公。袁绍以士人的代表自居，自然对压迫士人的宦官怀着深仇大恨。

新帝即位第十三天，何进逮捕诛杀蹇硕。这肯定是一场激烈的宫廷权力斗争。

董太后本想让自己抚养的协即帝位，现在却让何进捷足先登。何进杀掉蹇硕以后，宦官们深感危险，将董太后的哥哥董重作为自己的靠山。

皇帝（辩）——何太后——何进——士人

皇弟（协）——董太后——董重——宦官

朝廷势力分成这样的两派激烈争斗。当然，情况极其复杂，并不是所有的人都是按照这个图式划分的。例如十常侍之一的宦官郭胜就与何进关系密切，在诛杀蹇硕时出过力。

董太后与何太后既是婆媳关系，更有着摄政之争。何太后是皇帝的母亲，认为自己是正统的摄政，但董太后作为先帝的母亲，认为自己辈分在何太后之上。坏就坏在董太后权力欲太强，想干预政事——主要是人事。两个女人歇斯底里般炽烈争斗。董太后对儿媳妇何太后说：

吾敕票骑断何进头，如反手耳！

只要我对哥哥董重说一声，砍下你哥哥何进的脑袋易如反掌！这有点像小孩子吵架说的话。何太后把董太后说的话告诉哥哥何进，何进便派兵包围票骑将军府，逼董重自杀，并让董太后回老家解渎。

蕃后不得留京师。

这是规矩，必须按规矩办事，当然这是借口。董太后的身份相当于蕃后。《三国演义》说董太后忧怖暴死，也许是被何进毒杀。《九州春秋》说董太后自杀。由于这件事，世间对何氏的评价一落千丈。

上面的派别系列将何太后与宦官分为两派，其实也并非如此。当何进劝说何太后全部罢免宦官官职的时候，她表示反对。她的理由是，自己是女人执政，怎么能够和男人士人打交道呢，如果没有非男人的宦官，事情就不好办。

何太后的母亲舞阳君，或者是何进的弟弟何苗接受宦官的贿赂，这牵制了何进废除宦官官职的计谋，推迟了实行的时间。

袁绍等密谋策划诛灭宦官，不遗余力地召集四方猛将豪杰。曹操听说以后，笑道：宦官自古就有，不对他们权宠就可以了。至于诛杀元凶，一个狱卒就能办到，如此招兵买马太显眼了。

欲尽诛之，事必宣露。吾料其必败也。

这大概是后来编造出来的故事，无非是说曹操预见到袁绍的失败。

出身于士人名门中的名门的袁绍，与宦官的养子之子曹操对宦官的看法还是不一样。

以凶残暴戾闻名的董卓此时正驻兵河东，观望时局。何进不顾周围的坚决反对，也把董卓叫到洛阳来。

如此堂而皇之地策划计谋，而且推迟举事的时间，自然会走漏风声。

宦官们也已经发觉，他们进行殊死的反抗，因为这是关系到他们生死存亡的大事。他们借用何太后的名义，召何进进宫，在嘉德殿前将他杀死。这是被逼得走投无路的宦官的反扑。

何进被杀的消息传到宫殿外面，宦官们紧闭宫门。袁绍的同父异母弟袁术和何进的部将吴匡等攻破宫门，闯入宫殿，放火焚烧南宫青琐门。此时日暮，天色黑暗。

袁绍在朱雀门抓杀十常侍的赵忠等，而且关闭北门，在宫殿内搜寻，对宦官见一个杀一个，斩尽杀绝，这一晚杀死两千多人。被阉割的宦官没有胡子，所以只要抓到没有胡子的就杀，但也有没有胡子的非宦官被误杀。

在一片混战之中，何进的部下杀死何进的弟弟何苗。因为何苗和宦官勾结在一起破坏哥哥的计划。

这一天是八月戊辰日。

士人渴望期盼的诛杀宦官就这样在一夜之间告成。

十常侍的张让和段珪带着皇帝和皇弟等数十人从宫殿逃脱出来，但跑到小平津时，被尚书卢植、闵贡等追上。张让和段珪见无路可走，跳河而死。据说跳河前这样说道：

臣等死，陛下自爱！

皇帝兄弟返回洛阳的宫殿，途中与赶往洛阳的董卓相遇。此时皇帝战战兢兢，语无伦次，而皇弟协对董卓的询问回答得条理清晰、沉着冷静，看来弟弟比哥哥贤明。

董卓时代从此开始。

东汉中期以后，皇帝不是外戚就是宦官的傀儡，皇帝作为权威的象征被他们所利用。

外戚和宦官两败俱伤，同时倒下，而且是在一瞬间烟消云散。天下开始了士人所期望的秩序井然的、士人统治的政治的时代。

在这个新的时代里，皇帝依然是傀儡，只是操纵傀儡的不是宦官也不是外戚，而是以武力作为靠山的“实力派”。

董卓着手废立皇帝。皇弟协被立为新帝，称为献帝。他成为东汉的末代皇帝。皇帝辩被废黜，降为弘农王。以对婆婆无礼为由将何太后移至永安宫，不久被董卓毒杀，舞阳君也被杀。当她还是肉铺家庭的女儿时，根本无法想象这种命运的变迁。

董卓自任太尉，掌握军权。

皇帝兄弟回到宫殿的时候，已经改元为昭宁，但献帝即位后，改元为永汉。不久，又废除“光熹”“昭宁”“永汉”这三个元号，恢复称呼原先的中平六年。一年之内使用四个元号，说明这一年多么异常。

董卓为已经死去的陈蕃、窦武等党人恢复名誉，恢复其爵位，派特使到其宗祠吊唁，决定录用其后裔。董卓大概是向天下人宣告这个政权是东汉初期豪族政权的复活吧。

十一月，董卓任相国。从西汉的开国元勋萧何任相国以来，西汉、东汉还没有第二个人担任此职。董卓无所顾忌地打破了四百年的禁忌。

董卓享受赞拜不名、入朝不趋、剑履上殿等特殊的待遇。谁都知道董卓又向皇帝的宝座迈进了一步。

袁绍反对废立皇帝，离开洛阳。袁术也离开南阳。曹操也去了陈留，散家财招募五千士兵。不久，对董卓的罪行群起声讨，形成反董卓联盟，盟主自然是袁绍，檄文飞遍全国各地。

从进入洛阳以后的董卓的言行来看，产生反董卓运动是可以理解的。董卓性格残忍无情，杀死何太后以后，也毒死了废帝刘辩，肆无忌惮地抢夺别人的财产，随心所欲地霸占妇女，甚至当场杀死带剑前来面见的侍御史扰龙宗。

董卓的残忍异乎寻常。他曾与羌族作战，出征西域，所以他的军队里有各种不同部族的士兵。他对洛阳破坏之彻底，完全超出了将洛阳文化视为自己精神的人们的想象。反董卓联盟一举兵，董卓就把献帝迁往长安，同时开始破坏洛阳，所有的宫殿、民房尽行烧毁，两百里内无鸡犬，完全是毁灭性的破坏。

董卓强行迁都长安。他认为，如果留在洛阳，就会被反董卓联盟所孤立，他是陇西人，长安一带是他的势力范围。

反董卓联盟举兵是在初平元年（190 年）正月，而迁都是在二月。

盟主袁绍自称车骑将军。这个时候，官职也可以随意自封。

初平二年，董卓进入长安。联军中第一个进入洛阳的是孙坚，此时的洛阳已是瓦砾遍地，残垣断壁。反董卓联盟自然解散，接着开始激烈的割据争斗。

前面说过，初平三年（192 年），曹操接受黄巾军青州兵三十万人的投降，势力猛然壮大。这一年的四月，董卓的部下吕布受王允的挑拨，杀死董卓。吕布逃往别处，长安就成为董卓部下李傕、郭汜、樊稠、张济等的斗争之地。长安在赤眉之乱中惨遭破坏，一片荒凉，好不容易重建恢复昔日面貌，如今又化为废墟。

建安元年（196 年），曹操迎献帝至许（许昌），开始重建洛阳。

这个时期，割据于幽州（现在的北京一带）的公孙瓒受到冀州的袁绍的挤压，处境艰难。刘备被同乡公孙瓒任命为平原国的国相。建安四年（199 年），公孙瓒被袁绍包围，自杀，整个华北地区落入袁绍之手。

盘踞在幽州的公孙瓒面对东面的乌桓族等，所以必须处理好与塞外其他民族的关系。他对塞外民族一直采取强硬的方针。从他讨伐张纯带领乌桓族叛乱以来，就始终推行强硬的武力政策。

袁绍最后攻打公孙瓒的时候，就借助了乌桓族的力量。可以说强硬政策的失败导致公孙瓒的灭亡。

拥立献帝的曹操成为中国北方两大势力之一，他认识到与袁绍的决战不可避免。袁绍家族四代产生五个三公，是首屈一指的名门豪族。但曹操家族竟然以一亿钱买得太尉的官职，其富裕家产名闻天下。这两个贵族子弟年轻时在洛阳就已经相识。《世说新语》记载了一则有关他们的有趣故事。

曹操和袁绍是游侠之交。有一次，两人商量在别人的婚礼上抢走新娘子。在婚礼正在进行的时候，曹操突然大叫“土匪来了”！参加婚礼的人们不顾一切地纷纷逃命，他们趁机把新娘抢走逃跑出来。但是，在逃跑的途中，袁绍掉进枳棘里，动弹不得。这时曹操又大喊一声“土匪来了”！吓得袁绍一下子从枳棘中蹦了出来，两人终于逃脱出来。《世说新语》收录这则故事，大概想说明曹操是何等的奸智。从另一方面也可以看出，当时的贵族青年是如何的为所欲为，旁若无人。

公孙瓒灭亡后的第二年建安五年（200 年），曹操与袁绍的决斗正式开始。这是《三国志》中非常精彩的场面之一——官渡之战。官渡在黄河边上，这一场争夺天下的决定性战役以曹操大获全胜而告终。

两年后，袁绍死去，他的几个儿子虽然还继续抵抗一阵子，但兄弟争吵不断，对曹操不再构成威胁。

曹操除根据地兖州外，还占有冀州、青州、幽州、并州，中国十三州中的五州，几乎一半被曹操收入囊中，而且是人口最多的地区，可以说曹操控制了半个天下。

曹操力量的强大对献帝以及献帝身边的人来说，都不是令人高兴的事。

群雄中起步较晚的刘备也已经从平原国的国相变成徐州的主人，似乎也占山为王。不过，他的地位还是很不稳定，曹操为了对抗袁术，与刘备结盟。建安元年（196 年），刘备被吕布赶出来，只好投靠曹操。

这时，献帝身边的人期望刘备把曹操赶下台。虽然不是外戚的时代，然而外戚董承对曹操的存在简直无法容忍，他把“应讨曹操”的密诏交给刘备。

可是事情败露，曹操攻打刘备，刘备投奔袁绍。这件事发生在官渡之战前夕，刘备的部将关羽成为曹操的俘虏。

袁绍在官渡之战中大败，刘备对袁绍失去信心，便投奔荆州的刘表。

关羽投降曹操，受到优厚的待遇。在袁绍的部将颜良攻打东郡的时候，关羽一刀斩杀颜良，立下大功。关羽以此作为对曹操知遇之恩的报答，离开曹操，追随刘备而去。

这一年，雄踞南方的孙策被暗杀，年仅二十六岁。他的父亲孙坚也在岘山被黄祖部下射死。父子两代，皆死于非命。弟弟孙权继承兄长的事业，成为孙氏军团的首脑。

孙氏原先隶属于袁术。袁术是袁绍的同父异母弟，但两人关系不好。袁术动不动就说自己才是名门袁家的嫡系，而袁绍不过是妾生之子，自称是袁氏家族简直是不知天高地厚。袁绍对袁术的口出狂言非常恼怒，让荆州的刘表攻打袁术。袁术也和北方的公孙瓒结伙，让公孙瓒攻打袁绍。

建安二年（197 年），袁术在寿春称帝，国号“仲家”。这个袁术的为人也是很成问题的，没有钱财，却要穷奢极欲，最后穷得向部下陈简借钱，遭到拒绝。建安四年，他不得不投靠曾经那么瞧不起的同父异母兄袁绍，但是在北上途中被曹操阻拦，只好返回寿春。曹操派去阻拦袁术北上的将军正是此时投靠他门下的刘备。袁术来到江亭，说道：“袁术乃至是乎？”吐血而死。应该是气死的吧。

从袁术称帝开始，孙坚的儿子孙策就和他断绝关系。这不仅仅因为君臣名分的缘故，这个时候孙氏的实力已经超过了袁术，没有必要一直跟随动不动就以名门出身自居的他。

孙权虽然年轻，但是在张昭、周瑜、鲁肃等人才的辅佐下，自己又赏识吕蒙等人的才能，委以重任，他的势力迅速壮大起来，统治会稽、吴、丹阳、豫章、庐江、庐陵等诸郡，在长江中下游以及浙江建立起牢固的霸权。

孙氏家族的弱点是统治地域虽广，人口却不多。长江流域自古具有高度的文化，但居民不是很多。这个问题始终困扰着这个政权。

官渡之战后，曹操花费大量精力清剿袁绍的残余势力，使得刘备可以在刘表处悠然休息。

有一天，刘表召见刘备，中途刘备如厕，回来时他的脸上挂着泪痕。刘表觉得奇怪，询问之。刘备回答道：

吾常身不离鞍，髀肉皆消。今不复骑，髀里肉生。日月如驰，老将至矣，而功业不建，是以悲耳。

形容英雄无用武之地的成语“脾（髀）肉之叹”出于此处。

人有时候需要髀肉之叹般的悠闲。刘备在荆州的最大收获是得到难得的人才。

刘备得到诸葛亮（字孔明）这个年轻的军师。诸葛亮生于光和四年（181年），刘备于建安十二年（207年）认识他的时候，他还只有二十七岁。诸葛亮和献帝是同年生人。刘备久仰诸葛亮大名，三顾茅庐，才说服他成为自己的幕僚。这个“三顾之礼”是很有名的，《出师表》中也涉及，无疑是事实。

诸葛亮加入进来，刘备阵营人才济济，大放光彩。以前的幕僚都是结义兄弟关羽、张飞，以及赵云等这类勇猛的武将，还没有智将。只有野战军司令，缺少参谋，刘备深知这个缺陷，所以才尽“三顾之礼”，请诸葛亮出山。

诸葛亮对刘备论述著名的天下三分之计。

仅有荆州还不够，必须占有益州（四川），掌控两州，与孙权和睦相处，实现三分天下，就可以保住其一，然后伺机进入中原，成就霸业。

那个时候，刘备还是刘表的宾客，连荆州都还没有得手。刘备得到诸葛亮这个谋臣，可以明确地制定将来发展的目标。

第二年——建安十三年（208 年），诸葛亮亲自来到孙权阵营，双方缔结同盟。这一年，刘表死去，其子刘琮投降曹操。统一北方的曹操终于开始南下。

这次南征如果成功，曹操就可以统一天下，可是在赤壁大败，他不得不重新再来。本来是结束分裂局面的大好时机，所以不能不说是一种遗憾。连曹操也力不从心。

曹操在赤壁遭到火攻，不仅如此，军中瘟疫流行也是失败的重要原因。

这场战役，形式上是刘备和孙权联合击败曹操，但孙权的水军在赤壁是主力，刘备的任务主要是在长江沿线袭击干扰南下的曹操军队，使其疲惫。

曹军不习惯水战，而且士兵不适应南方的水土，水战和瘟疫给予曹军巨大的打击。经过赤壁之战，诸葛亮所说的天下三分的计谋已经具备基本条件。

曹操不仅是一员武将，还是当时也许是首屈一指的诗人。他率领中原健儿虽然在赤壁遭到挫折，但他不是不会体恤士兵辛苦的贵族将军。他是宦官的孙子，他的人生经历使情感变得曲折复杂，洋溢出丰富的诗情。《却东西门行》这样吟唱：

鸿雁出塞北，乃在无人乡。
举翅万余里，行止自成行。
冬节食南稻，春日复北翔。

田中有转蓬，随风远飘扬。
长与故根绝，万岁不相当。
奈何此征夫，安得去四方？
戎马不解鞍，铠甲不离傍。
冉冉老将至，何时反故乡？
神龙藏深泉，猛兽步高冈。
狐死归首丘，故乡安可忘。

这简直就是士兵的悲歌，而不是将军的诗歌。曹操诗情辽阔，有的诗歌慷慨激昂，淋漓尽致地显示出霸者的雄心壮志，充满英雄气概。

神龟虽寿，犹有竟时。
腾蛇乘雾，终为土灰。
老骥伏枥，志在千里；
烈士暮年，壮心不已。
盈缩之期，不但在天；
养怡之福，可得永年。
幸甚至哉，歌以咏志。

也许曹操认为自己的行动就是咏志，在《三国志》的英雄中，似乎他最神秘莫测，也许他所具有的诗情成为完成统一天下霸业的障碍。他是一个非同寻常的现实主义者，也许在贯彻现实主义的过程中感觉到诗情。有关他的故事，因为润色的部分太多，使他的人物形象变得模模糊糊。

世间流传有很多曹操的负面故事，董卓的残忍有残垣断壁的洛阳这样的物证，而曹操的负面故事只是传闻。

曹操逃离董卓的压迫，跑到洛阳，在成皋顺便来到朋友吕伯奢的家里。他听见有食器的声音，以为要杀自己，就把这一家人全部杀死，然后溜走。正史《三国志》里没有这则记载。王沈的《魏书》说是吕伯奢恰好不在家，吕伯奢的儿子和食客争抢曹操的马和行李，曹操就把他们杀掉。至于“食器声”之类的说法见于孙盛（晋朝人）的《异同杂语》。《三国演义》还说曹操从吕家溜走以后，在路上遇见回家的吕伯奢，曹操连吕伯奢也杀死。

当时的曹操是逃亡者，董卓追捕的命令大概已经通达到这个地方了。

由于曹操篡夺东汉政权，对他的评价很坏，于是就把各种各样的坏事都安在他身上，有人认为《汉书》对曹操倒是比较庇护的。

赤壁大战两年之后，建安十五年（210年），曹操颁布求贤令。

唯才是举。

把才能摆在第一位，哪怕是“盗嫂受金”者，只要有才，就予以重用。“盗嫂受金”说的是西汉陈平的故事。

曹操格外爱才。他所举荐的孝廉魏种背叛了他，令他极其愤怒。后来魏种被他抓住，谁都认为必杀无疑，可是想不到曹操释其缚，让他担任河内郡太守。这只是因为魏种“唯其才”。

陈琳是建安七子之一，也是当时具有代表性的文学家。他原是袁绍的文书，起草过很多讨伐曹操的檄文。袁绍失败后，曹操没有咎责陈琳，也是因为爱其才。曹操只是对陈琳起草的檄文中辱骂他的祖父是贪心的宦官、他的父亲是乞丐这样的内容说道：

恶恶止其身，何乃上及父祖邪？

这句话见于《春秋公羊传》，曹操说你憎恶恶行，恨我一个人就行了，何必把我的老祖宗也搬出来呢？

袁绍灭亡时，曹操对袁绍夫人也尽到礼数。曹操缴获袁绍的大量文件，命令付之一炬，曹营中有人给袁绍秘密写信，文件烧毁意味着不追究他们的罪责。

身处乱世，投靠强者，是保身之术。虽然身在曹营，但为保险起见，也有人给袁绍写信问候。这种脚踩两只船的很现实的做法其实也是为了自己的生存。

曹操对现实的做法都表示赞同。他最讨厌的是邪教淫祠，黄巾起义发生后，他任济南之相，做的第一件事就是取缔对邪神的崇拜。

荆州刘表有一头重千斤的大牛，平时经常拿来吹牛。这头牛的食量是一般的牛的十倍，干活驮重还不如一头母牛。曹操占领荆州后，就把刘表的这头宝贝牛杀掉，煮牛肉给士兵吃。这也可以说是曹操的现实主义吧。

曹操学识渊博，还是注释《孙子》的兵法家。

《三国志》的作者陈寿称赞曹操“不念旧恶”，只是在攻占徐州以后，实行令人惨不忍睹的大屠杀。因为他的父亲就是在徐州被杀的。陈寿对曹操的结论性评价是：

抑可谓非常之人，超世之杰矣。

三国鼎立

魏、蜀、吴三分天下的局面继续维持。在公元220年献帝禅让给曹操之子曹丕之前，东汉王朝在名义上还是存在的，不过实质上已经进入了三国时代。

其间，蜀正式称“汉”。蜀是表示四川的地名，一般将刘备创建的政权称为“蜀汉”。

日本的源平、战国、幕末[①]等时代的故事为人熟悉，人们对这些时代的历史也比较了解。中国的历史中，与此相对应的，大概就是项羽与刘邦相争的“楚汉”、还有这“三国”最为人们所熟悉。评书、戏曲经常以此为题材。即使不识字，也会通过耳听眼看的方式了解这些时代的故事。

“楚汉”是一对一的争斗，比较简洁明快，而“三国”是三种力量的交织争斗，各种势力分离组合，错综复杂，也很有意思。

建安十八年（213年），曹操称魏公。这已经超越了列侯。仅次于皇帝的地位是王，汉朝的规制，非刘氏不得为王。那么，公是什么呢？这称呼相当的含糊。习惯上，年长者称为“公”。家族关系中，祖父称为“公”。但作为正式的表示地位的名称，显得很陌生。当时的人们一定对此很不以为然，因为他们会联想到篡位之前的王莽，王莽就是自封“安汉公”。

---

① 源平、战国、幕末：源平时代是源氏和平氏两大武士集团争霸的时代，从11世纪末至12世纪末源赖朝建立武家政权的大约一百年间。战国时代指从应仁之乱（1467—1477年）至1568年织田信长入京的混乱时代。幕末时代，即江户幕府的末期，一般指1853年佩里来航以后。——译注

建安二十一年（216 年），魏公曹操果然登上王位。他不是刘氏，却成为魏王。献帝的存在几乎成为一片空白。谁都看得清清楚楚，下一步就是篡夺帝位。以汉室正统自居的刘备实在忍无可忍。

刘备的起步较晚，黄巾起义的时候，曹操、袁绍、孙坚、袁术、刘表都已经各据一方，他还只是一个小头目四处奔跑。其实不能说他起步晚，应该说他的起步点与别人不一样。其他人都是豪族出身，起步的基础雄厚，而刘备出身于涿县的贫困家庭。他自己将西汉景帝的皇子中山王刘胜作为先祖，但是这样的人多得很。因为刘胜有一百二十多个孩子，三百年之后，刘胜的后裔实在毫不稀罕。

刘备所寄居的荆州牧刘表也自称是景帝的皇子鲁王刘余的后裔。但刘表的确是声望很高的豪族，在人物排序榜上，他是“八顾”之一。

益州牧刘焉也自称是鲁王刘余的后裔，他历任太守、九卿等职，也是列侯。他是江夏郡（湖北）人，去蜀赴任时，带着称为“东州兵”的私兵前往。

兴平元年（194 年），刘焉死后，其子刘璋世袭益州牧。其实在这一年，徐州牧陶谦死去，刘备继其位。但是刘备立即被吕布所取代。十七年后，建安十六年（211 年），刘备应刘璋之邀入蜀。

陶谦将徐州让给刘备，是因为受到曹操的攻打，已经精疲力竭，无力顾及。刘璋把一心觊觎领地的刘备迎进父亲留给自己的遗产——蜀，大概因为感觉领地太多的缘故吧。

当时太守也好牧也好，都已经不是朝廷的任命，而是世袭，有时还是相让。这说明地方长官是由地方豪族拥立的这个实际情况。地方的大小豪族希望地方长官是能够保护自己的实力派领导。

陶谦有商、应两个儿子，他六十三岁死去的时候，儿子应该步入壮年，但他没有让儿子继承地盘，而是让给刘备。

有人认为是刘备夺取的，其实应该是徐州的豪族认为陶谦的儿子不具备保护他们的实力这种看法比较妥当。地方长官是由主要的豪族商定的，他们希望更强有力的领导。如此一来，地方长官与其说是官员，不如说是领主。不和地方商量，中央随意任命，事情就不好办。另外，地方的豪族也不是铁板一块。刘焉入蜀的时候，带着私兵前往。实际上，他去了以后，杀死十几个地方豪族。他还巧妙地利用当地盛行的五斗米道的道教力量。

公孙瓒盘踞幽州的时候，也杀掉当地的上层豪族。这大概是一种政治力学，以此显示自己具有强大的实力。当然，必须获得绝大多数豪族的支持。大豪族的数量不多，而且他们都是所谓的“衣冠士族”，眼光高架子大，对地方长官施与的恩惠根本就不领情。中小豪族数量多，把他们提拔上来，他们就知道感恩。只要除掉大豪族，就能得到给予中小豪族的那些东西。

人称老实厚重的刘表一当上荆州牧，就杀掉宗贼头目五十五人。所谓宗贼，就是被土豪们强制改为同姓的下层人结党作恶的贼匪。这似乎是土豪们的自作自受。刘表通过铲除他们以显示自己的力量。

蜀的刘璋感觉到自己力不从心，这其中应该也有诸葛亮的工作，按照地方豪族的要求，请刘备入蜀。

刘备入蜀后，诸葛亮暂时还留在荆州。他的三分天下的计策首要条件就是要占领蜀和荆州。

请刘备入蜀，必然是认可他具有实力。刘备究竟如何增强自己的实力呢？尽管嘴上说自己是中山王的后裔，可是他家境贫寒，卖履织席，其出身与豪族相去甚远。如果是豪族的话，祖祖辈辈的积蓄就成为强大的力量。刘备既没有社会地位也没有财产，可谓一无所有。

甚至也没有多大的教养。《三国志·蜀志·先主传》这样写道：

不甚乐读书。

然而，喜欢狗、马、音乐，还讲究服装。看来年轻时是一个游手好闲的人。

中山大商张世平、苏双等赀累千金，贩马周旋于涿郡，见而异之，乃多与之金财。先主由是得用合徒众。

中山在北京的南面，现在的石家庄一带。春秋末期至战国时代，白狄族在这里建国。在考古发掘中发现很多有价值的出土文物。汉朝时，这一带是诸侯国，景帝之子刘胜在此为王。刘备自称是刘胜的后裔。这个中山国是著名的名马产地。中山国的大商人张世平、苏双通过贩马积累巨额财富。这些大商人看到刘备，感觉他与众不同。这就是非寻常之人，便送给他很多钱财，使得他得以招兵买马，聚合徒众。

大商人送钱财，应该自有其目的，但《三国志·蜀志·先主传》没有涉及。从上述文章的内容可以想象出来。贩马也包含运送的工作。马与一般的商品不同，不能包装。几十匹、几百匹的马队前往目的地，当时是盗匪猖獗的时代，沿途必然需要众多的护卫。与运送其他商品相比，贩马这个生意需要更多的保镖。刘备在涿郡有过游侠生活的经历，所以被马贩子看中，让他担任马队保镖的头目。

刘备从马贩子那里拿到很多钱财，招募彪悍凶顽的年轻人担任马队的护卫。从上述文章中，我们做出这样的想象，应该不会错。

刘备和关羽形式上是主从关系，其实如同手足。

关羽是河东郡解县人。《三国志·蜀志·关羽传》这样写道：

关羽字云长，本字长生，河东解人也。亡命奔涿郡。先主于乡里合徒众，而羽与张飞为之御侮。

御侮，就是防御侮辱者；《诗经·大雅·緜》中是武臣的别称。关羽从家乡河东郡解县逃到涿县，《三国志》没有记述其原因。这也只好让后人去想象。

河东郡解县有一个盐湖名叫解池，所产的盐称为解盐，质量优良，产量也很大。

我在讲述西汉的《盐铁论》时已经涉及，盐和铁一样，都属于国家的专卖品，是国家财政的基础。酒的买卖，时而国家专卖，时而解除专卖，但如果解除盐和铁的专卖，国家财政就有破产之虞。

盐是生活必需品，没有盐就无法生活。成本很低，定价再高，人们也必须得买。国家从盐业中获得巨大的利润，这个利润通过专卖得到保证。如果不是专卖，而是自由竞争的市场行为，盐的价格会降落到现在的几十分之一。

如此一本万利的买卖，自然就会出现私盐。与铁不同，私盐很容易私自生产。即使私盐以政府专卖的一半价格在市场出售，所获得利润也是无法估算的。

私盐的黑市买卖，让政府十分头疼。专卖的盐卖不出去，国家财政蒙受巨大的损失。

东汉末期，一旦国家财政发生困难，就加紧取缔黑市的私盐买卖。由于取缔越来越严厉，私盐商人就建立武装以保护自己，因此需要大量的保镖。

贩马是合法的，但私贩属于专卖的盐就是非法。这些盐贩子，包含盐贩子的保镖在内，都被政府当局视为罪犯。

史书只说关羽“亡命奔涿郡”，从他的家乡是食盐大产地这一点来考虑，认为他的逃亡与贩私盐有关的观点比较有说服力。他的年龄比刘备小，逃亡的时候也就二十岁左右，所以当保镖比黑市商人的可能性大。

之所以逃到涿郡，大概因为知道在那里可以当马贩子的保镖。也许他已经听说刘备拿着马贩子的资金正在招募年轻人的消息。

“桃园结义”被小说化地润色，有声有色，不过刘备与关羽的相识可以推测有这样的背景。

先主与二人寝则同床，恩若兄弟。

这是因为关羽和张飞都是刘备的心腹。张飞是涿郡人，与刘备是老乡。

黄巾起义爆发以后，各地开始招兵，刘备应征入伍。战乱期间，大概贩马的买卖也暂时停下来吧。马贩子的保镖和讨伐军，其工作性质都差不多。

由于刘备原先手下就有不少凶悍的年轻人，入伍以后，就给他一个小队长之类的官职。他的霸业正是从这里开始起步的。黄巾起义结束以后，刘备投奔同乡公孙瓒，据说他们还是同一学塾的校友。公孙瓒也是有野心的人，为壮大自己的力量，需要扩充人马。

刘备是在乱世中崭露头角的英雄。

曹操、袁绍、刘表这些人都是豪族出身，即使不是在乱世，也能够从地方太守升到三公九卿。与他们相比，如果不是乱世，刘备大概一辈子也没有出头之日。

刘备的买卖是在路途上，认识的豪族大概很多。那个时代，牛用于农耕已经很普及，马主要用于拉车、打仗。刘备行走各地，不仅认识各地的豪族，更重要的是获得各种各样的情报信息，这也许成为他政治上的一笔财富。例如要带着大群的马贩运，在选择路线的时候，不仅需要地理知识，也必须知道沿途的治安状况。甚至多了解各地豪族以及头目之间的内部情况，这对于买卖都有好处。在交易所里，也有的买马人来自相当远的地方，这样就能听到远地的消息。

刘备与其他英雄的起步点不一样。其他英雄都有自己一定的土地，以此为据点扩张势力，刘备却是到处流浪。虽然也有故乡，但不是豪族，无法以故乡作为据点。他的家乡涿郡已经成为豪族公孙瓒的据点，刘备在公孙瓒手下，担任平原的相。在曹操攻打徐州陶谦的时候，他站在陶谦一边，接受徐州地盘，想在此扎根，却被吕布赶出来，又只好投靠曹操。

刘备接受献帝的密诏，图谋杀曹，失败。这件事被解释为刘备忠于汉王朝的表现，但如果从另一个角度来看，也可以解释为刘备想夺取曹操的地盘。

杀曹失败后，刘备跑到袁绍那里去。官渡之战后，袁绍显然一蹶不振，刘备又投靠到荆州刘表那里去。曹操开始南征，刘表死去，其子刘琮降曹。曹操大军南下，来到长江，孙权和刘备联军大破曹军于赤壁。

此后刘备成为荆州牧，占领荆州。

赤壁大战之前的刘备的行动，在各个阵营之间窜来窜去，目不暇接，他与公孙瓒、陶谦、曹操、袁绍、刘表、孙权这些《三国志》里的重要角色都曾联手结交过。刘备被吕布赶出徐州，但把吕布请到徐州的也正是他自己，所以他和吕布也曾结交过。

大家都说曹操是权术计谋之士，但刘备反复无常、难以对付。吕布被曹操抓住以后，表示愿意以自己高强的武艺侍奉曹操，曹操有点动心，但刘备劝曹操一定要把吕布杀掉。刘备曾和吕布结交过，如今劝曹操杀掉自己的旧友，这种做法实在过分。可以想象吕布当时捶胸顿足、悔恨交加的样子。

吕布杀死自己的两个主子：丁原和董卓。刘备反对把这么一个危险分子放在身边也在情理之中。当吕布夸口说任命他为将军指挥骑兵就能平定天下的时候，曹操的确动了心。这也显示出曹操的爱才性格，不过不能不说想法有点天真，或者说也许曹操相信自己能够摆布吕布。当然，刘备反对的理由也有可能不甘心天下被曹操取得。

阅读三国时代的历史，可以充分发挥想象空间也是有趣之处。

由于曹操南征的失败，刘备成为荆州的主人，并继续按照诸葛亮的计划，进入蜀地，受到刘焉的儿子刘璋的欢迎，所以，刘备与刘璋的势力也建立联盟。

像刘备这样与各路英雄携手合作的人物应该很少，如果把原因仅仅归结于不是豪族出身的刘备没有地盘这一点，恐怕不完全正确。另外，正因为刘备没有地盘，不会引起别人的戒心也是原因之一。

蜀的刘璋在其父亡后无力管理广袤的四川，有心请刘备来帮忙。这正是刘璋的天真之处。刘备手腕高强，刘璋的据点成都很快就被他夺去。

按照诸葛亮的“天下三分之计”，刘备据有荆州，与曹操、孙权形成三足鼎立之势，但主要敌人无疑就是曹操。

虽然中国地域辽阔，但中原即中国的观点在中国人的脑子里深深扎根。如前所述，从人口数量来说，曹操统治的地域占绝大多数。

刘备和孙权所统治地域的人口加起来也比曹操统治地域的人口少。天下三分，说到底，不过是实现中国统一的一个阶段。为了实现中国统一，必须打倒主要敌人曹操。然而双方力量悬殊，所以必须和吴国的孙权联合，共同对付魏国。

不过，蜀国与吴国的关系并不如意，魏国也在考虑联合吴国夹击蜀国。蜀国和吴国之间围绕着荆州问题发生激烈的对立。荆州的主人是刘表，刘表之子投降曹操，而曹操又从赤壁败退而去。刘备原先是刘表的宾客，却把荆州视为己有。赤壁之战是周瑜率领水军获得的胜利，所以孙权认为胜利的成果应该属于自己所有。

分割荆州暂时平息了对立的局面，但并没有根本解决问题。魏国利用荆州这个问题，不断地说服吴国。

吴国认为荆州是自己的生命线，这些人以周瑜为代表。刘备的势力不仅限于长江沿岸，还平定了武陵、长沙、桂阳、零陵等湖南地区。

刘备和孙权能够取得妥协，还是因为曹操的力量实在可怕。曹操从赤壁退回北方以后，在玄武池训练水兵作战，而且大量制造轻舟。他以实际行动表明并没有放弃南征。

除了荆州土地之争外，也不能忘记还有荆州人才之争。三国时代的动乱时期，荆州的战乱相对较少，很多人到这里来避难。诸葛亮也是其中之一，还有其他很多英才俊杰。在争夺人才的战争中，可以说刘备大获全胜。诸葛亮的朋友——两人齐名媲美的庞士元，马良、马谡兄弟，黄忠，陈震，廖立等一批人才不断地加入刘备的阵营。襄阳马氏五兄弟以俊才著称，其中马良尤其出类拔萃，才超群雄。马良的眉毛是白色的，所以“白眉”用以形容最优秀的英才俊杰，至今依然。

孙权在争夺人才之战中失败的原因十分清楚，因为他没有声望。吴国的刑罚非常严厉，孙权的性格还有嗜虐性的倾向，令人害怕。

刘备在年轻的时候也很蛮横粗野，但后来逐渐成熟。他饱经风霜，正因为知道艰辛，也懂得关怀他人。

孙权十五岁就成为吴国头领，缺少在下层劳苦的体验。他的确也是才华超群的人物，陈寿在《三国志》中称赞他：

有勾践之奇，英人之杰矣。

但同时也批评他：

然性多嫌忌，果于杀戮。

不是在战争中杀人，而是以刑罚杀人很果敢，所以没有人愿意侍奉这个可怕的主人。

吴国内部在如何对待刘备的问题上有两种对立的意见：周瑜主张应该攻打刘备，另一个重臣鲁肃认为应该与刘备妥协。不过，持这种意见的鲁肃绝不是亲刘备派，而是强烈的反曹操派。对于吴国来说，最大的要务就是削弱曹操的力量，但仅仅依靠自己的力量做不到，所以把荆州给予刘备，让他和曹操对抗，吴国可以从中获利。

鲁肃将曹操视为主要敌人，主张利用刘备。

采取积极进取态度的周瑜主张不应考虑与刘备妥协，应该趁着曹操在赤壁之战中惨遭打击的机会，取蜀地，出汉中，从荆州发兵北伐。

孙权赞同周瑜的想法，准备出兵伐蜀。此时赤壁之战刚刚结束，刘备还没有入蜀。就在孙权积极准备远征的时候，周瑜三十六岁英年早逝。

接替周瑜辅佐孙权的鲁肃主张利用刘备的策略，这对刘备十分有利。刘璋迎刘备入蜀是在周瑜死去的第二年、建安十六年（211 年），但是诸葛亮和关羽没有跟随刘备入蜀，而是留在荆州固守。

诸葛亮入蜀是在刘备伏刘璋取成都之后的建安十九年（214 年），不过关羽依然坚守荆州。

两年前，孙权决定以建业（现在的南京）作为据点。这样，魏、蜀、吴三国鼎立的局面基本固定下来。

虽说是三国鼎立，魏国的力量遥遥领先于蜀、吴两国。

刘备曾经投靠过曹操，但是他离开荆州以后，明确打出反曹的旗号。

他率领一个实力相对较弱的集团，要加强内部的团结，卓有成效的方法就是提出明确的目标。目标越明确越好。如果可能的话，目标具有一定的悲壮感，效果就更能突显出来。刘备正是利用这一点在集团内掀起反曹热。他以汉皇室正统自居，提出打倒“汉贼”曹操的口号。力量的差距产生悲壮感。如果没有这块招牌，刘备集团就失去存在的价值。

吴国的孙权集团从一开始就不团结，直至最后还是没有克服这个缺点。刘备集团在反曹的目标下团结一致，孙权集团做不到。孙权集团里既有鲁肃这样主张联刘抗曹的人，也有周瑜这样主张攻打刘备以增强实力、然后再对付曹操的人。这两派意见只是方法论的差异，在以曹操为敌这一点上是一致的。但是，还存在一种投降派的观点，认为如果为了保障既得利益，也可以承认曹操的主导权。

孙权也曾有降曹的打算，当时表示反对的鲁肃说过这样的话：如果自己投降，回到家乡，还能得到与身份相应的待遇，可以过着乘犊车、从吏卒、与名士交往的生活，但主公就做不到。鲁肃是临淮东城人，《三国志》说他“家富财”，看来是相当大的豪族。相比之下，孙权的门第就比较一般，至少规格在鲁肃门第之下。

江南的豪族不太讲求门第，只是挑选能力高强的领导。孙权的父亲孙坚被豪族推为领导，儿子不是不肖之子，孙策、孙权也就继承父亲的地位。

吴国的政权不仅仅得到本地江南豪族的支持，为避战乱移居南方的人们也投到其麾下。当时江南还有广大的土地尚未开垦，于是四处兴起屯田。孙权麾下的军队，就是平时耕作农田的屯田兵。部队长官变成屯田兵开垦土地的大地主。将军手下的士兵如同地主手下的佃农，地主就是将军，二者的结合极其紧密，地主将军变成领主。

起初并不是这样，但随着屯田的兴盛发展，吴国的军队逐渐变成一群小领主的私兵联合体。

吴国政权变成各种不同性质的集团互相妥协而存在的形式。这些集团可以大致分为当地豪族和外来人两大类。后来吴家的宦官得势，又形成另一股势力。如何运作这样的政权，恐怕连核心领导层也拿不出明确的方针。

建安二十二年（217 年），鲁肃死。吴国与魏国媾和。这一年，政局发生巨大的变化。

关羽依然觊觎荆州的东部和北部。蜀国的荆州方略是以江陵为中心，吴国通过谈判得到的那部分荆州以陆口为中心，吴国名将吕蒙把守陆口。

关羽关注东面的陆口的同时，还紧盯着主要敌人曹操的北部中原。曹操的南方前线基地在樊城，樊城由魏国将军曹仁守卫。关羽为攻占樊城，从江陵北上。但是他不能率领江陵的全部蜀军北上，因为害怕陆口的吕蒙乘虚而入，便将相当多的兵力留在江陵。如果攻陷樊城，眼前便是中原一览无余。关羽一定感到遗憾惋惜，荆州北部几乎都已经收入囊中，只剩下樊城尚未攻取。据说曹操对关羽北伐之强势胆战心惊，甚至考虑迁都。就差这最后一步即可大功告成，要是能把留守江陵的部队全部调来那该多好，关羽大概也只有叹息吧。

虽然魏国拥有精兵强将，但曹操对关羽的行动还是觉得危机当头。关羽曾是他的俘虏，也曾是他的宾客，曹操比任何人都清楚关羽在自己军中时候的实力。曹操和吴国媾和无疑是针对关羽的策略。

接替鲁肃驻守陆口的吕蒙也建议孙权打败关羽。

这一年是建安二十四年（219 年），吴国在两年前就已经和魏国修好，虽说是媾和，但从力量对比来看，应该是魏国对吴国的投降。《三国志·吴志·吴主传》这样写道：

权令都尉徐详诣曹公请降。

两年后，孙权提议建立军事同盟。由于威武勇猛的关羽咄咄逼人，曹操阵营也讨论应该与吴国结盟，司马懿等是积极的倡导者。这个人字仲达，后来在五丈原与诸葛亮对阵作战。

于是，孙权给曹操修书，说道：

权内惮羽，外欲以为己功，笺与曹公，乞以讨羽自效。

为了曹公，我愿意讨伐关羽。信函的文字略显卑屈，但这是维持政权的智慧。不论阵营内部有多大的分歧，难以形成统一的见解，但如果事关生死存亡，政权也会像活物一样本能地嗅出前进的方向。

关羽的结局十分悲惨。正因为如此，死后才被奉为神。中国到处都有关帝庙，关羽受到民众虔诚的祭祀，远比他的主君、结拜长兄刘备受人敬仰。关羽既不是皇帝也不是王，却作为“帝”被人祭祀，这是因为他集民众的同情于一身。在那样的地方那样惨死，大概关羽自己也觉得死不瞑目吧。当时人们的朴素想法，这样惨死的人一定会化作冤魂厉鬼作祟。

各地修建关帝庙，大概是为了安息冤魂的作祟，正如日本民众为了安息被流放到太宰府、含恨死去的菅原道真①的冤魂在各地祭祀天神一样。天神是文神，关羽是武神，虽有所不同，但人们对壮志未酬身先死者的同情超越民族和国界是相通的。

关羽对樊城久攻不下之时，吴国更换陆口的守军司令，吕蒙辞职，接替他的是一个无名人物陆逊。吕蒙确有宿疾，健康不佳，这是人所共知的。关羽在前线听到这个消息，认为陆口的吴军已经不足为惧。由于吕蒙是一员骁将，关羽才把相当多的兵力留在江陵，现在更换成一个无名人物，关羽放下心来。前面说过，那个时代盛行评点人物，稍有一点名气，人们都会议论一番。可是陆逊这个人从来就没有听说过，于是关羽认定他没有才能。

吕蒙的确有病，但这次换将是麻痹关羽的计谋。关羽如今最渴望的是兵力，吴军换将以后，他终于下令江陵的留守部队北上。

本应辞职的吕蒙突然作为吴军大将出现在长江边上，轻而易举地占领几乎是一座空城的江陵。这是精心策划的行动，马到成功。

---

① 菅原道真（845—903 年）：日本平安时代前期的学者、政治家。受宇多、醍醐两天皇的重用，官至右大臣。901 年因被藤原时平诬告，降至太宰权帅，两年后殁于发配地。编辑有《类聚国史》，著有诗文集《菅家文草》《菅家后集》等。——译注

正在攻打樊城的关羽得到江陵的援军，干劲百倍，加紧猛烈攻打曹仁。曹操将孙权要求建立军事同盟的密件复制本用弩分别射到樊城攻守双方的军内。即将城破、士气低落的曹仁守军看到这封信，顿时欢呼雀跃，信心大增。关羽认为尽管孙权投靠曹操，但吴军失去吕蒙的指挥，就不足为虑。就在这个时候，传来江陵失陷的消息，而攻陷江陵的恰恰就是吕蒙。

料定不会发生的事情成为现实。关羽的部队立刻军心涣散，无心作战。关羽急忙撤兵，退到当阳麦城。形势急转直下，从攻打樊城变成被人攻打，而且对手就是他最害怕的吴军大将吕蒙，副将是孙权的堂弟征虏将军孙皎。

关羽突围出麦城，但退路被孙权军队截断，终于在漳乡被俘。关羽与儿子关平一起被斩，首级送到洛阳。这是建安二十四年（219 年）十二月。

第二年正月，曹操进入洛阳，应该看到孙权送来的关羽的首级。然而，曹操于这个月的庚子日死去，享年六十六岁。

孙权赐予吕蒙钱一亿和黄金五百斤，吕蒙坚辞不受。孙权不允，又考虑封爵，尚在商议之中时，吕蒙死去，四十二岁。他有病在身，但当时的人们都认为是关羽冤魂的作祟。大将吕蒙本来就重病缠身，他的死去尚能理解，奇怪的是副将孙皎不久也死去。在关羽死后，他的敌人曹操、吕蒙、孙皎也紧随着接连死去，这的确不可思议。大概这个事实才导致各地大修关帝庙吧。

刘备自然极度悲伤愤怒，一定要发兵攻吴，誓为关羽报仇。诸葛亮极力劝说阻止，因为蜀国的主要敌人依然是魏国。曹操死后，其长子曹丕继位，接受献帝的禅让，即帝位。东汉遂于建安二十五年（220 年）十月灭亡。

献帝让位以后，成为山阳公，得以保全天寿，远比逼迫禅让的曹丕长寿。但是当时流传说献帝被杀，于是刘备于第二年即帝位。

如此一来，蜀国皇帝刘备的打击对象更应该是篡汉者魏国，但是，刘备还是一心想着攻打吴国。

诸葛亮的心中大概酝酿着与吴国媾和的计划，魏吴联盟是为了打击关羽的临时性措施，既然目的已经达到，这个联盟就不会长久存在下去。诸葛亮急于和吴国修复关系，而且媾和的可能性很大。然而，不论诸葛亮怎么劝说，刘备坚决不听，执意要攻打吴国，如此想法实在是愚蠢透顶。

对国家具有高度责任心的帝王不允许为私情所左右。然而，刘备因与关羽的私人情义而发兵动武。诸葛亮也无能为力，无法劝阻。

如果是曹操的话，他会断然抛弃私情。他的私情会通过诗歌来表达。刘备不会写诗，没有发泄私情的渠道，他一心只想着为关羽复仇，便下达发兵的命令。

这是刘备的缺点，但是从另一面来看，也可以说是他的魅力所在。正因为他如此富有人性，才会有那么多的优秀人才聚集在他的周围。

这次复仇行动以刘备的大败告终。吴国的大将是先前无名的陆逊。这个时期，三国时代的新老交替十分显眼。诸葛亮登上历史舞台可以说是新老交替的先驱。刘备是完全中了陆逊的圈套，吃败仗逃到白帝城。这是蜀汉章武二年（222 年）六月，刘备灰心沮丧，第二年四月，在白帝城死去，时年六十三岁。其子刘禅即位，由诸葛亮辅佐。

曹氏家族的悲剧

蜀帝刘备对急急忙忙赶到白帝城的诸葛亮留下这样的遗言：

君才十倍曹丕，必能安国，终定大事。若嗣子可辅，辅之；如其不才，君可自取。

嗣子，指的是刘备的儿子刘禅。如果值得辅佐的话，希望你辅佐他，但如果没有才能，你可取而代之。这个遗言别具一格。其实刘备应该知道自己的儿子缺少才能。诸葛亮回答道：

臣敢竭股肱之力，效忠贞之节，继之以死。

接着，刘备吩咐儿子：

汝与丞相从事，事之如父。

这可以说刘备把一切都交给了诸葛亮。关羽、张飞都已经死去，诸葛亮双肩承担着整个蜀国的重任。

《三国志》在关羽的传中对他这样评价：

刚而自矜。

关羽是一个自尊心极强的人。据说孙权通过使者提出希望自己的儿子娶他的女儿为妻，结果被关羽大骂羞辱一通。当时正是吴国考虑是否与蜀国结盟的微妙时期，关羽即使拒绝这门婚事，完全应该采取更平和的方式。性格刚直、自尊心极强的他也往往轻视别人。江陵的蜀国太守麋芳、傅士仁等受到关羽的轻蔑，心怀不满，因此对他采取不配合的态度。在筹集调拨北伐所需的军用物品时，麋芳、傅士仁并不积极。即使自己竭尽全力地努力准备，其功劳也会被平时瞧不起自己的关羽据为己有。他们的不合作态度也可以理解。关羽怒不可遏，出发时留下一句话：

还当治之。

等我打胜仗归来以后再和你们算账。麋芳、傅士仁自然不愿意这个关羽凯旋。所以当吴国攻打江陵的时候，他们就立即反水。远征军领导的妻子孩子都在江陵，麋芳、傅士仁的投降对关羽军队所造成的冲击之大难以想象。

令孙权恼怒的是外交上的失败，由于自己内政的失败，导致同盟军的领导感到不满害怕。严格地说，关羽之死是自己造成的。

张飞死于部下的暗杀。张飞对部下极其严厉，一有过失就砍头，几乎每天都要鞭笞士兵。连刘备都看不下去，曾告诫张飞不可杀人过多，但是他充耳不闻。部下对他怨声载道，结果被部下刺杀。这个部下拿着张飞的首级跑到孙权那里去邀功。

关羽和张飞，刘备阵营的两大英雄豪杰最终都没有完全脱尽“保镖”习气。陈寿在《三国志》中这样说道：

羽善待卒伍而骄于士大夫，飞爱敬君子而不恤小人。

这两个豪杰都出身于下层，但当官以后，心态发生不同的变化。关羽对以前蔑视自己的士大夫采取报复的态度，但善待与自己同样出身的士兵。张飞则相反，自己好不容易当上大官，可以与士大夫并肩为伍，他感到高兴满足，也尊重士大夫，但是对与过去的自己一样的小人（下层人）则凶暴霸道。

陈寿批评他们之死是：

以短取败。

这两个人都是由于自己的短处而丧命的。据《诸葛亮集》记载，刘备对儿子刘禅的遗言相当琐细。他不仅反省自己：

汝父德薄，勿效之。

还指导儿子有空应该阅读诸子百家之书以及《六韬》《商君书》等，反复说“勉之，勉之”，可见对儿子何等牵挂。

《三国志》记载有三年前死去的魏王曹操的遗言：

天下尚未安定，未得遵古也。葬毕，皆除服。其将兵屯戍者，皆不得离屯部。有司各率乃职，敛以时服，无藏金玉珍宝。

据说遗言涉及家族内的衣服规制、对宫女如何处置等。这些具体的事务性指示倒是符合曹操的性格。曹操对淫祠邪教极其憎恶，予以镇压，他是当时罕见的自觉的唯物论者。

董卓破坏洛阳后离去时，曾命令吕布发掘郊外的帝陵，掠取金银财宝。这件事应该还非常鲜明地留在曹操的脑海里。他阅览群书，知道赤眉军在长安郊外挖掘帝陵。他心里明白，在那个世界，金银财宝没有任何作用。

曹操的长子曹丕生于中平四年（187 年），父亲死时，他虚岁三十四。曹丕不仅继承父亲的魏王地位，还接受东汉天子献帝的禅让，成为魏国的第一代皇帝。

东汉建安二十五年（220 年）这一年，其实在曹操死后曾改元为延康。曹丕于延康元年接受禅让，东汉王朝就此灭亡，魏王朝诞生，改元黄初。这一年里使用建安、延康、黄初三个元号。

东汉以火德为天子，尊崇赤色。按照当时的五行说，火之后是土。取代东汉的王朝以土德成为天子，其色为黄。太平道发动叛乱之时，提出“黄天当立”的口号，也许也是根据这个五行说。

魏国最初选择的元号是“黄初”，认为政权的基础在于土德。两年后，吴国孙权称吴王，元号为“黄武”，这也是意识到自己是继东汉之后的王朝而选择的元号。

刘备晚于魏国一年、先于吴国一年在蜀称帝，元号为“章武”。他认为这个王朝不是继东汉之后，自己正是汉室正统，所以元号不用“黄”字。定都洛阳的东汉被魏国篡夺，但是刘备在蜀地复兴汉王室。

曹丕称文帝，追尊父亲曹操为武皇帝。曹操是魏武帝，《三国志》也把他的传记题为“武帝纪”，但是他生前没有当上皇帝。

从公到王，从王到帝，一开始就已经设计好这条途径，只是曹操认为曹氏称帝不是自己这一代，据说他说过“自己愿为周文王”这样的话。灭殷后成为周王的是周武王，其父当时已死，文王是追尊的王号。曹操的这句话可以理解为自己不当皇帝，由下一代取代东汉。

以武力推翻殷朝的人称为武王，其亡父追尊为文王，这样的称呼合乎情理，而魏国将逼迫东汉献帝、篡夺帝位的曹丕称为“文帝”，将尚未实施篡位的曹操称为“武帝”，这样的命名与周朝恰好相反。

不过，仔细想想，以武力奠定魏王朝基础的是曹操，还是他适合武帝这个称呼。曹丕是当时屈指可数的大文学家之一，称文帝也很贴切。

其实曹操是文武兼备的人物，《魏书》这样描写：

太祖御军三十余年，手不舍书。书则讲武策，夜则思经传。登高必赋。

陈寿在《三国志·文帝纪》中评述文帝曹丕，称赞他文藻优美，博闻强记，却又说如果他具有宽容、公平之诚和道德，就接近古代之贤主。换言之，他缺少这些操守。

《世说新语》还记述这样一件事情，不过真伪莫辨：曹操死后，其遗孀立刻来到儿子那里，结果发现曹操后宫里的女人都已经被儿子接纳。曹操夫人气不打一处来，斥责道："你吃剩的东西连耗子都不吃。"

文帝曹丕于黄初七年（226 年）死去，寿命不是很长，当时其母亲还健在。据说她听到儿子死去的消息时，没有一滴眼泪。母亲对亲生儿子的去世毫无悲伤之情，决非寻常之事。

建安九年（204 年），曹操攻打袁绍的时候，十八岁的曹丕也随军出征，夺得绝代美女甄氏（袁绍之子袁熙之妻）。曹操对甄氏也垂涎三尺，但儿子抢先得手。她就是后来文帝的甄皇后。

曹丕死后的第二年，诸葛亮进兵汉中。当时魏国改元太和，蜀国是建兴五年（227 年）。诸葛亮出兵时写的这篇著名的《出师表》，据说读之不动容落泪者不为人。

出师表

臣亮言：先帝创业未半，而中道崩殂；今天下三分，益州罢敝，此诚危急存亡之秋也。然侍卫之臣，不懈于内；忠志之士，亡身于外者：盖追先帝之遇，欲报之于陛下也。诚宜开张圣听，以光先帝遗德，恢志士之气；不宜妄自菲薄，引喻失义，以塞忠谏之路也。宫中府中，俱为一体；陟罚臧否，不宜异同。若有作奸犯科，及为忠善者，宜付有司，论其刑赏，以昭陛下平明之理；不宜偏私，使内外异法也。

侍中、侍郎郭攸之、费祎、董允等，此皆良实，志虑忠纯，是以先帝简拔以遗陛下。愚以为宫中之事，事无大小，悉以咨之，然后施行，必得裨补阙漏，有所广益也。将军向宠，性行淑均，晓畅军事，试用于昔日，先帝称之曰能，是以众议举宠为督。愚以为营中之事，悉以咨之，必能使行阵和穆，优劣得所也。

亲贤臣，远小人，此先汉所以兴隆也；亲小人，远贤臣，此后汉所以倾颓也。先帝在时，每与臣论此事，未尝不叹息痛恨于桓、灵也！侍中、尚书、长史、参军，此悉贞亮死节之臣也，愿陛下亲之、信之，则汉室之隆，可计日而待也。

臣本布衣，躬耕于南阳，苟全性命于乱世，不求闻达于诸侯。先帝不以臣卑鄙，猥自枉屈，三顾臣于草庐之中，谘臣以当世之事，由是感激，遂许先帝以驱驰。后值倾覆，受任于败军之际，奉命于危难之间：尔来二十有一年矣。先帝知臣谨慎，故临崩寄臣以大事也。受命以来，夙夜忧叹，恐托付不效，以伤先帝之明；故五月渡泸，深入不毛。

今南方已定，兵甲已足，当奖帅三军，北定中原，庶竭驽钝，攘除奸凶，兴复汉室，还于旧都：此臣之所以报先帝而忠陛下之职分也。至于斟酌损益，进尽忠言，则攸之、祎、允之任也。愿陛下托臣以讨贼兴复之效，不效则治臣之罪，以告先帝之灵；责攸之、祎、允等咎，以章其慢。陛下亦宜自谋，以谘诹善道，察纳雅言，深追先帝遗诏。臣不胜受恩、感激！今当远离，临表涕泣，不知所云。

此时魏国已是曹操之孙曹睿——魏明帝的时代。魏国被迫与蜀国的诸葛亮进行激烈的战争。

建兴六年（228 年）春，蜀魏作战，蜀本来可以获胜，但由于马谡违反命令，导致蜀失去街亭。马谡是诸葛亮的得意弟子，但必须明确战败的责任，诸葛亮只好挥泪斩马谡。

刘备死后，至出兵汉中的四年里，诸葛亮都做了些什么呢？

首先，与吴国结盟。由于关羽被杀、刘备复仇作战等问题，蜀吴两国的关系极其恶化，诸葛亮极力重修和好。吴国也拒绝魏国要求的人质，所以与蜀国结盟的时机业已成熟。通过蜀国邓芝、吴国张温的互访，两国顺利结盟。

然后，诸葛亮在蜀国领土内向南方出兵。蜀国南部地区居住着总称为西南夷的少数民族，他们经常捣乱，制造麻烦。蜀国的最终目标是北伐击魏，为此必须先南征，巩固大后方。西南夷当时的首领是孟获，是一个优秀的人物。

南征之时，马谡进言与其攻城，不如攻心。要做到大后方安然无恙，必须让他们心服口服。依靠武力虽然可以压服一时，但北伐之时，兵力无暇南顾，他们又会兴风作浪，反叛蜀国，如果收服人心，就会一劳永逸。

蜀军以七擒七放孟获的作战彻底获得西南夷的人心。除了给予西南夷的首领应有的待遇外，还指导他们在产业、文化方面的发展。南征，其实也是一次认真的领土开发。

魏吴也都在本国进行开发，前面说过，吴国实行屯田制。赤壁战败以后，一边屯田一边南下成为魏国的基本方针。曹操大概反复认真研究赤壁失败的经验教训，因为他是一个注释《孙子》的兵法家。

不善水战，只能在玄武池训练。曹操大概也考虑过克服水土不服的问题。失败的另一个重要原因是军粮补给的问题。南征势必造成补给线过长，缩短补给线的最有效的方法就是将魏国的屯田扩大到南方。为此，必须修水渠以保障灌溉用水，还必须把荒野开垦成农田。曹操从失败中得到许多教训。

这个时代，中国分裂为三个国家，但因此有一个好处，就是各国为了生存都互相竞争着在自己的国家里努力发展。没有竞争者，很多事情也许就不会去做。如果没有北伐计划，蜀国恐怕不会主动地开发南部地区、开展对西南夷的工作。

诸葛亮北伐途中病死于五丈原，享年五十四岁。这一年是蜀国建兴十二年（234 年），魏国青龙二年。吴国的孙权开始还是老老实实地称王，五年前的公元 229 年，他也称帝，改“黄武”的元号为“黄龙”，后又改为“嘉禾”。诸葛亮死去这一年，吴国是嘉禾三年。

在五丈原与诸葛亮对阵的是魏司马懿。

五年后，魏明帝死去，在位十四年，享年三十五岁。他没有生子，暗中将皇族的曹芳作为养子，病笃之时，颁布立为太子。明帝从即位开始，就一直感觉地位的不稳定。

东汉的献帝被废黜以后，作为山阳公，享受与皇帝同样的待遇。只有皇帝才能自称“朕”，但也允许山阳公这样自称。不过，他实际上是否这样自称过，值得怀疑。献帝被废黜后，作为山阳公活了十五年。

董卓废黜献帝的哥哥刘辩后，立即将其杀死。王莽也杀死废帝。相比之下，魏国的曹氏还是极为人道。山阳公死后，依照东汉的礼制埋葬，其墓称为禅陵，大概与禅让有关吧。死后，对这个东汉末代皇帝谥号“献帝”，也是考虑到他把国家献给魏国而有意选择的吧。附带说一下，曹操按照诸侯之礼隆重埋葬关羽的首级。据说现在的洛阳关帝庙就埋着关羽的首级。可以看出，曹氏十分尊重礼法。

明帝死去的景初三年（239年），在日本历史上也是不能忘记的一年。据《三国志·魏志·倭人传》记载，景初二年，邪马台国的卑弥呼派遣的使者经由朝鲜半岛的带方郡进入洛阳。史书上的记载是景初二年，但经过各方面的研究，现在可以确定是景初三年之误。日本使者于正始元年回国，景初有三年，在洛阳逗留一年以上不合常理。更主要的是，景初二年，司马懿在襄平大破公孙渊，魏国才终于将中国的东北地区置于自己的统治之下。魏国的力量随之到达朝鲜半岛的带方郡。司马懿获胜回到洛阳是在景初三年正月，会见已经病笃的明帝。魏国官员到带方郡赴任，并能够引领邪马台国的使者赴洛阳，怎么计算都应该是在景初三年。

在西北的五丈原与诸葛亮作战的司马懿也在东北的襄平消灭了该地的公孙渊的势力，他成为魏王朝的一张王牌。

明帝临终时，拉着司马懿的手，说道：

吾疾甚，以后事属君，君其与爽辅少子。吾得见君，无所恨。

司马懿顿首流涕。这里的“爽”，就是曹氏家族中曹真之子曹爽。明帝把八岁的齐王曹芳委托给司马懿和曹爽辅佐。

曹氏家族对司马懿自然怀有戒心，让他远离实权。司马懿也显得十分自重，不过这只是他在窥伺时机。

明帝死后十年的嘉平元年（249 年），司马懿对握有实权，但麻痹大意的曹爽断然发动政变。何晏等曹爽派成员全部被清洗。

三年后，司马懿死去，但此时司马家族在魏帝国已经根深蒂固。他把实权传给儿子司马师。司马师任大将军，仿佛是炫耀自己的实力，两年后以“乱男女之节，恭孝弥颓”为由废黜皇帝曹芳。在此之前皇后张氏的父亲张缉和中书令李丰联手排斥司马师，结果都被杀。皇帝所持的态度容易成为反司马运动的核心，所以为司马师所讨厌。

所谓文帝、明帝，都是死后的谥号，曹芳生前被废黜，所以死后没有谥号。《三国志》称其为齐王芳。

齐王芳二十三岁被废黜后，取代他的是文帝之孙、高贵乡公曹髦。第二年，司马师死，司马家族的实权由其弟司马昭接替。皇帝曹髦试图反抗，被司马昭所杀。

曹操之孙、燕王曹宇之子曹奂被立为皇帝，他不过是司马昭的傀儡。景元四年（263 年），司马昭任相国晋公，第二年成为晋王。曹操在东汉皇帝的下面先为公后为王，最终取而代之。这个不远的事例在人们的脑子里依然清晰。

咸熙二年（265 年）八月，司马昭死，其子司马炎掌握实权，按照预定的计划，于当年十二月接受禅让，开创新王朝。

《三国志》这样记述：

十二月，壬戌，天禄永终，历数在晋。

所谓禅让，四十五年前就有模式，照搬就可以了。四十五年前，在曹操死去的那一年，其子曹丕接受禅让；这一次，也是在司马昭死去的这一年，其子司马炎接受禅让。

魏灭亡，晋开始，定元号为泰始。

魏国末代皇帝曹奂被晋国封为陈留王，如同东汉的末代皇帝被废黜后作为山阳公保全天寿，曹奂作为陈留王一直活到晋太安元年（302 年）。二十岁让位，五十八岁死去。东汉皇帝得到魏国的谥号“献帝”，曹奂也得到晋国的谥号“元帝”。

陈寿在《三国志》中认为，陈留王的元帝受封于大国，成为晋的宾客，待遇远比山阳公的献帝好得多。

东汉和魏国都是通过禅让方式亡国，这一点二者相同，但它们有两大不同点。

第一，东汉是全国性的政权，魏国只是分裂为三国的其中之一。第二，东汉是绵延大约两百年的长期政权，魏国不过是存在四十五年的短期政权。而且其中的三分之一在司马懿政变以后，实权就不在曹氏手里。可以说魏国只有三十年的政权。

魏国为什么会是短命王朝呢？因为司马氏的势力凌驾于皇室曹氏之上。那么，为什么司马氏的势力会如此强大呢？其实比这个问题更重要的是：为什么曹氏的势力会衰弱下去呢？

魏国皇帝想安安稳稳地坐在皇帝的位置上，其结果导致政权的短命。皇帝对皇族的政策过于严厉。皇族具有皇位继承权，势力太强，皇帝心头不安。从皇帝的角度来看，削弱皇族的力量对自己有利，于是受封于各地的王和列侯就经常调换。由于频繁地调换，就不能在一个地方扎根，发展势力。

除了频繁调换封地外，还禁止皇族之间的来往。虽然削弱了皇族的势力，但如果几个人联合起来，还会形成相当大的力量。这也是皇帝所担心害怕的。

皇族本应该是在国家危急存亡之秋保卫皇室的力量，称为藩屏。然而，魏国的皇室没有这样的力量，眼看着司马氏日益强势起来也无可奈何。

现在来看看文帝的弟弟曹植：曹植的文才比文帝更加优秀，是一个声名卓著的文学家。他二十岁受封于食邑五千户的平原侯。那时还是建安十六年（211年），东汉献帝时代。二十三岁，转封为临菑侯；三十岁，又转封为安乡侯；同年，再次转封为鄄城侯，此时已是魏文帝时代。终于成为鄄城王；黄初四年（223年），三十二岁，转封为雍丘王；三十六岁，又转封为浚仪王；第二年，再次成为雍丘王；三十九岁，成为东阿王；四十一岁，成为陈王，这一年的十一月死去。

曹植创作有一首《赠白马王彪》的长诗，其序云：

黄初四年五月，白马王、任城王与余俱朝京师，会节气。日不阳，任城王薨。至七月，与白马王还国。后有司以二王归蕃，道路宜异宿止，意毒恨之。盖以大别在数日，是用自剖，与王辞焉，愤而成篇。

每逢节气，诸王都在洛阳聚会。五月的话，应该是夏至的节气。

曹植在死去的前一年曾向明帝上书《求通亲亲表》，对限制皇族之间的交往表示不满，希望予以缓和。

黄初四年之“恨”无法从心中消失，任城王曹彰之死这起悲愤的事件令诗人曹植心潮澎湃。《赠白马王彪》最后一章是这样的：

苦辛何虑思？天命信可疑。
虚无求列仙，松子久吾欺。
变故在斯须，百年谁能持？
离别永无会，执手将何时？
王其爱玉体，俱享黄发期。
收泪即长路，援笔从此辞。

《世说新语》介绍曹植的《七步诗》。虽然真伪莫辨，但从中可以看出世人如此看待文帝与曹植兄弟之间骨肉相残的关系，录以参考。

有一次，文帝命令曹植在七步之内作一首诗，作不出来就要处罚。这是文帝的故意刁难。但是，曹植当场脱口而出，吟咏下面这首诗：

煮豆持作羹，漉菽以为汁。
萁在釜下燃，豆在釜中泣。
本是同根生，相煎何太急？

这首诗是否是曹植的作品，不得而知。曹植的文集中没有收录这首《七步诗》。但是，这首诗率直地表达文帝与曹植的骨肉不和以及怨恨心情，经常被人引用。

朝廷在皇族的受封国里都设置有名为监国谒者的监视官员，皇族不敢轻举妄动。文帝即位的第二年，曹植就被“监国谒者”弹劾，说他醉酒失礼。由于卞太后健在，曹植才免受重罪处罚，只是被转封为安乡侯。

曹植有嗜酒的不良习惯，但有人认为是故意而为之。例如，建安二十四年（219年）曹植也因喝酒而失败。曹仁在樊城被关羽包围的时候，曹操任命中郎将曹植为行征将军，率军前往救援。但是，曹植喝得酩酊大醉，无法受命。有人认为，他担心自己攻打关羽立功以后，会更加被哥哥曹丕所憎恨，故意喝得烂醉如泥，表示无法受命。这样的推理比较有说服力。一个酒精中毒者比觊觎皇帝宝座的俊才文豪要安全得多。

兄弟不和的原因与他们的身边人也有关系，身边人非常热衷于继承者之争。曹植的文章比哥哥优秀，而且哥哥曹丕似乎在人格上有缺陷。有人认为让曹植接班对魏国更加有利，因此会采取拥立曹植的行动。这样做反而逼得曹植有口难辩。他的诗歌《怨歌行》这样吟咏道：

为君既不易，为臣良独难。
忠信事不显，乃有见疑患。
…………

文帝之弟、明帝之叔的曹植对自己受到怀疑提心吊胆、战战兢兢。

据说曹植暗恋嫂子甄皇后，甄皇后是哥哥曹丕夺取的袁熙之妻。曹植的名篇《洛神赋》吟咏洛水的女神，有人认为这女神其实暗指甄皇后。这样一来，兄弟的关系就变得更加复杂。文帝即位后，甄皇后以罪被赐死。

明帝是甄皇后的亲生儿子。也许是文帝或者皇帝的生母害怕出现强大的外戚才处死甄皇后。他们感觉甄皇后是这样的人。

并不只曹植因为是昔日的竞争对手受到警戒，任城王曹彰这样的武人被毒杀的可能性也很大。曹植赠诗的白马王曹彪最后也被迫自杀。

常汲汲无欢，遂发疾薨，时年四十一。

曹植虽然死于疾病，但他的一生是不幸的。魏帝把皇族逼到这种状态，认为可以保持帝位的安泰稳定，然而皇室的活力衰竭下去，等到需要抑制司马氏的势力时，曹氏家族无能为力。这不能不说是曹氏家族的悲剧。

走向世界帝国

竹林七贤

《晋书·阮籍传》有这样一句话：

见礼俗之士，以白眼对之。

阮籍（210—263年）是“竹林七贤”之一，行状怪异。

他见到意气相投的朋友，就以青眼迎之；见到自己讨厌的人，就以白眼待之，嘴上不用说，却是好恶分明。

他讨厌的是“礼俗之士”，就是拘泥于俗世的成规、缺少精神自由的人。

厌恶别人、冷漠相待称为“白眼”就是源于阮籍的这个典故。

据说阮籍在下围棋的时候听到母亲去世的消息，他无动于衷地继续下棋，然后饮酒三升，一声号泣，吐血数升。

服丧期间不饮酒不食肉是世间习俗，但阮籍不予理会，照样参加宴会，无所顾忌地饮酒吃肉。司马昭在场时，他也满不在乎，毫不客气。司隶校尉何曾愤而弹劾：

明公方以孝治天下，而阮籍以重丧，显于公坐饮酒食肉，宜流之海外，以正风教。

那时魏国形式上还存在。司马氏取代魏国称帝是在司马昭的儿子司马炎（武帝）的时代，那时阮籍已死去两年（265年）。这段文字称司马昭为“明公”，实际上在统治天下。

司马昭见阮籍脸色憔悴，说患病时饮酒食肉符合丧礼，便没有受理何曾的弹劾。

魏晋交替时期——3世纪中期至后半期——有人喜欢聚于竹林之下清谈，其代表性人物被称为“竹林七贤”。

清谈与东汉的“清议”性质大不相同。宦官掌权时期，东汉的一些士大夫视宦官为“浊”，自己为“清”，曾进行谋求夺权的集团活动。这是“清议”，多是品评人物、议论政治、论争儒学。

魏晋的清谈则是以老庄的哲学思想为核心，时而含带虚无主义的色彩，显示出远离政治权力的姿态。

那是知识分子难以生存的时代。因为有一点知识，就要受到权势者的警戒。而乱世之中的权势者对他们所认为的危险人物会毫不客气地斩尽杀绝。稍微“客气”一下，就会危及自己的地位。而杀人的借口有的是，随便找个茬就可以置人于死地。

曹操杀孔子第二十代孙孔融，也是随便找一个借口强加在他头上的。在曹操眼里，与其说孔融是一个危险人物，不如说感觉这个人性情高傲，是一个无法容忍的讨厌的家伙。

曹操爱才，只要有才，不问品格有什么缺点，过去有什么样的经历，都可以接纳使用。相反，如果无才，不论这个人的品格多么优秀，也不论出身于什么样的名门，也不重用。

宦官之孙的曹操自然对总是以孔子后裔自居、心性高傲的孔融没有好感。孔融似乎喜欢夸夸其谈，满嘴大道理，实际工作却干不好。

建安十二年（207年），曹操讨伐东北乌桓族的时候，孔融给曹操写信说：

大将军远征，萧条海外。昔肃慎不贡楛矢，丁零盗苏武牛羊，可并案也。

曹操当然一下子就看出其中的讽刺味道。反正你闲得难受，这样的话，顺便也惩罚一下三百年前丁零族那些欺人太甚的行为。孔融的本意是责备这次没有意义的远征，但是他不好好劝谏，这样的讽刺肯定让曹操很不愉快。

有一年，发生饥荒，又频仍发兵，曹操担心军粮不足，便下令禁止酿酒。孔融写信表示反对。他举例赞颂酒的功德：古之圣王祭祀用酒，天有酒星，地有酒泉。樊哙在鸿门宴斗酒救刘邦，如若没有景帝酒醉宠爱唐姬，就不会有汉之中兴。一天夜晚，景帝到程姬那里去，恰好程姬月事，一般情况下就会离去，但是他喝得醉醺醺的，便宠幸程姬的侍女唐姬。就这一次使得唐姬怀孕生子，他就是后来的长沙王刘发。而且，刘发的后裔产生了东汉的创始人光武帝刘秀。如果景帝不喝酒，被王莽灭亡的汉室就不能复兴。

曹操回信，也举例说明酒会亡国。孔融不依不饶，回信说也许酒的确会亡国，但徐偃王是施仁义过多而亡国，鲁国是因儒学而导致国力衰弱，夏殷是因女人而失天下，如要禁酒，索性也禁止仁义儒学，禁止婚姻。

疑但惜谷耳。

孔融的反击正好击中曹操的痛处。

建安十三年（208 年），曹操杀孔融，理由是：

大逆不道。

曹操举出一些孔融大逆不道的例子，其中最主要的是他与青年才子祢衡的对话。他信口开河，说父与子不过是情欲的产物，母与子犹如把东西放在缻里，一出这个缻，母子关系就分离。

孔融没有不孝的行为，只是说了不该说的话。以此为由而被杀，也算是找到一个好借口。

何曾弹劾阮籍也是说他服丧期间的行为“不孝”，指出“明公方以孝治天下”。孝与忠义并称“忠孝”。但是，那个时代的当权者似乎不愿意人们深入议论“忠”，因为曹操也好司马昭也好，当时都还不是天子，他们心里都在盘算着取代天子，所以不太提倡忠。

模糊淡化忠的功能，就突显孝的作用。甚至永恒不变的德目也会因时代而不稳定，仿佛建立在摇摇晃晃的基础上。

知识分子从心底感觉到危机四伏，正是从这样的危机意识中才产生逃避现实的生活态度。

阮籍心血来潮之时，会独自驾车漫无目的地外出，信马由缰乱走一气，直至走到路的尽头，无路可行，痛苦而归。

他嗜酒。担任步兵校尉一职，也是因为听说这个衙门里储藏有大量的酒。阮籍与酒的故事非常多，《世说新语》所介绍的只是其中的一部分。

司马昭想娶阮籍的女儿给儿子司马炎为妻，但是阮籍狂醉六十天，使者根本无法和他说话，此事也就不了了之。

据《晋书·阮籍传》记载，魏国重臣钟会经常来向阮籍求教时事，打算从他的回答中找茬治罪，但阮籍总是酣醉，不予理睬。

阮籍的父亲阮瑀是“建安七子”之一，擅长文学，很早就担任曹操的秘书。曹操的另一个秘书也是著名的建安七子之一——陈琳。陈琳原先仕于袁绍，袁绍没落后，受到爱才的曹操的重用。陈琳善文学，其实他最擅长的似乎是檄文。他在袁绍手下的时候，写过很多骂曹操的文章。曹操看后，与其说愤恨，不如说对他很佩服吧。陈琳的檄文把曹操的父亲、祖父都贬损一通，曹操也只是说这一点太过分了，表示不满，还是让他担任自己的秘书。这是在建安九年（204年），而阮瑀比陈琳更早担任曹操的秘书。阮瑀与曹家的关系极其密切，阮籍出生两年后（212年），阮瑀死去。曹操的长子曹丕作《寡妇赋》哀怜阮瑀的遗孀：

抚遗孤兮太息，

俛哀伤兮告谁。

这里的“遗孤”，指的就是阮籍。

此时的曹家在魏王朝中即将被日益得势的司马氏所取代。由于与曹家的关系太深，阮籍的处境极其微妙。

钟会求教阮籍的问题大概都是故意刁难的问题，但是阮籍都很巧妙地对付过去，尽管以酒作为武器，却也需要极高的演技。《世说新语·德行》中记载晋文王（司马昭）这样赞美阮籍：

阮嗣宗至慎，每与之言，言皆玄远，未尝臧否人物。

阮籍一开口尽说那些玄远的话，这是哲学论，与俗世无关。而且他不评点人物，司马昭赞之为“至慎”。

不至慎，阮籍就性命难保。评点人物，尤为危险。阮籍的《咏怀诗》有这样的诗句：

终身履薄冰，谁知我心焦？

他过着看似醉生梦死、无拘无束的日子，其实每天都如履薄冰。

同样是竹林七贤之一的嵇康就不像阮籍那样能够保全天寿。他娶曹操的曾孙女为妻，与曹家的关系比阮籍更深。

一个名叫吕安的人以“不孝”罪入狱被杀，嵇康也跟着被杀，还是因为受到那个钟会憎恨的缘故。嵇康只有一点小小的愿望：

浊酒一杯，弹琴一曲。

他究竟因为什么事被人安上罪名的呢？无法查清。钟会对嵇康的定罪是：

康上不臣天子，下不事王侯，轻时傲物，不为物用。无益于今，有败于俗。

连不当官也成为被处死的罪状。

三国中最早灭亡的是蜀国，只有两代皇帝，延续四十三年。蜀灭亡两年后（265 年），魏国也灭亡，共五代皇帝四十六年。吴国是四代皇帝五十二年，于晋太康元年（280 年）降晋。

诸葛亮死于五丈原后，蜀国就没有优秀的人才。从五丈原撤回的途中，诸将不和，发生杨仪杀魏延的事件。

姜维、费祎等支撑着蜀国，但在费祎死后，宦官黄皓开始掌权专横。魏国派兵远征，推翻根基已经腐烂的蜀国。此时的魏国实际上是司马氏掌握实权。远征军的将军之一，率领十万大军进入蜀国的正是钟会。远征军是在嵇康被杀的第二年（263 年）发兵的。

魏国的远征军兵分几路进入蜀国，邓艾从景谷道入蜀，逼近成都，蜀国后主刘禅投降。蜀亡，刘禅被带到洛阳。刘禅是在位期间亡国，所以死后无谥号，只称“后主”。

钟会从骆谷入蜀，在此守卫的蜀国重臣姜维奉后主诏命，解除武装投降。不战而降，蜀国将士皆怒发冲冠，拔刀砍石，以泄忧愤之心。

钟会是一个品格不好的人物。他诬陷竹林贤人阮籍、嵇康。阮籍以醉酒为武器幸免于难，而嵇康成为他的牺牲品。钟会为什么要这样做呢？他的父亲钟繇原是东汉的大臣，仕于曹操，任魏国太尉，明帝时被授予太傅。他是书法名家，评价极高，人称王羲之之前的书法第一人。钟会本人也是相当有名的学者，据说精通易学。也许正因为如此，他对比自己优秀的人怀有更强烈的嫉妒心吧。

钟会作为将军进入蜀国，为蜀地的富饶所动心，心想如果在这里割据，定能自立。他对降服的姜维优厚有加，大概是想到自己独立以后需要熟悉蜀地情况的人吧。为达到目的，钟会首先诬陷与自己同级的将军邓艾。钟会在陷害别人方面可谓经验丰富、得心应手。不久，邓艾被召回，其军队归钟会指挥。

魏景元五年（264年，五月改元咸熙）正月，钟会进入成都，称益州牧，自立。所谓自立，在中央政府看来，无疑就是反叛。但是他部下的官兵认为这样就回不去家乡，反对自立。官兵发动政变，在混战中，钟会被部下杀死，姜维也被杀死。

小说《三国演义》说这是蜀国忠臣姜维的苦肉计。姜维说服钟会，让他杀死反对派的军官，然后他杀死钟会，尽杀魏兵，以图恢复蜀汉。《华阳国志》《汉晋春秋》等书籍言及此事。

对姜维自古就有两种不同的观点：不能尽忠的投降派和忍辱负重复兴国家的忠臣。正史《三国志》的陈寿讥贬姜维，而《资治通鉴》的司马光认为姜维是忠臣。忠还是不忠，之所以产生两种完全相反的评价，也有那个时代不稳定的因素。一旦发生什么事，谁也不知道会是什么结果。竞争心异常激烈的钟会先是陷害竹林名士以及自己的将军同事，然后走上自立的道路，妄想得到天下。因为是一个不安定的时代，才会发生这样的事。

被带到洛阳的亡国之君后主刘禅，得到一万户的食邑和奴婢一百人，过着和在蜀国时一样的生活。与乡下的蜀国相比，洛阳是花团锦簇的首都，刘禅大开眼界，沉迷享乐。

司马昭问刘禅：还想念蜀吗？刘禅回答说：这儿快乐，不思念蜀。这种愚蠢简直令人不可想象他就是刘备的儿子。据说司马昭听后也叹气道：即使诸葛亮在世，这种人也扶不起来，何况姜维！

当然也可能是刘禅故意装作愚蠢的样子以保住自己。他在洛阳居住八年，于晋泰始七年（271年）六十五岁死去。

魏国远征军进入蜀国，这支军队实质上是晋的远征军。刘禅身在洛阳，亲眼看到魏被晋所取代。蜀灭于敌国，不像魏这样被家臣窃取，刘禅感到满意了吗？

鼎立的三国中，蜀、魏灭亡后，南方的吴国依然保存下来。在魏国灭亡十五年以后，吴国才降晋。

吴国是在孙权的长子、立为太子的孙登于吴赤乌四年（241年）三十三岁死去以后开始出问题。孙权宠爱的王夫人所生的孙和立为太子，同时胞弟孙霸封为鲁王。这样的安排倒是合理，孙权给予他们的待遇几乎都是同样的，不过从心情上说，似乎更喜欢小儿子。

孙权的态度对大臣们产生微妙的影响，大家都推测太子早晚要更换。朝廷群臣分为太子派和鲁王派两派。太子派努力保护太子不被废黜，鲁王派极力推动尽快更换太子。自然，太子派处于守势，鲁王派处于攻势。

鲁王孙霸本人在亲信们的煽动下对太子这个位置也是垂涎三尺。

朝廷陷入一分为二的状态。孙和立为太子以后的九年里，一直持续着这种状态，已经到了难解难分、无法调和的地步。没有处理好太子与王子之间的关系，首先应该是孙权的责任。

要妥善处理好两派之争，各打五十大板，只好立第三人为太子。于是，孙和被废黜，不久封为南阳王。虽说各打五十大板，弟弟方面显然是进攻态势，全奇、吴安、孙奇、杨竺等鲁王的亲信积极推动拥立活动。鲁王孙霸被赐死，他身边的积极鼓动者全部被诛杀。最后立潘氏所生的孙亮为太子，年仅八岁。这一年为赤乌十三年（250年）。

孙权于两年后死去，孙亮十岁即位，在位不过七年。

辅佐幼帝的重臣依然残留着两派的后遗症。孙权托付后事的大将军诸葛恪是诸葛亮的哥哥之子，曾是太子派。与诸葛恪分庭抗礼的武卫将军孙峻曾是鲁王派。

孙权七十一岁死去，老迈的晚年大概给吴国留下很多贻害，对分裂状态长期放任不管，大大地削弱了吴国的国力。要想起死回生，需要鼓舞人心的胜仗。诸葛恪意识到这一点，便调动军队频繁向魏国挑衅。

吴国人民已经被剥削榨取得民不聊生，全国充满厌战的气氛，孙峻利用这一点，反对战争。

试图让吴国起死回生的军事行动并不顺利，吴建兴二年（253年），诸葛恪率领的部队一半人死于瘟疫，只好撤回，孙峻伏兵宫殿，一举杀掉诸葛恪。

旧太子派开始反击。第二年，最早的太子孙登的次子孙英企图谋杀孙峻，失败，自杀。又过一年，孙仪、张怡、林恂等将军谋杀孙峻，也告失败。

孙峻是孙权的叔父孙静的曾孙。太平元年（256 年），孙峻死，其堂弟孙綝任武卫将军，接管权力。这个孙綝岂止是继承，他比堂兄更残暴专横。吕据、王惇、孙宪等反对派掀起推翻孙綝的活动，反被清洗。

少年皇帝孙亮也对孙綝的专横不满，与太常全尚、将军刘丞密谋诛杀孙綝，也失败。孙綝废黜孙亮，降为会稽侯。当时孙亮年仅十六岁。

孙綝迎立孙权的第六子孙休即位。此时的孙休二十四岁。孙綝的家族全部掌握宫殿的禁卫军以及其他要职。现在的皇帝已经不是小孩子，他和张布精心密谋，周密策划，在宫殿朝贺的时候，诏命武士缚拿孙綝，即日诛杀。

这不过是一场帝胜臣败的斗争，吴国并不会因此而强大起来。花费在内讧上的精力削弱了吴国的活力。

孙休即位七年死去，年三十岁，称景帝。在吴国的四代皇帝中，有谥号的只是孙权（大帝）和孙休。孙亮被废黜，孙休之后的孙皓降晋，都没有谥号。

孙休有子，自然还很幼小。蜀被魏灭亡，第二年又发生交趾叛乱，吴国上下充满危机感。在这样的时期，幼帝的即位不合适，于是各打五十大板，将孙和降为南阳王，迎立其子孙皓即帝位，孙皓时年二十三岁。

其实这是吴国最糟糕透顶的选择。

孙皓是一个异常的施虐狂，这样的皇帝高高在上，臣子们一个个都心惊肉跳，万分恐惧，没有一天能安生度日。刑罚之残忍无以复加，看哪一个宫女不顺眼就扔进水里淹死；家臣们因为害怕刑罚，心情紧张，小心谨慎，没有过失的时候，这个暴君觉得没有意思，就强迫大臣们喝酒，让不喝酒的宦官监视。对臣下惩罚少，他就不高兴，甚至会说你眼色不对，施加各种各样的刑罚。

吴国首都建业（现在的南京）有一座孙权修建的方三百丈的太初宫，但孙皓又修建一座方五百丈的规模更大的昭明宫。为避讳司马昭的名字，后改为显明宫，这完全是浪费人力物力的工程。

晋大军南下时，吴军官兵不举刃抵抗，直至杀掉钦差大臣——无法无天大逆不道的宦官岑昏，才终于安抚官兵的情绪，然而为时已晚。

降晋的吴主孙皓被授予归命侯称号，四年后（284年）在洛阳死去。《三国志·吴志》以异常严厉的文字评判孙皓：

皓凶顽，肆行残暴，忠谏者诛，谗谀者进，虐用其民，穷淫极侈，宜腰首分离，以谢百姓。

阅读史书，发现都是注重记载帝王、贵族、丞相、将军等的言行，对一般人的记述很不明确。

海贼破海盐，杀司盐校尉骆秀。

豫章民张节等为乱，众万余人。

只能通过这样简短的记述发挥想象力的空间。

上面两条记述引自《三国志·吴志》中永安七年（264年）条目，是在景帝孙休死前发生的事情。

孙休也不能说是明君，他杀权臣孙綝虽然果断勇敢，但因此产生出张布兄弟这样的新的权臣。孙休喜欢学问，对政治不太关心，所以没有太多的恶政。不过，人民生活艰难，忍无可忍，发生杀死取缔私贩专卖盐的官员等动乱事件。

吴国版图辽阔，有荆、扬、交、广四州，四十三郡，三百一十三县，从长江沿岸至现在的广东，进而越南的北部，都是吴国的势力范围。面积相当于吞并蜀国之前的魏国，但人口只有魏国的一半。

孙皓降晋，献上吴国版图的时候，据说有户数五十二万，男女人口二百三十万。晋也吞并蜀国，人口达五百五十万，都是中国全国的人口约八百万。

《汉书·地理志》记载，西汉平帝元始二年（2年）的人口是五千九百五十九万多。

由于王莽末期的战乱，人口急剧减少，东汉光武帝死去的建武中元二年（57年），人口为二千一百万多。质帝死去的本初元年（146年），人口恢复到四千七百五十六万多。

然而到晋国时代，人口锐减到八百万左右。三国乱世被曹操、刘备、孙权等英雄豪杰装饰得辉煌绚烂，也通过评书、戏曲等深入人心，让我们感到亲切。然而，这绝不是光彩耀眼的时代，这是兽性横行、星光黯淡的绝望的时代。

人们都屏息凝神等待着野兽之战的终结。即使躲藏起来也会被野兽们嗅出来，驱赶上战场。不仅仅是在刀枪剑戟的交锋中殒命，瘟疫的肆虐更是无法想象。诸葛恪怀着起死回生吴国的大志出兵新都，结果损兵折将一半，狼狈而归。官兵们不是战死在沙场，而是被瘟疫所击倒。

窥视历史的窗口，看到的是极其可怕的景象。

《三国志·吴志》这样记述孙权黄龙二年（230年）的事项：

遣将军卫温、诸葛直将甲士万人，浮海求夷洲及亶洲。

夷洲和亶洲都在大海彼岸，大概是琉球和台湾，也有人认为是日本。《后汉书·东夷传》这样记述：

会稽海外有东鳀人，分为二十余国。又有夷洲及澶洲。传言秦始皇遣方士徐福将童男女数千人入海，求蓬莱神仙不得，徐福畏诛不敢还，遂止此洲，世世相承，有数万家。人民时至会稽市。会稽东冶县人有入海行遭风，流移至澶洲者。所在绝远，不可往来。

日本也流传着有关徐福的传说，所以澶洲似为日本。

孙权派遣武装士兵万人出海，不仅仅是为了探险。《资治通鉴》明确记述其目的是：

欲俘其民以益众。

孙权需要人力资源。不论做什么，总感觉人力不足。当时正是诸葛亮呈上《出师表》北上伐魏，蜀魏相争，对吴极其有利。只要有人，孙权想做的很多事就能做，所以不顾重臣陆逊、全琮等的反对，断然开始掠人行动。

然而，这次行动失败惨重，掠人的远征军本身遭受到惨痛的人员损失，失去十之八九。亶洲遥远，未能到达。好不容易来到夷洲，带回来的不过几千人，得不偿失。

可怜的还是率领远征军的将军卫温和诸葛直，无功而返，被诛。据说远征军大多还是死于瘟疫。

人口不足，就打算俘掠连语言也不通、遥远岛屿上的人，可以想象本地人受到怎样的残酷奴役，导致孙休末年发生叛乱，这在史书上只是只言片语的记载。

继孙休之后的孙皓是一个性格异常的人，修建规模巨大的昭明宫。当时，不仅一般人民，连俸禄二千石以下的官员也必须亲自进山督摄伐木。另外，据《江表传》记载，毁坏诸营（军事设施），营造庭园，修建楼阁，其费用以亿万计。这些非生产性的建设项目劳民伤财，苦役百姓，恐怕有很多人死于劳累过度。

（宝鼎二年）夏六月，起显明宫，冬十二月，皓移居之。

从《三国志·吴志》里这轻描淡写的一句话也可以窥视出重要的历史。

吴国是北方迁居而来的士大夫与本地豪族的联合政权。主从关系大概不是血统的世袭，而是个人之间的结合。孙皓这样的人一当上皇帝，吴国必然解体。

晋国益州刺史王濬上书，主张速战，认为孙皓荒淫凶逆，现在应该尽速征伐，如果等他死后贤主立，吴国可能会成为强敌。那个时代，国君是否贤明决定国家之兴亡。

晋国采纳王濬的建议，任命他为南征军将军，攻打吴国的武昌。与他一起并肩战斗的另一个将军是四十七岁的王戎。

王戎是竹林七贤之一。晋灭吴的咸宁六年（280 年），竹林七贤只剩下年龄最小的王戎和山涛两个人还健在。此时山涛七十六岁。酒豪刘伶殁年不详，也许还活着，但没有任何记录留存。音乐名家——阮籍的侄子阮咸也是生卒不详，这个时期恐怕没有任何消息。注释《庄子》《易经》的向秀大概是在泰始八年（272 年）去世的。

竹林七贤的时代就此终结。

健在的两贤与其说是竹林，不如说是朝廷的贤人。

王戎受任晋南征军的建威将军，率兵攻打武昌建功，后担任礼部尚书，又升至司徒，封安丰侯，位人臣之首。他的隐士形象十分淡薄。据说王戎是个出名的吝啬鬼。《世说新语》收集各种各样的故事，以项目分类，在《俭啬》中收有九则故事，其中四则是关于王戎悭吝的故事。

王戎有好李，卖之，恐人得其种，恒钻其核。

王戎有好李子卖给别人，却担心别人用核栽种，就事先把核钻个洞，这样就不会发芽。这故事简直就像相声里的笑话。《世说新语·德行》还收有这样的故事：

王戎父浑，有令名，官至凉州刺史。浑薨，所历九郡义故，怀其德惠，相率致赙数百万，戎悉不受。

王戎过分吝啬，大概这是自晦（自我伪装）吧。

正如阮籍以酒为武器，也许王戎以吝啬为武器施放烟幕。这样令人笑话的吝啬鬼一般都是胸无大志，人们对他尽可放心。

王戎生活简朴，不喜修饰，自遇甚薄。生活简朴，大概源于其信条，这也可以视为吝啬。

晋亡吴统一天下的时候，竹林贤人之一的山涛七十六岁，官居尚书左仆射要职。他虽然没有参加远征，但在天下统一后，数次上书称应在泰山举行封禅仪式。

王戎尽管吝啬，但不拘泥于世俗，始终贯彻自己的信条，应该说还具有竹林贤人的资格。但上书请求举行封禅仪式的山涛就不像竹林贤人的样子了。

山涛想把吏部尚书的位子让给嵇康，却收到嵇康的绝交书。从另一面看，说明二人的交情非常之深，深到需要绝交书的程度。

佛教与道教

继续谈一谈有关山涛的话题，他虽然也算是竹林七贤之一，但其行状不像清流名士。山涛最后任司徒，位极人臣，太康四年（283年）死去，享誉荣光。死去的前一年，辞去司徒职务，在奏文中写道：

臣事天朝三十余年。

说到竹林贤人，让人联想到不屑为官、独居深山的隐士形象。山涛以高官要职终其人生。

要说山涛的个人特色，就是他四十岁之前没有为官。是想当官却没当上，还是中年以后才想当官，现在只能去推测。《晋书》的山涛传中这样写道：

涛年四十，始为郡主簿。

他生于东汉建安十年（205年），虚岁四十，就是魏正始五年（244年）。主簿是文书系列的官，在郡里，太守之下的顺序是郡丞、别驾、主簿，官位不是很高。如此说来，他是一个大器晚成的人物。

晚年才入仕途，并不是因为他没有人脉关系。司马懿的夫人张春华的母亲山氏，是山涛的从祖姑母，所以和司马师、司马昭是表兄弟关系。

山涛从政的第三年，曹爽和司马懿共同接受魏明帝的遗诏，但曹爽独擅朝权，为所欲为，司马懿称病不上朝。此时，山涛也辞职。司马懿的称病不过是雌伏的借口，暗地里加紧政变的准备。果然，司马懿很快就一举粉碎曹爽派，掌握魏王朝的实权，创造禅让的条件。山涛在司马懿称病隐退的时候就已经预感到事情的发展趋势，自己也辞职，避开风头。这还可以说有点像竹林贤人的做法。不过，当司马氏夺取实权以后，山涛自然重返官场。

蜀国灭亡，魏国远征军司令钟会利用胜利之机，在蜀地反叛时，司马昭欲将大本营安放在西面的长安。当时山涛奉命率五百亲兵驻扎在邺。

山涛此次担负的是重任。司马氏即将夺取曹氏掌权的魏国，各方面的工作都已准备就绪，就是司马昭还留在首都。这是极其危险的。虽然国都是洛阳，但曹氏是在邺奠定魏王朝的基础。最近这个时期，曹氏的王侯全部集中在邺。山涛驻兵邺其实是为了监视曹氏的动静，看来司马昭很看重山涛。

第二年（265年）八月，司马昭死，十二月，其子司马炎按照预定计划接受魏国皇帝的禅让，晋王朝由此开端。山涛成为新王朝的第一任大鸿胪。

山涛作为冀州刺史曾在外地任职，但时间极短，几乎都是在国都朝廷为官。

太康三年（282年），七十八岁的山涛因病辞职，此时晋王朝已成立十八年。即使如此，他在上书中依然说自己“事天朝三十余年”。

由此可知，山涛在魏王朝为官的时候，就打算奉仕司马氏。似乎不只是因为与司马氏有亲戚关系的山涛才有这样的打算，那个时代的人不是为了奉仕曹氏或者司马氏，而是为天下百姓才走上仕途的。

曹氏是宦官的家谱，并非历代都出家臣。司马氏家族也只出过郡太守、京兆尹，并非显赫的门第。

延续长达四百年的汉王朝被魏取代，人们肯定受到相当强烈的精神冲击，但是魏与晋的交替可以说几乎没有给人们造成精神上的打击。山涛不分魏晋笼统地合计为三十年的心理应该是共通的。

人民的确已经疲惫不堪，对王朝的更迭已经漠不关心了。

东汉名士陈寔的孙子陈群仕于魏，明帝时，上书劝谏停止兴建宫殿的计划，文中说道：

况今丧乱之后，人民至少，比汉文、景之时，不过一大郡。加边境有事，将士劳苦，若有水旱之患，国家之深忧也。

据说明帝听从他的谏言，缩小兴建的规模。同样是明帝时代，杜恕上书云：

今大魏奄有十州之地，而承丧乱之弊，计其户口，不如往昔一州之民。

屯田是国家的主要财源，但劳动力不足。如果开垦的话，土地多得是，但人民就要在皮鞭下受尽苦役的折磨。对于疲惫不堪的人民来说，“国”只是对自己的劳役和榨取，而不是依靠的对象。

这个时期，道教十分兴盛。黄巾军正是以太平道这样的道教教团为基础发展起来的。四川有道教的一支流派五斗米道，具有相当大的势力。

佛教在中国扎根也是这个时期。在天翻地覆的动乱中，认为现实世界已经没有任何可以依靠的人们自然而然地试图从信仰中获得拯救。

东汉初期，佛教就已经传到中国。最初信仰的是西域人，中国人肯定只是旁观，感觉是一种奇异的信仰。这种宗教是外来的东西，于是想伸手接受这外来的东西。溺水者为求救而拼命伸出的手终于接触到佛教这个宗教。

东汉末期，佛典就已经译成汉文。东汉时代最著名的译经僧是安世高和支娄迦谶这两个人。安世高是安息国（帕提亚）的太子，把王位让给叔父，自己出家，游历各国，据说于2世纪中叶来到洛阳。支娄迦谶的月氏人，月氏也写作月支，这个地方的人一般都说自己姓“支”。支娄迦谶原名Lokaksems。他们都是伊朗系统的西域人。另外，竺佛朔、安玄、支曜、康猛详、昙果、支亮等译经者也很著名，大抵都是西域人。安姓是安息人，支姓是月支人，竺姓是天竺，即印度人，康姓是康国（撒马尔罕）人。“昙”取梵语的“法”（dharma）的发音，大概是印度僧人。其他还有一个名叫严佛调的译经者，似乎就他一个是汉人。

支娄迦谶比安世高稍晚来到洛阳，译有《道行般若经》《首楞严经》《般舟三昧经》《无量清净平等绝经》等重要的大乘经典。

印度的佛教进入中国以后，逐渐中国化。这是必然的现象，但汉译佛典恰好相反。

初期的汉译佛典反而具有相当多的中国要素，这是译者为了让中国人容易理解、感觉亲切，特地增加的。

儒学这个高度的伦理体系已经渗透于中国人的生活中，所以，考虑在中国扩大佛教影响范围的人们，采取与儒学妥协的态度。儒学是孔子建立的人学，中国人的思维方式以人为中心，可以说过于强调人的因素。初期的译经者与中国人的人至上主义进行妥协。

支娄迦谶翻译的《无量清净平等绝经》就是《大无量寿经》，其中法藏菩萨有四十八愿，第三愿原文是这样的：

> 我作佛时，生此佛国之活物，不皆具金色者，不取正觉。

支娄迦谶的译文是：

> 我作佛时，人民有来生我国者，不一色类金色者，我不作佛。

原文的“众生”（sattva）不仅仅限于人，意思是“一切活物”。梵语辞典除了living being的解释外，还列有animal、ghost、demon等译语。不仅仅是动物，甚至还包含亡灵、精灵的意思。

支娄迦谶认为，在以人至上的中国，这样的思想难以理解，所以译为

“人民”。当然，他当然明白原文的含义，只是为方便起见，才这样错译。

包括人以外的所有活物，都要与人一起受到拯救。对中国人解释这个道理十分困难。虽然这应该是佛教的真髓，但初期在中国的佛教传教者还是设法避开这个话题，他们考虑入门要容易，等入门以后，再耐心讲解。

以人至上的儒学将人与其他活物严格区别开来。说一个人“兽行”，就是最严厉的谴责。这些西域的译经者在中国居住一段时间以后，也逐渐明白中国的伦理思想，认为直译为“众生”是不合适的。

魏嘉平四年（252年），康僧铠把同样的佛典译为汉文。从名字来看，像是撒马尔罕人，但《高僧传》说他是天竺人。支娄迦谶翻译的年代不详，康僧铠的译经活动在灵帝的光和、中平时期（178—189年），至少在支娄迦谶六十多年以后完成新译本。作为日本净土宗的根本大典《大无量寿经》，使用的是魏朝的新译本，至今还广为阅读。这个新译本是这样翻译第三愿的：

设我得佛，国中人天，不悉真金色者，不取正觉。

人与天，可知不只是人，前进了一步。但是，“天”这个概念虽然包含精灵，却难以理解为也包含禽兽。

康僧铠译后大约四百五十年，唐朝菩提流支（南印度僧侣。北魏时，有一个与他同名的北印度僧侣）也翻译同样的佛典，将“人天”译为“有情”，有心的活物的意思。将植物等称为“无情”。其实，把sattva译为“有情”是三藏法师玄奘。菩提流支比玄奘晚半个世纪，他只是沿袭前辈的译法。

在“有情”之前，曾被译为“众生”。这比“人天”进步，但是“众生”还是感觉指的是“众人”。明确表示也包含人之外的活物的还是“有情”比较合适。

约在唐朝译本一百七十年后，北宋太平兴国五年（980年），法贤汉译同样的佛教经典，称为《大乘无量寿庄严经》。其中将sattva这个词译为：

所有一切众生及焰摩罗界三恶道中地狱饿鬼畜生

这么长的译文可以说是译得很完美。从“人民”到这个译文走过了漫长的道路。

佛教在中国的确有逐渐中国化的一面，但从佛教经典汉译的过程来看，起初是突然的中国化，后来似乎逐渐回归本家印度。

支娄迦谶的翻译，在受佛引领这一段，还阐述敬如父母之类的孝道之德。其实原文并没有这个内容。他的用意大概是将儒学的根本大义“孝”加入到佛典里以增加中国人对佛典的理解力。魏康僧铠的译文里已经没有“孝”这个内容。他的翻译忠实于原文，因为在这个时代，佛典已经得到一定程度的理解，没有必要进行这样的加工。

佛教的发祥地印度很早就灭亡，进入列国时代。佛教经典大量佚失。《大无量寿经》的梵文版原本也长期遗失，至19世纪在尼泊尔接连不断地发现，才得以与汉译对照，因此发现原文没有“孝行”的内容。

我在前面说过，身心痛苦的人民伸手求救的时候接触到佛教。另一方面，佛教也进行各种努力，让人民能够容易理解容易接受。佛教在中国的普及过程中可以寻找到这种努力的痕迹。

王莽末期的起义军——赤眉军没有很强的信仰要素。这意味着缺少坚定的精神支柱，成为赤眉军最后瓦解的重要原因。汉高祖之孙刘章在诛灭吕氏中立有大功，封为城阳景王，死后被人们奉为神，受到祭祀。赤眉军将信仰城阳景王作为加强团结的一个手段。但这只是朴素的民间信仰，缺少让信仰者产生狂热心情的力量。一个团体产生以后，其成员就有共同行动的必要，于是把信仰城阳景王拿来充当精神指导。

大约一百五十年以后的东汉末期的黄巾军，就是一个地地道道的信仰太平道的道教集团，是依靠信仰而聚集起来的人的造反。不是造反者为加强组织的团结而利用宗教信仰——这是黄巾军与赤眉军的重大差别。

中国并非没有信仰集团的传统。孔子的教团也可算是其中之一种，但是儒家集团不能动员群众。墨家集团更鲜明地证明中国也存在有以信仰或信念为核心的结社。

可以把太平道视为这种传统的表现形式，但似乎是在接受外来的新宗教佛教的强烈影响后诞生的。

佛教作为信仰者集团，一般会产生“僧伽”。为达到修行这个共同的目的，许多人聚集在一起，成立结社，所以制定出这个纪律。根据印度长期的经验，组织和纪律等在当时已经达到高度的水平。道教自然利用这个现成的东西。

佛教在初期也在很大程度上利用过道教。二者是相互利用的关系。

道教是追求长生不死的宗教。这绝非精神上的长生不死，同样也认为是物质性的。并不是肉体死亡精神不灭，我们的肉身也将永生。因此道教含有极其丰富的医术要素，研究各种各样的健康法、呼吸术成为它的重要部分。

印度自古就有瑜伽，自然佛教也予以采纳。通过端正姿势、调整呼吸来调节五官，集中精神。佛教重视思考，自然也就重视健康。在道教看来，大概认为同为宗教，有一种亲近感，予以接受，也就将附属于该宗教的其他东西作为自己的参考。

道教集团的首领最担心的是如何加强团结，因为道教本身有的部分是将原本并无关联的东西结合在一起。马克斯·韦伯（1864—1920年，德国宗教社会学家）认为道教是遁世的知识分子的教义与现世的、本身就极其古老的巫师行业相融合而产生的。遁世与现世正相反，知识分子与巫师也是对立的，教义与行业也是不同的概念，这样的结合随时都有四分五裂的危险，所以道教的首领必须认真考虑、实施团结。

道教参考佛教的僧伽组织，大概也参考现实中的国家组织。河北巨鹿县人张角创建的道教集团——太平道，将信徒分为三十六方，形成一种行政组织。在军事方面也是如此，只是打出“加强”的旗号，立即就会迅速扩大。三十六方注定会发展成军事组织。

太平道变成黄巾军，举行起义，被东汉朝廷派遣的将军镇压下去，太平道就失去了军事组织，大概被曹操的军阀所吸收。前面说过，曹操接受青州黄巾军的投降，势力急剧膨胀。太平道在军事方面的去向，现在可以大体推测出来，但是宗教方面的去向，如今一无所知。蜀地有五斗米道这样强大的道教集团，也许被它们所吸收了吧。

创建五斗米道的张陵是沛国丰县人，但他在蜀地开展传道活动。信徒要缴纳五斗大米，所以称为“五斗米道”。当时的一斗相当于现在的一升，数量不是很大。据说通过祈祷来治病，以此方式增加信徒，治疗费就是五斗米。

张陵称为天师，所以五斗米道也称为天师道。张陵死后，其子张衡继承教祖的地位，但他早死，其子张鲁率领教团。张衡的遗孀，即张鲁的母亲陈氏大概成为年轻儿子的监护人。陈氏貌美，据说经常出入在蜀地建立自己小王国的益州牧刘焉那里。西方的五斗米道与东方的太平道不同，似乎有依附权力的倾向。

太平道的目的是夺取天下，改变世道。五斗米道则将缴纳金（大米）用于开展慈善活动，拯救痛苦的人们。五斗米道慈善活动的措施之一是设置义舍，在义舍里放置粮食，过路者可以食用。那时正是战乱时代，很多人为避战乱而流浪。他们听说蜀地没有战争，即使蜀地没有亲朋好友，很多人也投奔而来。义舍对他们来说，实在是救命粮。凡吃过义舍食物的人大抵都入教。义舍的名声传播开来，越来越多的人前来蜀地，五斗米道的信徒也越来越多。

张鲁的母亲接近领主，大概也是为了扩张教团的势力。所以，五斗米道绝不是放弃“武装斗争”的路线，只要时机成熟，就会使用武力。

益州牧刘焉对自己的领地内存在如此势力强大的集团，也不敢藐视张鲁，任命他为督义司马。当时还是东汉末期，刘焉在考虑夺取汉中。汉中太守苏固顽强抵抗，刘焉便命令督义司马张鲁和别部司马张修攻打汉中。

机不可失。五斗米道不能满足仰仗领主的鼻息开展教团活动，已经发展壮大到希望拥有自己的天地。张鲁攻破汉中的苏固，同时也杀掉与自己并肩作战的张修，趁着胜利的势头，在汉中自立。

东汉朝廷也不得不承认五斗米道的势力，任命张鲁为镇民中郎将、汉宁太守。就这样，祭政一体的五斗米道王国建立起来，盘踞在巴汉之地达三十年之久。

建安二十年（215 年），曹操终于发兵西征。此时刘备已经进入蜀地，所以曹操必须控制中原前往蜀地的通道汉中。张鲁此时已经投降曹操，这也许是五斗米道的性质吧，择贤明而归之。

在教团势力还比较弱小的时候，屈服于刘焉，但是当自己势力强大以后，就不把刘焉放在眼里，谋求自立。然而，当比自己更强大的势力——曹操出现时，又毫不犹豫地归顺曹操。

降曹之前，张鲁曾逃到南山，进入巴中，当时身边人劝他烧毁存放金银财宝的仓库，但张鲁没有同意，而是封存后离去。这件事给曹操留下很好的印象。降曹后，任命为镇南将军，封为阆中侯，食邑一万户，是一个大领主。他的五个儿子也都被封为列侯。

注释《三国志》的裴松之认为，张鲁虽降，但是在战败（指弟弟张卫抵抗，张鲁也逃往巴中）之后，受封食邑一万户，其五个儿子也都封为列侯，这样的待遇过分。其意是说曹操没必要对张鲁如此优厚。

曹操是一个杰出的现实主义者，他一定看到五斗米道所隐藏的强大力量。《三国志》只是说张鲁封存金银财宝的仓库没有烧毁，却没有涉及其数量。这座仓库落入曹操之手，大概数量庞大，也可能官位是曹操对他的报答，不仅如此，还让儿子曹宇娶张鲁的女儿为妻。曹操让五斗米道的教祖与曹家结为亲戚关系。

曹操把道教中武装斗争派的太平道吸收到自己的军队里，把和平派的五斗米道变成自己的家族，令人不能不佩服曹操手腕的高明。

娶张鲁的女儿为妻的曹宇字彭祖，与长兄曹丕（文帝）年龄相距很大，倒是和曹丕之子曹睿（明帝）从小在一起玩耍，关系亲密。明帝病死前，打算任命这个叔父为大将军，托付后事。但曹宇态度消极，坚辞不受，最后回到家乡邺。作为魏国皇族，按照惯例，他也是在各地任职，最后被封为燕王，食邑五千五百户。

明帝无后，只好从皇族中选择皇位的继承者。魏王朝的末代皇帝、将国家让给司马氏的正是曹宇之子曹奂。

五斗米道被纳入国家体制，再也不会受到镇压，但削弱了教祖张鲁以及其子张富等对教团的影响。教团受到国家的保护，教祖的存在几乎名存实亡。

杂乱的类似巫术的民间信仰逐渐发展、充实其内容，终于形成一个称为“道教”的思想体系，并且拥有教团组织，这个时期与佛教传入的时期基本一致。

粗略地说，作为教团的道教和佛教几乎同一个时期出现在中国。

道教以长生不死为理想，能达到这个境界的人称为“真人”。佛教将大彻大悟、到达安宁的境界称为“涅槃”，将顿悟之人称为“阿罗汉”。这个时期的中国人认为长生不死就等于涅槃、真人就等于阿罗汉，这个想法是不奇怪的。

第一个译经者——安息国的安世高当然是佛教徒，但可能也是会巫术的人。他翻译的《安般守意经》是关于呼吸术的经典。梵语的“呼吸”是屏息冥想，安世高缩译为“安般”。另外，他还译有《九横经》。这是一部很短的经典，讲述避免九种横死的方法，所以是一本保命的参考书。

《史记》说条支（叙利亚？）是安息国的属国——“国善眩”。这个国家的人很善于奇技怪术。《汉书·西域传》记载，汉武帝的时候，安息献“眩人”。安世高的祖国自古就有玩法术的传统。即使佛教传来，也许“眩人”也很擅长佛教所包含的法术性的东西。

安世高在翻译法术性的东西时，经常使用道教的术语，所以格外相似。

董卓毁坏洛阳，洛阳的佛教团体很多迁往南方。南方无疑就是孙氏吴国的领土。吴国首都建业（南京）很快就成为佛教的一个中心。建业佛教聚集着从洛阳南下的人和从南方北上的人，两派融合在一起，十分热闹。北上派最著名的是来自印度半岛北部的康僧会，南下派的代表人物是支谦。

从姓氏也可以知道，支谦是月氏人，祖父那一代来到中国归化，学于支娄迦谶的弟子支亮，学识渊博，与支亮、支娄迦谶并称“三支”。将《维摩诘经》等许多佛典译成汉文，其中《瑞应本起经》是讲述释迦前世的本生谭。释迦在作为迦毗罗卫的太子悉达多出生之前，曾以各种形象变换出生过好几次。根据支谦的翻译，其中有圣帝、“儒林之宗”、“国师道士”等。

说到儒林之宗，中国人认为就是孔子；说到国师道士，就会联想到老子。说释迦的前世是孔子或者老子，中国人就对佛教的教祖具有亲近感。本生谭的原文自然没有这样的文章，这是为了让中国人容易接受佛教而采取的一种权宜之计。

据法国的东洋学家、惨遭纳粹杀害的马斯伯乐推测，月支的僧侣支谦不可能将原文没有的文章翻译过去，应该是协助支谦翻译的、具有道教修养的中国人想出来的。支谦的确是月支人，但是从祖父那一代就来到中国。据其传记说，支谦字恭明，很中国化，十岁学书法，十三岁学胡书。他具有深厚的中国文化的修养，没有到中国以外的地方去过，当然对中国的情况十分知悉。即使在家里过着月支国方式的生活，但一出门就是汉人的土地。同时在两个不同世界生活的人，懂得用什么样的方法才能使不同世界的人互相沟通。说是支谦在本生谭里加入孔子、老子也是很正常的。

我想涉及一下《老子化胡经》的问题。《史记·老子列传》说：

莫知其所终。

他后来的情况一无所知，所以就会演绎出很多故事。西汉刘向撰写的《列仙传》记述老子前往流沙以西，这就更多地具备老子变成释迦的故事的前提。

《魏略·西戎传》记载，老子不是变成释迦，而是教化释迦。

《老子化胡经》究竟是道教一方所著，还是佛教一方所著，至今还时有争议，尚无定论。

如果考虑到为了让中国人更容易接受佛教，那么《老子化胡经》就应该是佛教一方所著。但魏晋时期，已经开始佛道二教的优劣争论，因此也可以认为是道教一方所著，以作为道教优于佛教的论据。

发生优劣争论可以证明佛道二教已经明确区别开来。尽管借用老庄思想解释佛教教义的“格义佛教”正在兴起，但不能不说其结果让众人皆知二者的不同。

佛道之争最著名的大概是西晋的帛远与道士王浮的论战。有人认为，王浮论战败北，心甚不甘，著《老子化胡经》。不过，老子前往西方教化的传说古已有之。《后汉书·襄楷传》在记述明帝修建黄老与浮屠的宗祠时，引用襄楷的上书文章，其中写道：

或言老子入夷狄为浮屠。

《老子化胡经》已经失传，20世纪初在敦煌发现其残卷，但那是唐朝的版本，不是原作。

在东汉末期至魏晋的乱世里，人们渴望灵魂得到拯救，道教应运而生，教团组织迅速发展，外来的佛教也方兴未艾。在宗教兴盛的背后，我们仿佛听到许许多多无法解脱苦恼的人的叹息。

单于的家族

吴降晋，盼望已久的天下统一终于得以实现，但也是昙花一现。

吴国的投降是在公元280年，晋怀帝在洛阳陷落时被抓是311年，长安陷落是316年，如果以此作为西晋的灭亡，那么天下统一只有三十六年。其实，八王之乱之后，这个王朝就已经失去了统治能力。八王之乱发生于301年，所以真正的天下统一最多不过二十年。

琅邪王司马睿在南方建立政权，称为东晋。于是将此前的王朝称为西晋，以示区别。西晋王朝的寿命只有半个世纪，开始的十五年只是一个与南方的吴国对峙的北方政权。在南方的东晋政权绵延大约一个世纪，自始至终都是南方政权。那是一个似乎注定分裂的时代。

东汉灭亡以后，天下并没有分裂。应该说从董卓毁坏洛阳、强行迁都长安的时候（190年），或者之前的黄巾之乱的时候（184年）才开始分裂。隋文帝灭亡南朝陈国、实现南北统一是589年，分裂状态竟然长达四百年。这期间有过大约二十年短暂的统一，但与四百年漫长的岁月相比，只能说是例外。分裂是常态，统一是例外。

在此之前，曾有过西汉、东汉大约四百年的统一时代。统一时代之后，便是大约相同时期的分裂时代。

现在让我们思考一下为什么会注定分裂呢？

战乱造成的人口锐减大概是一个原因吧。如果是狭小的地区，人口少，容易集中管理，但如果地大人稀，就很难掌握。

三国时代，这三个国家除了在战场上拼搏外，还在领土开发上进行激烈的竞争。各国都努力屯田，扩大耕地，可以养活更多的人。开发领土的竞争其实也就是人口的竞争。

三国之中，魏国最强大，因为其人口也最多。然而即使是人口最多的魏国也比以前的时代人口大为减少，为此在建国初期就设立“九品中正”制度。

九品中正制度十分重要，下面简单介绍一下：

西汉、东汉的四百年制度基本上以官员的顺序决定俸禄。例如，根据《汉书》的颜师古注释，汉制规定，三公（丞相、太尉、御史大夫）称万石，但实际的俸禄是每个月三百五十石，年俸是四千二百石。大将军以此为准。九卿是“中二千石”，实际俸禄是每个月一百八十石，年俸二千一百六十石。相比之下，郡太守等“二千石”，其实每个月只有一百二十石，年俸一千四百四十石。另外，中郎将、都尉等“比二千石”，每个月是一百石，年俸只有一千二百石。司马迁曾当过太史令，年俸只有六百石。

日本在战前称县知事为“良二千石”，也是源于此，把官员称为多少石的官。汉代有二十等爵，最高的是列侯。但是，这只是名誉的称号，除能够得到领地的列侯外，其他的几乎没有实质性的意义。爵位与官位并不挂钩。

魏国接受东汉禅让的时候，整顿东汉的官职制度，吸收其官吏，制定“九品官人法”。起草人正是东汉清议派的代表性人物陈寔之孙陈群。汉朝延续四百年，其官职制度极其复杂。现在也是这样，一旦设置的官职，很难废除。时代变化以后已经不再需要的官职依然保留下来，已经不再重要的官职依然原封不动，重复的官职数不胜数。要进行整理整顿，最方便的办法就是制定等级制度。于是把官职分为九个等级，即所谓的九品。

“九”这个数字可以在上、中、下三等级里再细分上、中、下的等级。如上之上为一品，上之中为二品，上之下为三品，中之上为四品……以此类推。魏国的一品官是三公、大丞相、黄钺大将军；二品官是车骑将军、骠骑将军、大将军；九卿，尚书令，左、右仆射是三品官；刺史、校尉是四品官；郡太守是五品官。总体上军人优先。

制定这样的官阶等级自然没有问题，问题是应该由谁来担任。也就是说，不仅仅官职需要等级，也必须把人分等级。做这件事的人称为“中正”。他来决定某人是二品、某人是三品，实在是责任重大。不中不正则无法胜任这个职务。前面说过，东汉盛行品评人物，社会舆论对优秀人物都给予很高的评价。

中正决定的人的等级称为“乡品”。当此人被政府录用时，就任比乡品所认定的等级低四品的官职。例如，中正认定二品的人，首先被任命六品官职。魏的六品官就是秘书郎、县令之类。六品官经过试用，认定此人确有才干，就可以升官，直至二品。中正决定的乡品，是此人的最高官职。

但是，中正的职责不仅仅是决定该地读书人的等级。由于三国的战乱，不少读书人流落他乡。尤其在魏国的领土内，战争异常激烈，离乡背井的读书人更多，无人的村落随处可见。中正的另一项任务是搜罗人才。人口急剧减少，连当官的人也匮乏。

统一的国家如果没有数量庞大的官僚群体，就无法管理这个国家。从这个意义上说，东汉衰弱以后的中国就注定着分裂的命运。

地广人稀、行政人员的不足是导致分裂的原因之一。但分裂以后，如果这种状态继续下去，各地的独立性就越发凸显出来。将分裂固定化的势力自然就开始抬头。

导致中国分裂的另一个重要原因是北方民族的大迁移。北方的塞外民族多是游牧生活，对他们来说，迁移是常态。我把大规模的、伴随着强大武力的移动姑且称为“大迁移”。

汉初，北方的强敌是匈奴。大破项羽、统一天下的刘邦甚至也被匈奴大军围困于白头山，被迫缔结屈辱的和约。汉武帝时才报仇雪恨。

匈奴在中国的历史上投下浓厚的影子，但是对这个民族有很多不解之处，就连匈奴属于哪个人种这个基本问题都没有得到解决。

其主要原因大概是匈奴亲手毁掉有关自己的所有记录，没有流传下来。现在有关匈奴的情况，全部都是中国方面的历史记录文献，而且《史记》《汉书》等的《匈奴传》里完全没有记述匈奴人种的特征。这也可以说是中国古代史书的一个特点吧。虽然记述有风格迥异的风俗习惯，却从不触及先天性的人种特征。

《三国志》的《魏志·倭人传》非常有名，对当时日本人的风俗，如黥面纹身或者以朱丹涂脸等后天性的特点详有记述，却没有记述中国人与倭人在人种上有什么差异。

有人认为，匈奴人、日本人与当时的中原中国人在外表上几乎没有差异，所以没有记述。

但是，《史记》《汉书》的《西域传》等也只是记述伊朗、印度系列的各国的情况，而没有人种特点的描写。

古代中国人大概对风俗习惯比较关心，对人种的差异不太感兴趣吧。

至7世纪唐朝时撰写的《晋书》才终于有人种特点的记述。例如《晋书·大宛传》有这样的记述：

其人皆深目多须髯。

大宛位于苏联国内的中亚地区，张骞曾去过那个地方。《史记》里也有《大宛列传》，但没有深目多髯的记述。

中国的古代史书对先天性的人种特征不感兴趣，也有可能当时国内已经有很多各色种族的人，所以不觉得有什么稀奇。据说灭亡殷的周人原本就是红头发的人。

话题回到匈奴上来，土耳其人种与蒙古人种这两种观点争论不休。法国的沙畹、小德金等认为是土耳其人种，施密特等认为是蒙古人种，白鸟库吉起先认为是土耳其人种，后来认为是蒙古人种与通古斯人种的混合种族。主张中国文明源于西方的拉克伯里甚至认为匈奴不是种族，而是政治团体的名称。各种观点十分热闹。

政治团体的观点看似奇谈怪论，但也不能全盘否定。草原上的游牧民本来就不是大集团，一个首领在游牧方面能予以统辖的范围都很有限。

为了使游牧这种经济活动不受敌人的袭击、掠夺，他们都必须拥有武装。他们的武装力量不仅仅是为了防御、抵抗敌人的掠夺，其实也是为了自己择机采取的掠夺行为。这是草原牧民的真实生活。一个基层的游牧单位无法拥有游牧生活不可或缺的武装力量，所以必须联合起来。游牧的时候虽然还是小集团，却已经拥有共同的武装联合体。

同一个民族的人联合起来是很自然的，但不同民族在游牧这种共同的生活中也会联合起来。

当伟大的领导人出现的时候，不仅同一个民族的部族联合体会成为他的部下，其他民族为了谋求自身的安全和利益也会投入他的麾下。在他的领导下，不仅可以得到保护，也能够分到掠夺来的好处。

冒顿单于时代的匈奴像后来的成吉思汗时代的蒙古一样，游牧民迅速创建一个世界性的帝国。不过，其兴也快，其败也速。联合体滚雪球似的膨胀起来，拥有巨大的力量。由于是各个联合体的相互集合，一旦失去出色的领导人，这个庞然大物就会迅速解体，回到原来的样子。

据史书记载，西汉宣帝时代，匈奴的大首领，自然本应该是唯一领导人的单于居然有五个。如此一来，匈奴就无法与汉朝对抗。游牧集团只有联合才能强大起来。

呼韩邪单于降汉是一起划时代的历史事件，当时的西汉已是末期，而北方变得平静安宁。王昭君出嫁匈奴也在这个时期。但是王莽政权的外交失败导致匈奴在北方再次采取军事行动。

东汉的国力虽然没有西汉那么强大，却由于匈奴的内讧才使得北方免受匈奴的威胁。联合是游牧民族的看家本领，分裂也同样如此。匈奴分裂为南北两部分，匈奴的日逐王自称与曾经降汉的那个首领同名呼韩邪单于，臣服东汉。这是南匈奴。

东汉允许南匈奴居住在长城以南，与汉族混住在一起，逐渐被文化高度发达的汉族同化。其实，东汉允许南匈奴居住在长城以南，目的并不是为了同化他们，而是根据中国的“以夷制夷”的经典策略，以南匈奴防御不驯服的北匈奴。

北匈奴不仅受到南匈奴的挤压，还受到势力扩张到匈奴老地盘的鲜卑族的压迫，只好西逃。西迁后的北匈奴应该称为西匈奴。可是这个西匈奴从此就从中国的史书上消失。他们后来的情况怎么样呢？至少从中国的史籍文献中无法得知。

有人认为从俄罗斯南部的草原进攻欧洲的“欧洲匈奴”族可能就是从中国史书里消失的“西匈奴”。虽然这个论点尚未成为定论，但极有说服力。“欧洲匈奴”族（Huns）这个民族名称，现在在欧洲作为芬兰、匈牙利的国名留存下来。

欧洲史所谓的民族大迁移，指的是发生于375年的日耳曼族的一个分支——哥特族洪水般涌入罗马帝国的事件。这次大迁移的导火索就是“欧洲匈奴”族的西进，哥特族被“欧洲匈奴”族赶出家园。

1756年小德金提出匈奴与“欧洲匈奴”族同一民族的观点，至今已两百多年，仍争论不休。正如日本对邪马台国的争论一样，感觉各方该说的话都已经说完。

西匈奴从中国史书中消失的时期与“欧洲匈奴”族在西方出现的时期之间有些许空白，这可以视为一边逐渐往西迁移一边治疗战败创伤的时期。除了匈奴（Hsiungnu）与“欧洲匈奴”族（Huns）的民族名称相似外，欧洲历史文献所记述的“欧洲匈奴”族习俗与匈奴的也非常相似。匈奴与“欧洲匈奴”族同一民族论者提出具有相当说服力的论据。最近的考古学研究也越来越论证出这个观点的分量。

对匈奴与“欧洲匈奴”族同一民族论持不同观点的人也没有全盘否定，虽然承认可能性很大，但认为要做出这样的定论，证据尚嫌不足。例如民族名称相似的问题，过去赫赫有名的民族的名称经常被后来不相关的民族所借用，所以不能百分之百地相信。

5世纪左右，在中亚地区盛极一时的哌哒人似乎是伊朗系统的民族，但是欧洲的史籍称之为白匈奴。

如果生活方式相似，风俗习惯自然也一样。虽然是不同的民族，但都是游牧民，生活模式一样，所以他们具有相同的风俗习惯。

游牧民的迁移是常态，所以不同民族混血的机会远比定居的农耕民多。由于战争或者掠夺，不少游牧民成为其他民族的俘虏，带到别的地方服役。即使不是被俘，也有游牧民为了获得其他民族所分配的战利品，自愿投靠其麾下，提供劳力。

欧洲的史学家与中国古代的史学家不同，喜欢描写人种特征。关于"欧洲匈奴"族的外形特征，就有个儿矮、矮胖、眼睛凹陷且小、鼻子扁平等记述，还有的说发稀无须，体毛少，但也有相反的记述，说腿毛浓密等。从中可以知道进攻欧洲的"欧洲匈奴"族的军队人员构成相当复杂。

有可能成为"欧洲匈奴"族的北匈奴从中国史的视野中消失。那么，南匈奴又是怎么样呢？南匈奴虽然臣服东汉，只是因为与北匈奴的对立，才不得不依靠东汉的南面势力。东汉的南面势力已经没有西汉鼎盛时期那么强大，对臣服自己的匈奴无力控制。匈奴因此享受自治，处于半独立的状态。

匈奴的政治形态是单于为大首领，由左贤王、右贤王、骨都侯等予以辅佐。单于是世袭制。

前面说过，过于庞大的集团无法从事游牧活动。匈奴自然分为很多小集团，血缘相近的游牧民形成不同规模的小集团，汉语称之为"部"。单于诞生于屠各部中的挛鞮氏。

无法知道究竟有多少个部。史书记载，东汉章帝章和元年（87年），北匈奴大乱，屈兰储等五十八个部投降。这些部都被南匈奴吞并，人数有二十八万之众。部有大小，平均一个部五千人左右，部的头领称为"大人"。

一个部即使是五千人，也不能在一个地方进行游牧活动，所以还必须细小化，即所谓的“帐篷群”，称为“落”。现在我们使用的意为“村庄”的“部落”这个词就源于匈奴的结构组织。古代文献中出现“部落”这个词，多是有关匈奴或者少数民族的记述。

有重要问题需要商议的时候，各部的大人聚集在一起，而屠各部的大人，即大首领单于似乎担任总首领的角色。

匈奴的单于既是本部（屠各部）的首领，同时也是各部族联合体的总首领。由于是世袭制，具有专制君主的性质，但也负责协调部族联合，是一个很困难的角色。

黄巾起义的时候（184 年），南匈奴的单于名叫羌渠。虽然匈奴是半独立状态，但毕竟在形式上是臣服于东汉，所以在重要关头还必须为东汉服务。东汉朝廷将匈奴视为雇佣军集团，所以命令匈奴出兵。

羌渠单于命其子於扶罗率兵参加讨伐黄巾军。三年以后（187 年），中山国国相张纯与泰山郡太守张举、乌桓族结盟反叛，朝廷派公孙瓒为骑都尉讨伐的时候，也命令南匈奴出兵。此次羌渠单于派左贤王率兵赴幽州参战。

不言而喻，这引起匈奴民众的不满。黄巾起义、张纯之乱都与自己毫不相干，匈奴还要征集年轻人上战场，于是，“单于好战，照此下去，大量匈奴族人将去送死”的批判声不绝于耳。

征调匈奴兵上战场是朝廷的命令，如明确拒绝，需要相当大的胆量。匈奴族人其实也是希望首领采取拖延战术，制造种种借口，征兵拖拖拉拉，最后不了了之。也许由于羌渠单于生性好战，也许由于他对东汉忠心耿耿，总之，过分表现自己，派出的军队比东汉要求的还要多。

也许因为单于的做法太过分，也许因为他的野心勃勃的对手的煽动，匈奴人起来造反，杀死了羌渠单于。据史料记载，参加这次造反的匈奴人多达十几万。

按说应该是羌渠的儿子於扶罗继任单于，但是匈奴人对他担任大首领不放心，就拥立一个名叫须卜骨的人为单于。然而，於扶罗也自称单于，这样匈奴就出现两个单于。

於扶罗率领自己的部族几千人南下。由于匈奴的大多数部族不承认他的即位，於扶罗断然决定向东汉皇帝提出申诉。自己的父亲正是因为对东汉过分忠诚才被杀死，希望朝廷承认他是正统的匈奴单于。但是，此时的洛阳正陷入宦官被杀、董卓篡权、皇帝废立的混乱之中，根本无人接受他的申诉。於扶罗只好流落到洛阳周边地区，成为一个流亡单于。不久，於扶罗在平阳建立起自己的根据地。平阳在现在的山西省临汾县附近。临汾，位于汾河岸边，汾河在此与白波谷的河流汇合，注入向南流去的黄河。

匈奴人拥立的单于须卜骨大约一年后死去，但他们依然不承认於扶罗。在匈奴的发祥地没有拥立新的单于，而是实施长老的集体领导体制。

东汉兴平二年（195年），被董卓挟持到长安的献帝暗杀掉董卓后，逃离了在内战中变成一片废墟的长安，打算东归洛阳。李傕、郭汜、张济等长安的军阀派兵追击天子一行。这时，突然出现护卫天子的军队，打败追击而来的军阀部队。这些军队正是驻扎在白波谷的黄巾军和南匈奴的骑兵。

《后汉书》这样记述道：

杨奉、董承引白波帅胡才、李乐、韩暹及匈奴左贤王去卑，率师奉迎，与李傕等战，破之。

白波帅肯定是黄巾军的头目。朝廷视黄巾军为叛逆者，《后汉书》经常出现“白波贼”的称呼，最后“白波”这个地名变成“盗贼”的代名词。这个用法也传到日本，弁天小僧[①]的台词中就有这个词。“贼”这种武装集团拯救危机之中的天子，觉得不可思议，那是一个不可思议的时代。

罗贯中根据三国历史创作的小说《三国演义》长期以来都是中国的畅销书。不仅在中国，在日本也是如此，不知道有多少人阅读过这部著作。

---

① 弁天小僧：河竹默阿弥创作的歌舞伎《青砥稿花红彩画》中的人物，白浪五条好汉之一。——译注

吉川英治的《三国志》也是以罗贯中的小说为蓝本。

罗贯中的《三国演义》几乎全部忠实于史实，不过也有一些与史实不符之处，现予以更正。

《三国演义》只说是白波军拯救东归的天子，未提南匈奴的军队。上面引用的正史文章明确记述匈奴军队的救援。大汉天子被夷狄的匈奴军队救驾，如果忠实于史实，大概读者难以接受，所以才故意抹去匈奴的军队。这是向读者献媚。吉川英治的《三国志》当然也没有写匈奴的军队。

白波贼救驾这件事对于罗贯中（也许应该说对一般读者）来说，甚至也是万分无奈的遗憾。三个白波头目，其中胡才死于乱军；李乐很快反叛，被徐晃一斧砍倒。其实这两个人当时都没死，天子向洛阳奔去以后，他们还留在河东。《资治通鉴》在建安二年（197 年）的条目中记载他们死去。历史真相是胡才被仇人所杀，李乐病死。

罗贯中大概也感觉到歪曲历史的内疚，他在描写徐晃砍杀李乐的场面时，只是模棱两可地写道“被徐晃一斧砍于马下”，没有明确说是否砍死。而以罗贯中的小说为蓝本的吉川英治的《三国志》反倒爽快地写道“一刀砍下，李乐两断”。

在南匈奴军赶赴救驾的时候，单于於扶罗卧病在床，不久死去。其弟呼厨泉任单于，於扶罗之子豹尚年幼，任左贤王。

掌握东汉实权的曹操开始制定新的匈奴政策。

新政策对数量过多的部予以整顿，按地区分为左右南北中五部，部的首领称为“帅”，但在魏朝末期改为“都尉”。所有的部都配备汉人的司马，实现监督。以太原为根据地的左部最大，统辖有一万多个落；最小的部是南部，统辖有三千多个落。

於扶罗之子豹被任命为最大的左部都尉。豹之子刘渊，字元海。因唐高祖名叫李渊，所以唐代撰写的《晋书》避开“渊”的本名，只称呼其字元海。於扶罗之孙取名刘渊，这与汉人的名字没有差别。匈奴与汉族结为兄弟之盟，所以匈奴人称自己的汉人姓氏时，大体都用“刘”字。

刘渊不仅取汉人的名字，而且比一般的汉人更富有汉文化的修养。据说他向大学者崔游学《诗经》《易经》《尚书》，尤其喜欢《春秋左氏传》和孙吴兵法，《史记》《汉书》以及诸子百家的书籍，无一不读。他不仅学文，还喜欢习武，其妙绝众，猿臂善射，膂力过人。唐代撰写的《晋书》对描写人物的容貌十分热心。《晋书·刘元海传》这样描述：

姿仪魁伟，身长八尺四寸，须长三尺余，当心有赤毫毛三根，长三尺六寸。

东汉的尺，敦煌出土的木尺长二十二点九厘米，白鹤美术馆收藏的画彩牙尺长二十三点二厘米，魏晋的尺已经超过二十四厘米，逐渐接近三十厘米的唐尺。虽然《晋书》写于唐朝，但这里所说的尺大概是汉尺。按汉尺计算，刘渊是身高近两米的巨汉。三根红色的胸毛超过八十厘米，实在令人奇怪。

这是匈奴典型的体型吗？

刘渊的儿子刘和身高八尺，也是超过一点八米的高个子。《晋书》这样描写刘渊的族侄刘曜：

身长九尺三寸，垂手过膝，生而眉白，目有赤光，须髯不过百余根，而皆长五尺。

这也是身高两米多的巨汉。体毛稀疏，但很长。这令人想到欧洲史学家所说的“欧洲匈奴”族毛稀的特征，不过刘渊家族绝不是矮胖者。

匈奴，至少单于家族都是高个子。三百年之后撰写的《晋书》中对身长、体毛长短的描述也许多少要打点折扣，但不论怎么说，这个家族的人体格魁梧应该是真实的。

这个刘氏家族揭开了“五胡十六国”时代的序幕。国号起初称为汉，后改为赵。同样是匈奴、其他部的羯族出身的石勒建立的政权也称为赵，于是史书将刘氏政权称为前赵，将石氏政权称为后赵，以示区别。

关于“五胡十六国”，我将在后面讲述，现在先介绍一则后赵灭亡时的故事。

此时已是东晋穆帝永和五年（349年）。汉人大将军冉闵灭后赵，施行大屠杀。出悬赏，说取胡（匈奴）首送至凤阳门者，文官进位三等，武官任命为牙门（即牙门将）。据说被杀者足有二十多万。其实被杀的不尽是匈奴人。《资治通鉴》说：

高鼻多须至有滥死者半。

虽然不是匈奴，却因高鼻多须而被杀的很多。

通过这个记述，可以想象出匈奴人的容貌。就单于部族、羯族部族而言，匈奴决非个子矮、脸扁平的人种，他们的形体特征应该是长身、高鼻、体毛浓密。

游牧的匈奴人居住在毛毡的包里，单于等贵族有的居住在中国式的宫殿里。这些遗址常有发掘，从中也可以知道匈奴人具有欧洲人种的体形。他们本来就是欧洲人种，或者是混血人种，现在无法断定。

1940年，在苏联的西伯利亚南部叶尼塞河上游的阿巴坎市附近发掘有古代宫殿遗址。这是一处汉朝的宫殿遗址，里面有中国式的炕。这一带在汉朝自然不归入汉的版图，显然应该是匈奴的领土，然而，这里出土很多瓦，其中有的在瓦当上阳刻有“天子千秋万岁富乐未央宫”的汉字。

不少汉人居住在匈奴地区。也有像骁勇善战而败北，违心归顺匈奴受到优厚待遇的李陵这样的例子。被发掘出来的这座建筑物遗址有院子和十六间房屋，有人认为可能是投降匈奴后的李陵的住宅，轰动一时。

这个遗址的大门上的青铜门环令我们深感兴趣。门环的形状由一张怪人（或怪兽）的脸作为装饰，显然是中国式的。但作为装饰的脸部则应该与本人相似。在西伯利亚南部发掘的汉代匈奴宫殿遗址上，其青铜门环的装饰性面部轮廓清晰、鼻高须多。

游牧民中混血儿很多，游牧生活的匈奴人大概脸型也是各种各样的。欧洲史学家所描绘的个子矮胖、眼小鼻低的脸型也是其中的一种。另外，门环上的脸型也是匈奴人。

4世纪至5世纪，各种各样脸型的人、各种各样的民族出现在中国的历史上。这可以说是中国即将成为浮现在地平线上的世界帝国的前奏曲。

永嘉之前

永嘉这个元号始于西晋怀帝即位的第二年——公元 307 年。

永嘉五年（311 年），洛阳陷落。前一年，匈奴的大首领、自称汉国皇帝的刘渊死去，攻陷洛阳的正是刘渊的儿子刘聪。

实质上推翻西晋王朝的战乱称为“永嘉之乱”。

永嘉之乱虽然是来自外部的进攻，其实在此之前，由于内部的动乱，西晋的政权基础就已经摇摇欲坠。这所谓内部的动乱就是“八王之乱”。八个皇族动用武力，打得不可开交，长达大约十六年。为了取得内战的胜利，各派都利用匈奴、鲜卑族等少数民族的武装力量。塞外民族就这样被请进来以武力介入中原的政治斗争，最后在中原建立起自己的政权。

八王之乱引发永嘉之乱，最后导致西晋灭亡，中国北方地区开始了“五胡十六国”时代。

从顺序说，必须先讲述八王之乱。魏朝的皇族大体上受到冷遇，甚至可以说遭受迫害。曹植的诗文里就流露出受到冷漠待遇的皇族的哀叹。魏朝的汉族甚至连互相争斗的力量都没有。如果他们听到西晋八王之乱的事情，一定会羡慕西晋八王具有可以进行武力斗争的实力。

西晋的短暂历史可以说是一部内战的历史。第一代皇帝司马炎死后（290 年），内部争斗一下子明朗化起来。

既然是“八王之乱”，从这个名称也可以知道是皇族之间的斗争，但外戚也参与其中，可以想象就是一场错综复杂的王朝家族内部的争斗。

读者通过下面这张示意图大概比较容易理解其间的关系。西晋王朝形式上始于武帝司马炎，其实从祖父司马懿的时代开始就已经是绝对的权势者。武帝一接受魏的禅让，就立即追赠他的祖父司马懿为宣帝。司马家的户主由司马师继承，司马师死后传给其弟司马昭。武帝追尊其父司马昭为文帝，其伯父司马师为景帝。

图中的四方形圈围的人物就是八王之乱的主角——八个皇族，其中武帝的儿子三个、侄子一个、叔父两个、同一个曾祖父的从兄弟两个。

西晋亡后，在南方的东晋王朝称帝的是武帝的叔父琅邪王司马伷的后裔。

八王之乱摆脱不了家族纷争的固定模式，也有女人的参与引发内讧。

据说武帝认为皇太子司马衷愚昧无知，曾考虑让位给自己的弟弟司马攸。但是，这个齐王司马攸三十六岁时比武帝还早死去。他的死留下一些不解之谜。其子司马冏断定是医生的谋杀，于是杀死医生。这可以说是家族争斗的序曲。

武帝虽然平定吴国，统一天下，但一想到将来，不由地忧心忡忡。因为皇太子的人品不好，如果当时当机立断废黜皇太子就好了，但武帝犹豫不决，难下决心，大概他觉得皇太子之子遹聪明伶俐，对这个孙子继位寄予希望。这个孙子小时候也许聪颖可爱，但长大以后不甚了了，没有出息。

太熙元年（290 年）四月，武帝五十五岁死去。他打算把后事委托给皇后杨氏的父亲杨骏和皇族的长老、叔父汝南王司马亮。汝南王司马亮在豫州，杨骏阻挠他回京上朝。理由很明确，他想作为外戚专权独霸。

惠帝即位，父亲死后立即即位并无不妥，但是他改元为永熙，这有违中国的礼制。父亲制定的元号要过年后改元才符合礼法。后代的史学家对此提出责难。这么急急忙忙地改元大概有其原因吧。惠帝的愚蠢荒唐天下皆知，《晋书·帝纪》记载，天下发生饥荒，百姓饿死，惠帝听说后，竟然惊讶地说道：老百姓没有大米吃，何不吃肉糜？

杨皇后成为皇太后，其父杨骏掌权。惠帝并非杨太后所生，他的生母也姓杨，名艳。武帝即位时，杨艳就是皇后，惠帝是正室之子，立为皇太子。皇后杨艳生病时，向武帝推荐“我叔父的女儿德容兼备”。她就是杨艳的堂妹杨芷，也就是杨骏的女儿。虽然杨太后不是惠帝的生母，但他们有血缘关系。

但是，有一个女人对杨氏掌权感觉很不痛快，她就是惠帝的皇后贾氏。贾皇后是贾充的女儿，名叫南风。这个贾南风是一个心狠手辣的女人。据

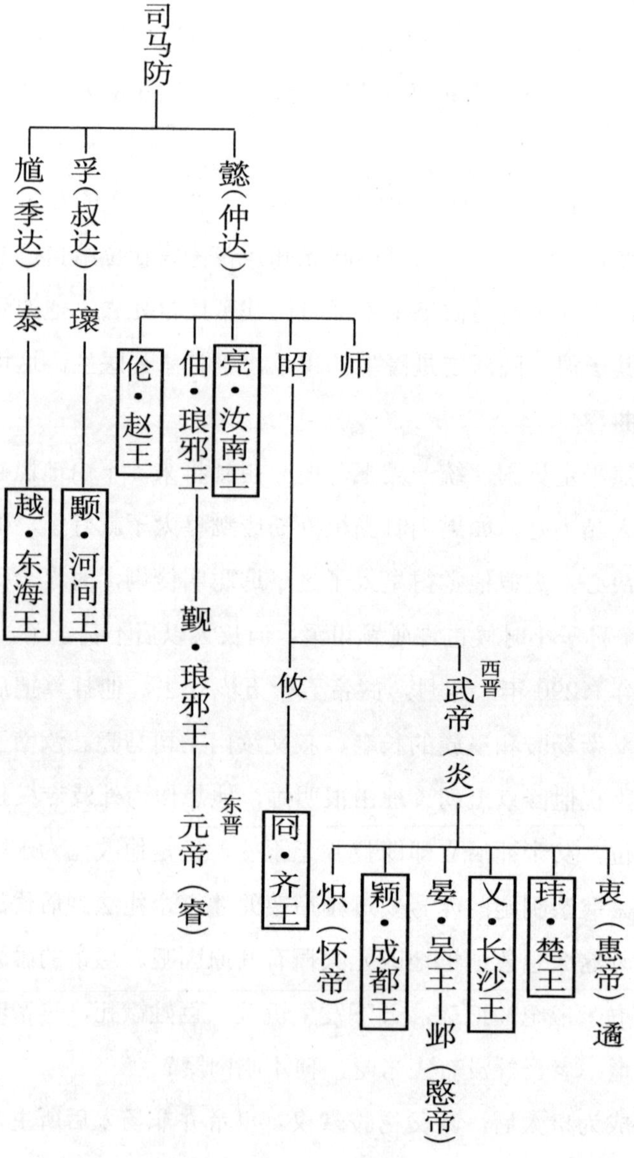

说她外貌丑陋，身矮色黑，嫉妒心极强，擅长阴谋诡计，喜欢兴风作浪，搬弄是非。她之所以能成为皇太子妃，是因为她的父亲贾充在司马昭反魏帝的政变中立下头功，而且在征讨吴国的战争中也立下显赫战功，还对相关人员进行了贿赂。

武帝死后、惠帝即位当年，晋任命南匈奴於扶罗之孙刘渊为匈奴五部大都督，授予建威将军的称号。

在刘渊专心致志地养精蓄锐、扩大势力的时候，西晋王室却忙于无谓的权力之争。

现在这个价值观多元化的社会，还说权力是一个妖魔，何况3世纪末期那样的时代，当时人们不惜性命竭力追求的无非就是政治权力。竹林七贤的清谈可以看到价值观开始得到些许的扩展。在当今的我们看来，很多地方显得滑稽，但对当时的人们而言，他们的所有行为都是为了追求这个人生的重心。

必须除掉杨氏，仅仅就贾皇后的这个主张而言，并无不妥。晋国原本是司马氏的，现在皇太后杨氏家族正在篡权，所以除掉杨氏的主张也能说服别人，但问题是除掉杨氏以后，贾氏想自己取而代之，独揽大权。

自称受命于先帝遗诏的杨骏虽然独揽政权，但名声很坏，主要是聚集在权力周围的都是权欲熏心的小人，人品素质极差。由这样一群人执政不会有好结果。

贾皇后指使反杨派的廷臣孟观、李肇、董猛等策划政变。首先派李肇去汝南王司马亮那里说服他举兵。前面说过，汝南王是皇族的长老，武帝曾把后事托付给这个叔父。尽管他也很憎恶大权独揽的杨骏，但因为年事已高，所以采取消极的态度。一听到李肇的劝说，他立刻前往许昌，远离政治斗争的漩涡。

于是，李肇便和楚王司马玮接触。与年迈的汝南王不同，惠帝的同父异母弟楚王是一个年方二十一岁的青年，血气方刚，勇猛果敢。永平元年（291年）二月，荆州都督楚王司马玮英姿飒爽地进京，高呼“杨骏谋反！”杀死杨骏，肃清同党。

杨太后被废为庶人，杨太后之母庞氏是反叛者之妻，被处死。这个时候，杨太后也只好哭哭啼啼地跑到贾皇后那里求情，自称“妾”，恳求留下一命。绝望的杨太后绝食而死，年仅三十四岁。

杨氏的天下变成贾氏的天下。新政权的重臣是皇族的长老汝南王和七十二岁的卫瓘，都是老人。汝南王任太宰，卫瓘任太保，没有人对他们的任命有异议。卫瓘讨蜀有功，更是著名的政治家、文人。他以草书名家著称，同时力主废除九品官人法。

重用这两个无可争议的长老，其实是贾后的阴险手段。贾后独揽大权的最大障碍正是这两个人，对他们深孚众望也耿耿于怀，尤其对卫瓘，更是恨之入骨。十三年前（278年），卫瓘装醉跪在武帝的御座下面，手抚摸着御座，说道：“此座可惜！”这显然是暗示将来坐在这个宝座上的皇太子（惠帝）是个愚不可及的人。其实他想说应该废黜皇太子，但作为臣子不能涉及此事。他是在示意如果昏君继位，帝座就有被他人篡夺之虞，必须采取必要的措施。武帝知察其意，决定考试皇太子。贾氏费了九牛二虎之力，准备答案，才勉强保住皇太子考试过关。事后，贾后的父亲贾充告诉她“你们几乎被卫瓘这老家伙扳倒了”。贾皇后考虑要为十三年前的事报仇。

在新政权内部，这两个长老与年轻的楚王激烈对立。楚王认为自己是诛杀杨氏的主角，十分自负，觉得汝南王在关键时刻逃到许昌，现在老态龙钟却还厚颜无耻地出来坐享其成。在这两个长老看来，年轻的楚王骄狂自大，性格残忍，杀人太多，实在看不顺眼。这个人恣性妄为，什么事都干得出来，手握军权，极其危险，于是考虑剥夺楚王的兵权，将他调往边缘的地方为王。

这个计谋泄露出去，楚王怒发冲冠。贾后利用他们的不和，让惠帝颁布“二公谋废立皇帝，免其官”的诏书，并且命楚王出兵。楚王发泄满腔怒火，攻打杀灭汝南王和卫瓘。

楚王的作用也已经结束，这个手握重兵、性格暴戾鲁莽的年轻皇族的存在，对于贾氏天下是绝对的危险。现在正是绝好的机会，楚王司马玮以“专杀之罪”交由刑吏处斩。汝南王和楚王这两个王灭亡后，天下便归贾氏所有。

贾氏的天下延续一段时间。《晋书·后妃传》说贾南风是一个淫乱的女人，形容她“荒淫放恣”，记载有关她与太医令程据私通以及将美男子藏于箱中抬入宫殿，共寝后大抵都杀死等故事。甚至还详细记述这样的故事：有一个青年，大概贾后对他很满意吧，送他礼物放他出宫。但是他手里的礼物被人怀疑是偷来的，审讯之后，知道与贾后有关，此事也就不了了之。

我在讲述有关匈奴头领的描写时曾有所涉及，《晋书》在历代正史中夸大其词，这已成定论。例如阮籍听到他母亲死去的消息时饮酒，《世说新语》说饮酒三升，而《晋书》说是两斗。清朝史学家赵翼在著述《廿二史札记》中这样评论道：

采异闻入史传惟晋书及南北史最多。

上面这句话应该打点折扣。说贾后荒淫，但恐怕也包含有她不生男孩的焦急心情。她生有四个孩子，但都是女孩，于是将妹妹所生的男孩作为养子抚养。据说她把稻草塞在衣服里面，装作怀孕的样子，制造自己亲生的假象。如果贾皇后生下皇子，那么同样没有后代的司马遹，其命运就是风前残烛了。

卫瓘手抚御座，暗示必须废立皇太子，但武帝没有废黜痴愚的司马衷，是因为寄希望于孙子。不过，惠帝之子司马遹逐渐变得呆笨起来。史书上没有这样评述，但我的推测，这也许是他装出来的假象。如果流露出自己的聪颖才智，会引起贾皇后的警戒，这就是所谓的真人不露相吧。

这让人想起竹林七贤的生活方式。皇太子遹在令人意想不到的地方显示出他的才能。

宫中的人们，尤其是宫女们都封闭在宫廷里生活，宫廷外面完全是另一个世界，甚至可以说是向往的世界。在她们心里，外面是一个五光十色的世界。于是，为了这些不能自由外出的宫女们，时常在宫殿内开设一些模仿外面世界的游乐场所，在皇宫里举行宴会，开设一排排的模拟商店。东汉末期，这样的活动尤其兴盛。

西晋的宫殿也举行这样的活动。这个时候，皇太子遹就扮演模拟商店的店主，把商品卖给前来购物的宫女们。例如宫女说要买一斤面条，遹就用手抓起一把面条，秤上一称，基本准确。这不能不说是了不起的本事。

皇太子遹的生母名叫谢玖，父亲卖羊肉为生。由于遹模拟店主惟妙惟肖，人们都说“果然是市井的血缘，谁也比不了”。他幼时聪明伶俐，祖父对他寄予很大的希望，可是当上皇太子以后，显露出的只是生意人的才能。这是何等的悲哀啊！这是生存之策，然而这并没有让他活下去。

杨氏掌权只有一年，而贾氏掌权持续大约十年。这固然表明贾南风手腕高强，其后台贾家具有杨家无法相比的强大势力也是重要原因。贾后的父亲贾充是晋朝夺取魏朝的谋臣。在平定吴国的时候，他反对主战派，但是他的实力有目共睹，无人不敢承认。贾南风当皇后，贾氏夺取天下，人们似乎并没有难以接受。她当皇后的时候，贾充已经死去，但是他的养孙贾谧、贾后的堂兄贾模，还有贾后的从舅郭彰这些人成为贾氏党的核心，专横权势。贾谧喜好文学，他的周围聚集有一些文学家，形成称为“二十四友”的文学集团。

二十四友中，陆机、潘岳、石崇、左思、刘琨等尤其著名，是那个时代的代表性文学家。左思创作有名篇《三都赋》，描述三国时代的三都——蜀的成都、吴的建业、魏的邺——的景象。东汉时代，班固创作有《两都赋》。张衡创作有《二京赋》，对长安和洛阳进行比较，最后认为洛阳略胜一筹。左思的《三都赋》模仿其体裁。

据说左思为写《三都赋》，构思历时十载。不仅在屋子里，甚至在院子、门前、墙角下都放有纸笔，一想到佳句，随时记录，可谓苦心孤诣。左思的《三都赋》极为轰动。人称在野大文豪、甚至拒绝武帝的邀请绝不仕官的皇甫谧为这篇作品作序，被贾后所杀的文人政治家卫瓘为该作品撰写略解，据说身居司空地位的大学者张华读后赞不绝口。人们争相传抄。

蔡伦发明造纸还不到两百年，自然也还没有发明印刷术。纸张不能大量生产，应该是相当贵的商品，但大家为抄写左思的这篇作品，纷纷买纸，一时导致洛阳纸价暴涨。《晋书·文苑传》记述道：

于是豪贵之家竞相传写，洛阳为之纸贵。

后世将作品的畅销称为“洛阳纸贵”源于此典。

另外，左思的妹妹左芬被选入武帝后宫，升为贵嫔，《晋书·后妃传》中也有其名。左思的妹妹也富有文采，《晋书》全文引录她的作品《离思赋》。她是当时最杰出的女作家。

二十四友文学家出入于贾谧的沙龙，谈诗论文，但是这样悠闲的时代已经结束。

皇甫谧是个例外，那个时代的文人都当官，左思也因为他的妹妹受到武帝的宠爱而获得相当高的地位。他的官职是秘书郎，为写作《三都赋》可以自由地查阅各种资料。对他来说，官位只是为自己从事文学活动的手段，大概不是一个勤勉尽职的官员吧。

也有像竹林七贤的山涛那样，既是国家政权的最高领导人之一，同时又耽于清谈，自称避俗的人。这样的人执政，国家政治就缺少活力，看不出来这个时代的官员们为国家政治一心一意、勉励勤奋地工作。

尤其是平定吴国以后，大概由于实现天下统一而松了一口气的缘故吧，政治整体上处于松弛涣散的状态。首先，武帝本人就懈弛怠惰。

王朝的缔造者具有令人畏惧的威严气势，但是晋武帝缺少这样的气势。这也难怪，因为晋王朝真正的缔造者是司马懿，然后是司马师、司马昭继位，到司马炎才称武帝，实际上是第三代。

吴国投降后，武帝断然裁军，将郡的常规军缩小到大郡一百人、小郡五十人。平定吴国的时候，郡国的数量有一百七十三个，辽阔的国土上常规军只有一万多人。怪不得连竹林七贤之一的山涛也反对大幅度削减州郡的武装力量，但武帝还是一意孤行。

平定吴国以后，武帝最大的愿望就是尽快获得江南美女。太康二年(281年)，吴国孙皓将五千美女送往洛阳的宫廷。

《资治通鉴》有这样的记述：

帝既平吴，颇事游宴，怠于政事，掖庭殆将万人。常乘羊车，恣其所之，至便宴寝；宫人竞以竹叶插户，盐汁洒地，以引帝车。

后宫嫔妃万人，武帝忙不过来，就乘坐羊车出去，随意而行，就在羊停下来的地方，和那里的嫔妃设宴饮酒，休息住宿。这种做法极其随心所欲。嫔妃们为了让羊车在自己的住所前停下来，就在门上插羊喜欢吃的竹叶，在门前洒盐水让羊舔。这个“插竹撒盐”的风俗也传到日本，至今经营风俗业的门前还摆着一堆盐。

上面有这样的皇帝，政治的懈怠就会有目不忍睹之处。九品官人法也与制定时的初衷背道而驰。

魏继承曹操近于异乎寻常的人才热，努力发现、挖掘人才。实施九品官人法也是其中的一项措施。这项新法的精神就是：一个不漏地搜罗战乱离散的人才，给予合适的官职，做到人尽其才。中正这个官职直属于朝廷，其职位要求是严格公正地评价人物。曹操用人的标准是才优先，德其次。九品官人法虽然是在曹操死后制定的，但无疑贯彻曹操用人的精神原则。进入晋代以后，法的精神逐渐瓦解，评判人物的标准将重点放在出身的“名门度”上。出身名门就可以被举荐为上品，如果不是名门出身，即使才高八斗，也只能评定为下品。名门的高低又往往取决于资产的多寡。中正这种官员果然中正吗？西晋名臣刘毅在上疏中这样说道：

职名中正，实为奸府；事名九品，而有八损。

他提议废除九品官人法。在这个上疏中，还有这样一句名言：

上品无寒门，下品无势族。

中正所举荐的上品人中没有一个出身寒门，所判定的下品人中没有一个势族。

二十四友之一的左思，因为妹妹在后宫受宠，也被封为秘书郎。他是贫家出身，就是寒门。秘书郎是六品官。在乡品中被评定为二品的人在任职时要降下四品，从六品官开始。一品几乎都是皇族，所以人臣最高的是二品。被中正评为二品的都是最高的名门出身，人称门第二品。这个阶层的人形成贵族阶级。

门第二品的仕途从六品官开始，同样是六品，从秘书郎开始最为理想。这是一条精英路线。左思由于妹妹的受宠才进入这条步步高升的精英之路。他写有这样一首诗：

郁郁涧底松，离离山上苗。
以彼径寸茎，荫此百尺条。
世胄蹑高位，英俊沉下僚。
地势使之然，由来非一朝。

以郁郁形容枝繁叶茂的状态，以离离形容草木稀疏的状态。郁郁葱葱枝叶茂盛的松树生长在谷底，稀稀落落的细枝小树生长在山上。直径一寸的小树荫蔽着百尺虬枝的松树。官宦贵胄子弟飞黄腾达，出身贫户寒门的英才俊杰只能成为下层僚属。左思为此感到伤悲。这是谷底和山上的不同地势造成的，并非现今才有的状况，流露出他的无奈。

无德无才者凭借家庭背景掌权执政，遭殃的自然是被统治的人民。

中国人认为天地变异是上天对恶政的警告。地震、暴雨、台风、干旱、瘟疫、日食、扫帚星，每年都有怪异的天象出现。干旱必然造成饥荒，人们忍饥挨饿，背井离乡，为活命四处流浪。三国时代，中原地区的人们就听说江南地区已被开发，那个地方土地肥沃，水草丰茂。对于在干旱肆虐下仰天长叹渴求雨水的中原农民来说，南方就是他们梦想中的乐土。于是，他们向江南地区流浪。

八王之乱正是在这个时候发生的。对于人民来说，这次动乱与天地变异的自然灾害没有区别。

本书不能一一详述司马氏的家族纷争，只好简略介绍其前因后果。

尽管贾后拥有势力强大的后台，但司马家族不可能允许她这一派长此以往地专横下去。他们在等待时机。

元康九年（299年）十二月，贾后废黜皇太子遹。反贾派认为时机已到。贾后的下一步应该是将假装亲生的养子立为太子，这是必然的程序。赵王司马伦和齐王司马冏等待这个时刻的到来。

第二年三月，被废黜的皇太子遇害。太医令程据调制好毒药，逼皇太子喝下，但遭拒，便用药杵击毙他。

赵王与齐王举兵发动政变，抓捕贾氏政权的核心人物贾谧等同党，尽行诛杀。皇后贾南风被贬为庶人，赐金宵酒毒死。

然而，赵王司马伦于永宁元年（301年）自己称帝，将惠帝作为太上皇架空起来。

齐王司马冏与长沙王司马乂、成都王司马颖、河间王司马颙联合攻打称帝的赵王，杀之，让惠帝重返帝位，齐王辅佐。其他王回到各自的领地，齐王隆重送行，落泪惜别。在讨伐赵王的作战中，齐王的军队艰苦卓绝，得到成都王军队的援救。这个时候，家族之间的亲情以及情谊还相当深厚，不过他们已经不再是司马家族中的个人，而是拥有家臣，必须代表家臣、亲信利益和意见的王。

齐王任大司马辅佐惠帝，但耽于酒色，大兴土木，怠惰政事，任人唯亲。看来权力真是一个妖魔。掌权之前，齐王是一个优秀的人物，掌权之后，立即腐败堕落。

齐王过去的联军——三王举兵进入洛阳声讨齐王之罪，杀之。之后，这三王之间又发生纷争。河间王和成都王联合攻杀长沙王。

长沙王被炙杀。河间王有一个名叫张方的家臣，极其残忍，把司马家族搅得混乱不堪。他杀害长沙王手段之残酷，连他的部下都流泪，目不忍睹。

贾后被废，惠帝立羊氏为皇后，也册立了皇太子。但是，代替齐王出任丞相辅佐惠帝的成都王司马颖废黜皇后和皇太子，册立自己为皇太弟。显然，他是打算继惠帝之后自己即位。

成都王掌权以后，也立即堕落。东海王司马越和豫章王司马炽举兵攻之，陷入长久混战。这期间，皇后羊氏被废，又复位；惠帝被带往长安，又返回洛阳，弄得莫名其妙，搞不清怎么回事。除了司马家族之外，还有那个怪物张方也独立门户，参加到这场混战中来。

八王之中，剩下的只有东海王、河间王、成都王这三人，然而在光熙元年（306 年）十月，成都王与其两个儿子一起被杀；十二月，河间王也与其三个儿子一起被杀。此前，张方已被河间王所杀。

在成都王与河间王被杀的间隔时间里，即十一月，惠帝也走完他不幸的一生，享年四十八岁。皇太弟豫章王司马炽即位，称为怀帝，由在八王之乱中唯一的幸存者东海王司马越辅佐。

这场动乱终于闭幕了。

这场内战是在粮食歉收与百姓饥荒中进行的。歉收与其说是因为天灾，不如说因为人祸的可能性更大。这是一场丝毫互不相让的战争，各方为了确保足够的兵力，就大量征兵。农村的青壮年被迫上战场，农田里干活的只剩下老幼妇女。中原的农业大多依靠水利灌溉，而水渠必须经常修整。人手不足，水渠无法修整，耕地就随之减少。

为了最大限度地增加兵员，八王之乱中，连匈奴、鲜卑族的部队也被拉进来。

南匈奴的刘渊被晋升为五部大都督，授予建威将军的称号，但由于一部分匈奴军队反叛，刘渊受到株连，曾被撤职。成都王司马颖盘踞邺的时候，任命刘渊为宁朔将军，拉入自己的阵营。对于成都王来说，匈奴军队是一支重要的有生力量。

但是，匈奴的各部族认为，现在司马氏内战、四海鼎沸，正是“兴邦复业”的大好时机。

实现如此伟大的事业，必须有坚强的领导人。幸好有刘渊这样一个优秀杰出的人才。匈奴的长老、右贤王刘宣派密使到邺，动员刘渊回来。刘渊以参加葬礼为借口，向成都王申请回家，但未被应允。成都王任命他为屯骑校尉、辅国将军。

后来，战局朝对成都王不利的方向发展，刘渊提出回去聚集匈奴的军队，好不容易才得到批准。等他一回到左国城，就被刘宣等推戴为“大单于”，聚兵五万，定都离石，从而开始了匈奴建国的大业。这一年是永兴元年（304 年），十月，刘渊称汉王，改元号为元熙，国都从离石迁往平阳，任命右贤王为丞相，按照汉的制度建立匈奴政权。

四年后的永嘉二年（308 年），刘渊称帝。

北来之风

此时此人恨生在中华，渊方有汉高、魏武之志，羞杀司马之儿。

这是明朝李卓吾对刘渊的评价。这个评价比较尖刻，将刘渊与刘邦、曹操进行比较，可惜刘渊这样的杰出人才不是生在中华之地，而是生在匈奴，晋朝司马氏的那些人与他相比，简直不值一提，羞愧难当。

匈奴的大首领刘渊称帝，定国号为汉，制定元号，定都平阳，使用汉的政体官制，虽然在中原兴建匈奴之邦，这明确显示匈奴已经不是游牧国家。

刘渊称汉王时的元号是元熙，称帝时改元永凤。永凤元年即西晋永嘉二年（308 年）。

不久，西晋亡，华北地区接连不断地诞生塞外民族的政权，但一直没有出现一个能够统一整个华北地区的政权。前秦曾一时基本上完成统一华北的大业，可惜时间不长，短命而终。实现华北的统一和稳定的是北魏。公元 439 年，北魏灭北凉，实现统一华北的夙愿。

在刘渊称帝之后的大约一百三十年间，许多政权匆匆上台，草草收场。中国的史书把这个时代称为“五胡十六国”，就是五个民族建立的十六个国家的兴盛衰亡。

“胡”是汉族眼中的异族，但因为是蔑称，现在禁止使用。最近中国将这个时代多称为“东晋十六国”。南方是东晋，北方是诸侯十六国，所以“东晋十六国”是全国性的名称，作为时代名称，比仅仅表现华北状况的“五胡十六国”更合适。这个时代的末期，南方已不再是东晋，而是宋朝。这个称呼仅仅这一点有问题，大概还是尽量避免使用歧视性较强的“胡”这个字吧。

中国史书对“五胡”的解释是匈奴、羯、鲜卑、氐、羌这五个民族。前面说过，羯是匈奴的一个分支，氐和羌是藏系的民族。

对于鲜卑族，自古以来众说纷纭。《后汉书》等史书认为，鲜卑是东胡的分支，因为生活在鲜卑山下，所以这样称呼。说到东胡，《史记》曾记载说是一个强大的民族，让匈奴十分棘手。匈奴在冒顿单于时代终于击败东胡。鲜卑族大概也是长期受到匈奴的统治。匈奴人梳辫子，鲜卑人剃光头，可以想象他们不是一个系统的民族。

东汉曾利用鲜卑的力量讨伐北匈奴，将北匈奴游牧的土地赐予鲜卑。据《后汉书》记载，当时那个地方还残留十几万的匈奴人，全部归顺鲜卑，以鲜卑为号。

鲜卑由此渐盛。

鲜卑吸收北匈奴的大量民众，势力强大起来。

以鲜卑为号的匈奴人如此之多，问题就变得复杂起来。

白鸟库吉认为，鲜卑族是以蒙古族为主，加上少量通古斯族血统的混血民族。

曾经被东汉利用的鲜卑族也出现一个杰出的英才——檀石槐，在他的领导下，鲜卑族迅速强大起来，反过来侵犯东汉。但是，檀石槐死后，鲜卑再次衰弱下去。

鲜卑族的首领不是世袭制，勇敢健壮、富有领导能力的人被推为“大人”统领民族。檀石槐就是这样一个被选拔出来的优秀人才。

据说檀石槐死于光和年间（178—184年），享年四十五岁。东起辽东，西至敦煌，中国的边境地区全部都置于他的统治之下。

《后汉书》记述这样一则关于檀石槐的有趣的故事：

有一条名叫乌侯秦水的河里有很多鱼，可是鲜卑人以及跟随他们的游牧民都不会捕鱼。于是檀石槐就攻打东面的倭人国，抓来一千多户的人民，让他们居住在秦水河边，从事渔业生产，以作为粮食的补充。

一说到“倭”，日本人一下子就会兴奋起来，不过这里的“倭”似乎不是日本人。因为《三国志》的注释不是“倭”，而是“汙”。虽然东汉在三国之前，但史书《三国志》在《后汉书》之前，这个注释的根据是比《三国志》更古老的文献，所以感觉“汙人”应该是正确的。

《三国志》的《魏志·倭人传》说，倭人潜入水中所取鲍鱼味道鲜美。《后汉书》的作者肯定读过《三国志》，知道倭人是捕鱼的能手，便把“汙”改写为“倭”。

游牧民族鲜卑族为抓捕渔民，特地渡海远征，这是不可想象的。朝鲜半岛也有可能居住着倭人，也许他们并没有渡海。

无论如何，这则故事使我们知道檀石槐是一个富有才智和果敢行动力的卓越人才。既然他如此优秀，而以前鲜卑族的势力弱小，首领不是世袭制也是一个原因吧。

鲜卑族首领的世袭制始于檀石槐。他死后，其子和连成为“大人”，但据说能力逊于父亲，做事不公平，结果半数部众离他而去。与其说儿子无能，不如说父亲的功绩过大。大概父亲也已经有所预感，便将鲜卑族分为三个部。

魏晋时期，鲜卑族分为慕容、宇文、乞伏、拓跋、段五个部。结束“五胡十六国”时代的北魏就是鲜卑族的拓跋部。

北魏统一华北以后，华南还是六朝时代，这所谓的南北朝时代一直持续到隋的统一。统一南北朝的隋是北周的外戚，但北周是鲜卑族系统的王朝。隋的杨氏家族大概具有浓郁的鲜卑血统。据说隋之后的唐王朝的李氏也是北周的八柱国（八人重臣）之一，所以大概也是汉化的鲜卑族。

各个民族纷纷登上中原的政治舞台，从东汉末期就已经开始。刘渊的祖父於扶罗帮助献帝东归，其居住地就在中原附近。经过四百年的分裂时期以后，迎来了隋唐的世界帝国时代，但这也许是各个民族充分混合的结果。

仔细观察由塞外民族建立起来的所谓五胡系统的政权，发现与西晋政权十分相似，这令人感到十分意外。

人们可以从历史中学习、吸取很多东西。因为历史的结局众人皆知，其中成功的经验、失败的教训，都可以一一分析。由于时代相距很近，条件比较相似，很多东西可供参考。西晋应该从曹氏的魏王朝自我灭亡的历史中吸取到很多教训。

魏行将灭亡的时候，没有一个实力强大的皇族予以支持。皇帝为了能够安稳太平地保住帝位，采取各种措施尽可能削弱皇族的实力，频繁的调任、严厉的监视、禁止皇族之间的交往等等，大概能想到的办法都用上了。然而，到国家生死存亡之秋，就没有任何一个皇族可以为国家出力。

由于魏的错误政策，使得司马氏轻而易举地得到天下。前车之覆，后车之鉴，西晋采取中央不过分干涉在各地为王的皇族的政策，使得各地的皇族保持相应的武力。

诸王的武力自然是保卫王朝的力量，但这些独立的武装力量分散在各地，与中央之间缺少必要的思想交流。如果不是一个精明强悍的皇帝，就无法统领指挥，各地就一盘散沙，各自为政。

一盘散沙倒也罢了，一旦出现情绪上的对立、利害关系的对立表面化的时候，中央政府就难以控制局面。西晋吸取历史教训所制定的政策也出现很多弊病。

昏君惠帝的即位本来就是一个错误，惠帝之前的武帝也不能说是一个明君，发生八王之乱可以说是一种必然。

塞外政权体制的相似点就是都需要强大的领导能力。游牧生活的分散性是不可避免的，一旦出现刘渊这样的英明首领，匈奴就迅速强盛起来。这种强盛绝非突然的变异，而是团结产生的力量。刘渊具有让匈奴各部族牢固团结起来的领导能力。

不仅匈奴，鲜卑也是如此。鲜卑族曾经是东汉的雇佣兵，一旦出现檀石槐这样的优秀领导人，立即强大起来，其势力甚至对东汉造成威胁。然而，檀石槐一死，强有力的鲜卑体制随之立即土崩瓦解。虽然还留下首领世袭制的遗产，但鲜卑集团已经不再是可怕的力量。

西晋的政治体制是拥有武力的同一民族的众多集团分散各地，处于独立状态，这一点酷似塞外民族。八王之乱仿佛是警告我们学习历史是何等的困难。这个性质的政治体制，只有具有出类拔萃的统率能力的首领才能统治，维持下去。

汉皇帝刘渊于河瑞二年（310 年）七月己卯日死去。《十六国春秋》记载为八月，但这一年的八月没有己卯日。这是一个强有力的首领之死。太子刘和继位，但立即发生家族纷争，太子之弟刘聪杀兄，自己即位。

史书说太子刘和嫉妒心强，对部下缺少感情，企图清洗手握十万重兵的大司马、大单于刘聪，结果反败于刘聪手下。刘和被杀以后，刘聪打算立父亲的正室单氏所生的弟弟刘乂，但刘乂痛哭流涕，坚辞不受，刘聪无奈只好自己即位。这样的故事都是胜利者的记录，不可轻信。

不过，刘聪肯定富有才华，其父刘渊任命他为大司马、大单于，让他身居掌握兵权的要职，必定认为他绝非凡庸之辈。匈奴处在每天都要打仗的生存环境中，不会像西晋那样依靠门阀关系当官。

刘渊还有其他儿子，刘裕、刘隆因为与刘和同伙，也被杀。而且，刘渊生前还特地赞扬自己的族侄刘曜“吾家千里驹”，任命他为建武将军，率兵攻打太原。刘渊死时，刘曜身居征讨大都督的要职。

刘聪即位，改元光兴。其实在前一年从汾水中发现一枚玉玺，根据河水中得瑞兆的意思，曾改元河瑞。这枚玉玺刻有“有新保之”几个字。“新”是王莽创建的王朝。王莽阴谋篡权，臭名昭著，其王朝短命而终，发现他的玉玺其实并不是什么瑞兆，应该说是家族纷争的凶兆吧。

刘聪即帝位以后，称先帝的正室单氏为皇太后，称自己的生母张氏为帝太后。单于的家族汉化后称刘氏，张氏是否汉族，不得而知。即使不是汉族，至少也是出身于汉化程度很深的匈奴家庭。

不过，刘聪依然极具匈奴民族的性质。他的父亲死后，他竟然与父亲的正室单氏发生肉体关系，这大概是父死后可占有生母之外的父亲的妻妾这个匈奴习俗的延续吧。可是单氏惭恚而死。这也许可以说明汉族的伦理观念已经在匈奴深深扎根，民族之间的混合必然涉及伦理领域。

刘渊之所以能够从西晋独立称帝，是因为他把原本四分五裂的匈奴各部族团结在一起，强盛起来。不仅仅匈奴一个民族，甚至也把匈奴其他部的羯族团结在自己的周围。

羯族的领导人名叫石勒，据说他原先是羯族的小部落首领。虽说是首领，其实家庭很贫困，他十四岁的时候曾去洛阳做小买卖。并州饥荒时，同一族的伙伴们都四处逃散，石勒却被北部都尉抓获，打算把他卖到很远的地方，他好不容易逃脱出来。西晋驻守边境的军官似乎都干贩卖塞外民族人口的行当。

这样一来，塞外民族对汉族就心怀仇恨，而且由于汉文化的渗透，塞外民族的民族意识也变得格外强烈起来。

石勒称为羯族的优秀领导人。匈奴各部族不约而同地相继出现杰出的领导人与民族意识的高涨不无关系。

西晋的衰亡不仅仅因为皇帝惠帝的愚昧无能，身居要津的高官大臣的不负责任也是重要的原因。

永嘉五年（311 年），洛阳即将沦陷，然而西晋的核心集团还在明争暗斗。怀帝（豫章王司马炽）与辅佐的东海王司马越之间关系紧张。东海王总认为是自己扶植怀帝即位的，因此摆出骄横狂妄的态度。怀帝虽是惠帝的弟弟，但武帝生有二十六男九女，在那么多的儿子里，是东海王主动挑选自己。朝廷里分为怀帝派和东海王派激烈对立。

匈奴的统帅刘渊在即将攻打洛阳的时候死去。匈奴的“汉”也发生内讧，但被刘聪迅速平息下去，准备再次攻打洛阳。匈奴的作战方针是占领河南各个地区，孤立洛阳。

太傅东海王向全国紧急求救，要求各地派兵援救洛阳，但未见援兵。地方本来就几乎没有正规军，这是吴降后武帝大规模削减军事力量所造成的恶果。

东海王率领四万兵马驻扎在洛阳东面的许昌。怀帝憎恶东海王的专横跋扈，派使臣给苟晞送密诏，命他讨伐东海王。使臣被抓，东海王得知此事后，忧愤而病，于这一年的三月在项城死去，将后事托付给太尉王衍。

国家将亡之际，国内还在进行你死我活的斗争。虽然八王之乱已经结束，其他的内斗又拉开了序幕。东海王与苟晞原先关系密切，曾是结拜兄弟，据说东海王任命苟晞为青州刺史，将他支配到山东是造成两人不和的原因。

被东海王托付后事的王衍当然属于东海王派，但是他对支持朝廷毫不热心，而是千方百计地伺机逃离已经陷于孤立无援的洛阳。对他来说，东海王之死正是逃脱出战争惨剧中心的绝好机会。他利用护送东海王灵柩回东海（今山东省）领地的借口，带领皇族、贵族、名门人士等十万之众，抛弃皇帝，离开洛阳。史书记载他其实并没有打算带这么多人离去，而是“城中士民争相随之”，说明对饥荒和内乱已经彻底绝望的人们主动地抛弃洛阳。

十万之众，非常显眼。羯族将军石勒在苦县的宁平城将其截获。皇帝刘聪任命他为并州刺史，还授予征东大将军的称号，但不知何故，石勒坚辞不受。石勒打算建立羯族自己的政权。

将士十余万人相践如山，无一人得免者。

如此惨状，石勒大获全胜。

王衍被俘，在回答石勒的询问时，坦陈祸败之由，却说道：

计不在己。

他历数国家败亡的原因，但认为这与国家领导人之一的自己无关。王衍官居太尉，三公之一，应该是掌管国防的负责人。王衍推脱道：

少无宦情，不豫世事。

石勒严厉批驳道：

君少壮登朝，名盖四海，身居重任，何得言无宦情邪！破坏天下，非君而谁！

石勒的驳斥可谓一语中的。石勒与刘渊不同，他没有接受过正规的教育，从小就干过行商小贩这样的行当，生活贫穷。他不识字，但喜欢让别人给他念史书。

王衍出身于琅邪（山东）王氏家族，这在当时是最高的名门。稍后登上历史舞台的书圣王羲之也是出身于琅邪王氏家族。王衍本人精通老庄思想，是清谈界的泰斗。

西晋盛行崇尚虚无的老庄思想也是导致国家灭亡的一个原因，这种观点古已有之。但是，不是因为思想而亡国，导致亡国的是人。像王衍这样的人，尽可以在家乡琅邪与琴棋书画为友，悠然自适，潜心于老庄思想，但只是因为他出身名门，就当上政府高官。归根到底，还是人事制度的问题。

石勒推倒土墙，将王衍等人尽行压死。

任城王司马济（司马懿之弟的孙子）等劈开从项城运来的东海王的灵柩，焚尸扬灰。据说石勒说道：

乱天下者，此人也！吾为天下报之，故烧其骨，以告天地！

“报”，就是报仇的意思。但为时已晚。

石勒围歼王衍一行是在四月。五月，匈奴的军队就逼近洛阳城下。六月，洛阳陷落，怀帝被俘，太子司马诠等士民三万余人死于非命。

怀帝的哥哥吴王司马晏之子邺在长安被拥立为帝，称愍帝。这不过是西晋最后的挣扎。以洛阳失陷作为西晋王朝灭亡的标志比较明确。

刘曜、石勒、呼延晏、王弥率领四支军队联合攻打洛阳。这四个人中，只有王弥是汉人。他出身于山东半岛的东莱，似乎也是相当大的名门，大概因为血性刚烈的缘故，竟然成为绿林匪盗，当上大头目，不论是武力、智力、统率力都卓然超群，赢得“飞豹”的异名。他从山东进入中原，袭击许昌的府库，掠走大量兵器。这个胆大妄为的行动令朝廷深为震撼。后来，王弥的部队攻打洛阳，王衍坚守城池，然后突然出兵奇袭，把王弥的部队打得落花流水。战败以后，王弥带着一万多部下投靠刘渊。

王弥先前率领自己的贼匪军队攻打洛阳而失败，这一次作为匈奴的一员将军再次参加攻打洛阳，他此时被授予汉的征东大将军的称号。

攻陷洛阳以后，开始肆无忌惮地抢掠。匈奴的四支军队中，汉族将军王弥的部队抢掠最疯狂。因为太过分，连刘曜都看不过去，制止王弥这样做，但是王弥不听。刘曜为了维持安定的秩序，便斩杀王弥手下的武将王延。王弥自然赫然大怒。刘曜对王弥的独断专行也十分不满。洛阳城下合兵攻打的时候，王弥不等刘曜的部队到达，自己就抢先进入洛阳城。

不管怎么说，刘曜是先帝刘渊的养子，相当于攻打洛阳的联军总司令，王弥觉得争也无益，只好向刘曜赔礼道歉，表面上这件事算是了结，但两人之间的隔阂并未愈合。

王弥认为洛阳是天然要地，而且宫殿齐全，主张从山西平阳迁都洛阳。刘曜却认为洛阳的地势容易四面受敌，难以固守，表示反对。刘曜不只是口头上的反对，他一把火把洛阳烧成灰烬。

洛阳被董卓焚烧后，好不容易重建复兴，现在又被刘曜付之一炬。这中间相隔大约一百二十年。

屠各子，岂有帝王之意乎？汝奈天下何？

王弥骂毕，率领部下向东而去。屠各是匈奴中诞生过单于的部落名，当然指的是皇帝刘聪、刘曜。王弥自己也想夺取天下，于是打算攻打盘踞在洛阳东面的石勒，夺其地盘，收服其部队，实行地方割据。然而，石勒看穿他的意图，采取伏击战的方法大破王弥，杀之，反而收编了他的部队。

匈奴阵营内具有实力的汉族部队就这样消失了。一代枭雄烟消云散。史书虽然如此记述，但也有可能石勒早就有收服王弥部队的图谋。因为兵员的多少毕竟是评价将军的标准。

刘曜攻陷洛阳以后，把羊氏占为己有。贾后被废黜后，羊献容就成为惠帝的皇后。贾后貌丑，据说羊氏是绝代佳人。

那个时代，似乎有一个模式：文才武略的杰出人物一旦掌权后都立即堕落下去。皇帝刘聪也有这种倾向。攻占洛阳后，大概由于精神松弛下来，堕落的行为更加严重。他大骂劝谏不可兴修宫殿的陈元达为“鼠子”，并要杀之，甚至连同他的妻子家人都要枭首，幸亏群臣极力劝阻，刘聪才打消主意。刘聪还让被俘的晋怀帝身着青衣，在光极殿的宴席上充当斟酒服侍的仆人。晋朝旧臣见之不忍，痛哭，后被毒杀。可见刘聪不是一个明君。被俘的晋愍帝从长安带到洛阳以后，也受到同样的侮辱。怀帝和愍帝被押解到平阳，在受尽屈辱以后被杀。

刘聪于318年死去，太子粲即位，同样沉迷于酒色。刘聪的靳皇后才二十岁，刘粲封她为皇太后，并且占为己有。

靳皇太后的父亲靳准杀死皇帝刘粲，掘开刘渊、刘聪两代皇帝的陵墓，斩遗骸，烧宗庙。靳氏也是匈奴屠各部的一员，究竟他对刘氏怀着什么样的深仇大恨，把平阳的所有刘氏家族悉数杀绝，向南方的王朝，即所谓的东晋派去使者。这个靳准，也很快被家臣们所杀。

这个时候刘曜在长安，得知消息后，立即赶往平阳，途中被推戴即帝位，于是返回长安，定都于此，改元为光初，册立羊氏为皇后。羊氏先是西晋司马氏的皇后，后来又成为匈奴刘氏的皇后，一生中两次被册立为皇后。有一次，刘曜问她：我与司马家之儿（惠帝）相比，如何？

羊氏回答道：

陛下开基之圣主，彼亡国之暗夫，何可并言！

石勒也从他的根据地襄国（今河北省南部）赶往平阳，他一直在等待羯族独立的机会，不甘心屈居于刘曜的麾下，于是返回东面，独立即位。

刘曜称帝的第二年，将国号汉改为赵。改国号为赵表明他得到人民的信任和拥护。中国历朝历代的国号都是取最早封王的那个地方的地名。刘邦取得天下之前是汉中王，国号为汉；魏在接受东汉的禅让之前，曹操是魏王，所以国号为魏。晋也一样。刘曜起初被刘渊封为中山王。中山是从赵分裂出去的国家，所以国号为赵。

匈奴屠各部的刘氏虽然认同在文化教养、生活风俗上的汉化，但骨子里很讨厌将自己与汉族混同在一起。他们具有强烈的民族意识，自己无论如何不是汉族，而是匈奴。他们早就对汉这个国号产生相当大的抵触情绪。

石勒在襄国即位，襄国无疑是赵的土地，所以他自称赵王。

刘渊创建的匈奴帝国汉，分裂为东西两部分，两边的国号都是赵。为区别起见，一般将刘曜的赵称为前赵，将石勒的赵称为后赵。两赵在同一时期并存，但因为刘曜的政权早亡，所以在前面冠一“前”字。

被刘渊盛赞为千里驹的刘曜坐上帝位以后也变得很糟糕。这个人的外表特征是身高九尺三寸，魁梧高大，眼带红光，两道白眉。他读书不求甚解，但博览群书，尤其喜欢兵书，据说能基本背诵。年轻时曾受一起大案的株连，差点被杀，逃到朝鲜躲藏起来，直到大赦时才回来。如此经历，使他对社会世间的认识更加深刻。

千里驹也堕落下去，不喜欢家臣，却终日与嬖臣饮酒赌博，寻欢作乐。谏言者被斩杀，于是无人敢于进言。刘曜似乎是一个酒精中毒者。

相比之下，尽管石勒是一个文盲，却执行比较开明的政治。他按照九品官人法录用官员，其中最有名的大概就是“君子营”，其实就是将汉族的有识之士集中起来的所谓“秘书团队”。石勒经常听取君子营的学者们的意见，采纳他们对执政的建议。

后赵的领土包括河北、山西、山东以及河南的一部分，当时是汉胡杂居，石勒十分重视各个民族遵守各自的风俗习惯。

对于民众的诉讼以及各种各样的纠纷，设置门臣祭酒和门生主书分担不同的职责。前者由匈奴族、后者由汉族官员分别担任。禁止汉人称呼匈奴人为“胡人”。“胡”属于歧视性用语，使用“国人”这个称呼。另一方面，禁止国人，即匈奴人侮辱汉人。可见石勒政权在民族问题上颇费苦心。

这个后赵也有它的问题。太子石弘是一个诚实温和的人，被形容为仁孝温恭，石勒的侄子石虎却性格相反，是一个凶暴多诈的武人。他不仅仅勇猛，更是极其残忍暴虐，攻城略地，不分青红皂白，男女老少，一律斩尽杀绝。这样的性格似乎有施虐狂的倾向。石勒健在的时候，后赵国大概就已经存在太子派与石虎派的对立。由于石虎过于暴戾恣睢，石勒的亲信徐光等曾劝说石勒逐渐剥夺石虎的权力，让太子早日参与执政。但是石虎武勇威猛，后赵与西面的前赵、南面的东晋、北面的鲜卑族都有战事，石虎是不可缺少的武将。

后赵的石勒灭亡前赵，大概从而大大增强民族意识的缘故，不使用元号，而是像春秋列国时代那样，以某王某年的方式计算年代。石勒降服刘曜是在后赵王石勒十年（328 年）。刘曜每次打仗，都是作战之前先喝酒，边喝边打，最后喝得酩酊大醉，被石堪俘虏，不久被杀。

第二年，石虎追击刘曜的太子刘熙，抓而杀之，前赵于此灭亡。石虎将前赵的主要家臣三千人尽行杀死，又将前赵的王公以及五郡屠各部族五千多人全部坑埋。

前赵政权的基干是匈奴屠各部族，后赵政权的基干是匈奴的羯族，这只能说是野蛮的部族战争。不可想象这是对民族问题费尽心血的石勒所为，大概是石虎的独断专行。

石勒于后赵王石勒十五年（333 年）死去。徐光等所担忧的事情立即发生，石虎篡夺太子石弘的帝位，不久杀掉太子。

史书所描写的石虎简直就是一个恶魔。石勒晚年时在邺建造宫殿，石虎即位后，迁都邺。他是一个狩猎狂，想尽各种方法玩乐形形色色的狩猎，曾出动十八万军队一起参加狩猎，完全是疯子的行为。

史书还详细记述石虎将美丽的宫女的头颅砍下来，放在盘子上，供他观赏，然后和牛羊肉一起烹煮吃掉。不过这是否属实，令人怀疑。石虎喜欢大兴土木，征用十六万男女劳役，出动十万乘车子运土，兴建华林苑，并在邺的北面修建长墙。他还喜欢挖掘古代陵墓，从中盗取财宝，挖掘过赵简子、秦始皇等的陵墓。

在几个儿子中，石虎最疼爱石韬，但是在争夺继承人问题上，儿子之间内讧激烈，发生石宣杀死石韬的事件。而石虎对当事人的处置令人惨不忍睹。他用铁环套在自己儿子的脖子上，锁在库房里，将残羹剩饭倒在木桶里，让他像猪狗那样舔着吃。处死时，更是使用最残酷的手段折磨而死，拔掉头发，拔掉舌头，用辘轳压榨身子，砍断手脚，挖眼剖肚，最后柴垛四周点火烧死。石宣的妻儿子女九人被杀，就连石宣的儿子，即石虎的孙子也未能幸免。

石虎带领女官数千现场观赏处刑的过程。虽然《晋书》这部史书的记述多有夸张成分，但即使挤出大量水分，对亲生儿子的行刑依然极其残酷。

另一方面，据说石虎对龟兹僧侣佛图澄非常崇拜。《晋书》罗列不少佛图澄创造的奇迹。例如，襄国的水源枯竭的时候，佛图澄及其弟子只是诵念咒文数百言，三天后大水涌流而来。石勒、石虎之所以如此崇拜佛图澄，也许因为他擅长咒术。

石虎当然好战。他讨伐前赵的作战大获全胜，但对周边诸国的作战未能如愿，南下作战更是失败。石虎介入鲜卑族各部族之间的纷争，没想到损失惨重。

鲜卑族的慕容部产生一个优秀的领导人慕容皝，迅速强大起来。石虎不把他们放在眼里，伺机挑衅，结果不得不放弃因介入鲜卑族的内部纠纷而获得的土地。石虎还出兵张轨建立的凉州（甘肃）地方政权，即所谓的前凉，也是战果不佳。派往凉州的人员基本上都是判刑者，所以士气极其低落。

石虎的恐怖政策也未能彻底奏效，在他生前就发生过小规模的造反，他一死，反抗的情绪一下子爆发出来。向羯族的后赵政权下达最后通牒的是石虎的养孙冉闵。这个冉闵是汉人。说到养子关系，石虎也是石勒的养子，刘曜也是刘渊的从子，这和养子基本上一样。养子之所以多，是因为如果不结为这样的拟制血亲关系，双方就不会互相信任。既然是养子，对养父的遗产就具有一定的继承权，因此养父也就期望养子能努力奋进。

石虎按照石勒的命令，收养汉人冉瞻为养子。冉闵是冉瞻的儿子，也就是石虎的养孙。这个冉闵勇力过人，任建节将军，封修成侯。石虎死后，继承者纷争不断，在石世在位三十三天、石遵在位一百八十三天、石鉴在位一百零三天后，冉闵杀死石鉴，即位称帝。

此前他的名字一直是石闵，即位以后，改回本姓，名叫冉闵，国号改为“魏”，元号改为永兴。石虎有十三个儿子，其中八个互相残杀而死，其他五个为冉闵所杀。石虎的三十八个孙子也一个不剩地全部被杀。

石虎无与伦比的暴虐行径在自己的子孙身上得到报应，他在洛阳活埋匈奴屠各部的五千多民众，他出身的羯族因此得到报应。前面说过，冉闵贴出悬赏令，要取羯族人的首级，结果许多鼻高须多者受到牵连。

这种恐怖惨烈的仇恨究竟如何产生的呢？不同民族之间，只因为风俗习惯的不同，就会产生歧视情绪。如果再涉及利害关系，则更为严重。分开居住不同地方的时候，不太容易表现出来，一旦混居在一起，各种问题就不断发生。石勒一直致力于不同民族之间的融洽相处，禁止使用歧视性用语和侮辱行为。遗憾的是，石勒死后，不是温和怀柔的石弘，而是残暴野蛮的石虎即位，石勒生前对民族问题的惨淡经营化为泡影。

民族之间的和睦相处不是靠一纸法律文书就能实现的，不过，石勒所采取的措施对促进民族和谐应该产生一定的效果，至少执行法律的时间越长，和睦相处的成果就越明显。所以，石虎的即位实实在在是历史的遗憾。大概后世的史学家也感觉到历史的悲哀，才会有《晋书》《魏书》那样对石虎惨无人道的行径的夸张性记述。

在华北地区诞生的冉闵的汉族王国——魏，只有三年的寿命。“五胡十六国”中包含前凉、西凉、北燕这三个汉族国家，由于冉闵的魏国存在时间实在太短（3年），所以不计其中。

兴起于北方的鲜卑族势力，连石虎都感到棘手，难以对付。鲜卑的慕容部相继出现慕容廆、慕容皝、慕容儁这些能力高强的领导人。冉闵的对手是慕容儁，冉闵战败被俘。慕容儁问道：

汝奴仆下才，何得妄称帝?

冉闵回答道：

天下大乱，尔曹夷狄禽兽之类犹称帝，况我中土英雄，何得不称帝邪！

史书记载，慕容儁闻之大怒，鞭笞三百。冉闵虽是羯族的养孙，心中一直怀着中华思想。或者他身处羯族里，一直遭受耻辱，更加激发起他的强烈的中华思想，所以他脱口而出“夷狄禽兽”，而鲜卑族也把汉族视为“奴仆下才”。

冉闵于352年被斩。这一年发生严重的旱灾，加上蝗灾，农作物颗粒无收。慕容儁认为这是冉闵的幽灵作祟，派人祭祀。

汉族王朝顷刻之间坍塌崩溃，匈奴各部也今不如昔，实力不再，华北地区形成鲜卑族在东面，氐、羌等藏系民族在西面并存的状态。

鲜卑的慕容部王朝称国号为“燕”，氐族的苻氏王朝称国号为“秦”，都是沿用春秋战国时代的国名。这两个王朝灭亡后，后继的王朝依然使用同样的国号，后人为方便起见，分别在国号前面加上“前”“后”，以示区别。后燕与前燕一样，都是鲜卑族慕容部。但后秦是羌族的姚氏，与前秦的氐族虽同属藏系，但部落不同。

霸者的更迭不是取决于民族或者部族的体魄的强弱，生产力与智力固然也是重要因素，但最主要的还是人——统率者。

江南春秋

八王之乱时，惠帝永兴元年（304年），皇太弟、成都王司马颖杀东安王司马繇。二十九岁的左将军琅邪王司马睿是东安王的侄子，关系甚为亲密。东安王被杀，与他关系最为密切的琅邪王也被逼到危险的境地。此时琅邪王正在邺侍奉惠帝，琅邪王的亲信参军王导多次劝他立即回国。

王导出身于琅邪赫赫有名的王氏家族，比琅邪王年长九岁。他劝说琅邪王：如今中原的皇族纷争已经失去理性，现在最重要的是不要卷进去。

成都王杀东安王，据说起因于不满意东安王在会上的发言，具体什么时候、什么情况下被杀，不得而知。成都王监视极其严密，任何人都无法逃脱，他害怕皇族以及大臣们避开监视从事反对活动。

有一次，天空突然乌云密布，一片昏黑，雷雨交加。琅邪王趁此警备稍加松懈的瞬间，逃脱出去。可是，当他来到河阳的时候，被守关的官吏拘留。琅邪王的随从宋典用鞭子抽打琅邪王的马，笑着说道：

舍长！官禁贵人，汝亦被拘耶？

《史记》记载，扁鹊年轻时候曾担任舍长这个职务。豪门贵族养有众多食客，舍长的职责就是服侍他们，地位很低。宋典急中生智，用这种方法和琅邪王开玩笑：你这个微不足道的舍长居然被城关的官吏拘留，你这一次也受到贵人的待遇啊！宋典装模作样地取笑，河阳城关的官吏也就放琅邪王通行。

这样，犹如日本的“安宅[①]关”那样，琅邪王逃出邺，在洛阳接上母亲，一起回到山东的琅邪。

经过八王之乱和永嘉之乱，晋的皇族几乎死绝，只有远在东面的琅邪王依然无恙。后来他担任徐州、扬州的军事都督，采纳王导的建议，将据点定于建业（南京）。

洛阳、长安接连沦陷，琅邪王司马睿的身边人都劝他即位称帝，但是他坚决不同意，最终勉强接受“晋王”的称号。这一年是 317 年，元号为建武，颁布大赦令，但杀害父母、祖父母者以及刘聪、石勒除外，同时在建业修建宗庙、社稷，从本质上说，这应该是晋帝国的中兴。

琅邪王司马睿不称帝，只称王，是因为虽然长安沦陷、西晋王朝已经溃灭，但被俘的愍帝（司马邺）依然还活在平阳。其实，这一年愍帝被杀，但消息传到南方却是第二年的三月。晋王司马睿终于即位称帝，改元大兴。

愍帝名叫司马邺，“邺”即是“业”，自三国东吴以来，现在的南京就称为建业，因避讳愍帝的名字，此后就称为“建康”。

东晋第一代皇帝司马睿的祖父是司马懿之子司马伷，司马师、司马昭的弟弟，在八王之乱中被杀的汝南王司马亮、赵王司马伦也是他的兄弟。三代均为琅邪王，所以与当地豪族的关系甚为密切。琅邪郡最大的王氏豪族全力以赴地支持东晋政权，司马睿的谥号为元帝，大概因为他是建国的元祖吧。

东晋政权的骨架是元帝和琅邪的王氏家族。琅邪有一座琅邪山，自古以来就被称为圣山，秦始皇曾数次登临；越王勾践也曾定都于此。从现在的地图来看，琅邪在山东省青岛市的南面。历史名臣范蠡离开勾践以后，浮于海，去齐，致数千万产，并到陶这个地方做买卖，成为大富豪。陶大概就是现在的定陶吧，离琅邪并不远。《史记·越世家》记述范蠡对此地

---

① 安宅：现为日本石川县小松市西北部面临日本海的小渔港。北陆道的古代驿站，有城关遗址。据说源义经主仆假扮为修验者逃往奥州，在安宅关受到守关人的盘问，但凭借随从弁庆的机智，终于蒙混过关。——译注

的想法是：

以为此天下之中，交易有无之路通，为生可以致富矣。

这个地方的名门望族大概都具有非同寻常的经济实力。其代表王氏家族不仅诞生政治家，还诞生杰出的文化人，这样的人才辈出与其雄厚的经济背景密不可分。

光有骨架，还不能成为完整的身体。东晋定都建康，就必须将地方势力作为自己的肌肉。

所谓地方势力，就是自三国东吴以来所形成的豪族。三国的东吴也是从北方南下的孙氏与地方势力经过多次的结合后所形成的政权。

晋统一天下以后，许多士人从南方前往北方的洛阳。朝廷是天下的中心，想要仕途为官、飞黄腾达，就必须到首都去。有很多人胸怀青云之志从南方前往洛阳，但也有的是成为晋王朝的俘虏被带去的。执政者对放在地方会造成危险的势力采取分散政策是理所当然的。

他们在中原的待遇并不理想，三国东吴的元勋陆逊的孙子陆机、陆云兄弟是贾谧的文学沙龙“二十四友”的主要成员，但是在八王之乱中丧命。南方出身的文学家惨遭处刑的人生结局，对居住在中原的其他南方人造成巨大的精神打击。此时的中原深陷于无法收拾的混乱之中。连中原人都纷纷迁往南方寻找新生活的天地，南方人自然抛弃在中原腾飞的梦想，重返故土。

与元帝一样来自琅邪王氏家族的人，江南地区的本地人，从江南迁往中原后又返回的人，因八王之乱和永嘉之乱从中原过来的避难者——东晋王朝的政权是由各种各样的势力构成的。

他们中有的人对中原怀着强烈的乡愁，有的不是很多，有的毫无乡恋的感觉，每个人都在经历自己的感情变化。

后代的史学家将这个朝代称为“东晋”，但他们一直称为“晋”。收复中原、再统天下是这个王朝的指导思想。要实现这个国家理想，就必须北伐。这是原则性的方针。既有为此不惜身家性命而努力准备实行北伐的热血之士，但也有从未去过中原之地、满足于江南生活的本地人。对于北方来的人，因为中原是他们的故乡，所以无论如何想回去，而江南地区的本地人不愿意参加这一场为了让北方人返乡而流血牺牲的北伐。

虽然对北伐的热度如此不同，但是对东晋皇室的态度出人意料地一致。不论哪一种势力都认为是自己在维护东晋皇室的存在。

东晋是亡命政权，没有本地人的支持，就无法维持。另外，像琅邪王氏家族这样一起南下的人们认为没有自己也就没有皇室。

同一个时代，北方政权都是由刘渊、刘聪、刘曜、石勒、慕容皝这些具有强烈个性的君主统治，相比之下，南方政权的君主缺少光彩耀眼的个性。第二代明帝司马绍是一个很有个性的人物，可惜只在位三年就死去，享年二十七岁。第三代成帝五岁即位。

《晋书》这样称赞明帝：

聪明有机断，尤精物理。

说到明帝，肯定会想到《晋书》记载的那则著名的故事：长安有使臣来，当时明帝幼小，坐在父亲元帝（琅邪王时代）的膝盖上。父亲问他："太阳和长安那个远呢？"明帝回答道："长安近。有人从长安来，没听说有人从太阳来。"元帝对儿子的聪明大为赞赏。第二天，举行宴会的时候，元帝在群臣面前又问明帝这个问题，可是明帝回答说"太阳近"。元帝惊讶，问其缘故，明帝回答道："举目见日，不见长安。"虽然明帝还是小孩子，也许他已经领悟到对同样的事物有不同的看法，对同样的现象不应该只有一种解释。明帝死得太早，这无疑是东晋王朝的巨大损失。史书记载，当时一个名叫王敦的权势者称明帝为"黄须鲜卑奴"，大概明帝混杂着鲜卑族的血缘。明帝的母亲荀氏是燕时代的人，出身于北方边境，具有塞外民族的血缘也不足为奇。《晋书》

评价明帝：

以弱制强。

这里所说的“强”，不仅仅是同一时代北方政权的刘曜、石勒，也包含东晋的权势者王敦。

王敦是王导的堂兄，其妻是武帝司马炎的女儿，所以与晋皇室的关系极其亲近。东晋初期，政治有王导，军事有王敦，强大的琅邪王氏家族出身的这两个人成为国家的两大支柱。

据说长江流域自古以来就分为益州、荆州、扬州这三个部分。最近，氐族在益州独立，成立成汉国，位于现在的四川省。虽说东晋确保长江，其实确保的只是荆州、扬州两部分。

按照今天的地名来说明的话，荆州的中心是武汉，扬州的中心是南京。三国的东吴也是如此，益州属于刘备的蜀汉，只有荆州、扬州归属东吴的版图，而且东吴的国都从荆州迁往建业，东吴末期又迁往武汉方面，很快又回到建业。

东晋政权拥有两大中心。王敦在荆州另立中心，掌握军政大权，与国都平起平坐，而且荆州位于国都的上游，地理位置上更加有利。

东晋之所以能够在南方维持王朝的命脉，琅邪王氏家族的强有力支持起到巨大的作用，所以元帝对王导、王敦都很客气。然而，东晋皇室不愿意这样一直对王氏家族言听计从。依靠别人的力量得到地位的时候，在人事安排等各个方面都要在一定程度上尊重这个“恩人”的意思。反过来说，如果什么事情都不能按照自己的意愿办理，待在这个位置上也就没有意义。东晋的国家政治一定要反映自己的思想，为了贯彻这条底线，元帝打算培养自己的“亲信”。

刘隗、刁协、戴若思、周顗就是元帝亲自挑选的亲信。

据说刘隗是楚元王刘交的后裔，刘交是汉高祖刘邦的弟弟。刘邦灭项羽建国之时，封刘氏为王，第一个就是这个刘交。虽然岁月已经流逝五百年，但从家谱来说，绝对显赫。

刁协是渤海郡饶安县人，名门出身，祖父是魏的郡太守，父亲是晋武帝时代的御史中丞。他博闻强记，曾受成都王、赵王、长沙王等邀请任职，但在永嘉初年辞去河南尹的要职，避难南方。他长期侍奉于朝廷，通晓宫廷的掌故典章。东晋朝廷在建康开始执政的时候，刁协的经验发挥很大的作用。他好饮，一喝酒，仿佛变成另一个人。不过元帝信任他，任命为尚书令，放在身边。

刘隗虽然担任过御史中丞，但是他先后担任丹杨尹，镇北将军，青、徐、幽、平四州的军事都督，在朝廷外面的时间更多。刘隗与宫廷内的刁协内外呼应，互相配合，努力抑制琅邪王氏家族的专横。

王氏家族中，王导比较诚实，只是他的堂兄王敦虽是清谈大家，却没有彻悟世间虚无的道理，而是血性刚烈，并且驻守在东晋的两个中心之一，一手掌握荆州的军政大权。

王敦虽是名门出身，年轻时却如野人。武帝司马炎喜欢召集名士谈论伎艺。想进到朝廷做官的人大抵都会通晓伎艺的心得体会，唯有王敦面无表情，一副漠不关心的样子。武帝问他会什么，他回答会击鼓。于是武帝命他击鼓，只见英姿雄爽，音节谐捷，满座赞叹。王敦艺术造诣极高，达到神乎其神的境界，表面上却看似田夫野人，其实是他的伪装。

当国都还是在洛阳的时候，有石崇、王恺、王济等人竞相争豪。石崇的厕所里，有十几个身穿绫罗绸缎漂亮衣裳的侍女排列一行伺候，焚点名香，为如厕的客人穿衣服。那个时代，上流阶层上厕所都先要在外面的休息室里脱下所有的衣服。大概是不愿意臭味沾染在衣服上吧。石崇家的厕所如此富丽堂皇，如此侍奉服务，一般的客人都不敢如厕，或者进去以后感到害羞，唯有王敦满不在乎，坦然傲然接受侍女的伺候。据说石崇家的侍女们私下里都说这个人一定干的是无法无天的事。

这则故事见于记载轶事琐语的《世说新语》。下面再介绍一则王敦与厕所有关的故事：王敦娶武帝的女儿襄城公主为妻，公主将宫中的习惯带到夫家来。宫中的厕所里都摆放着盛有红枣的漆盒，为不闻臭味，将红枣塞在鼻孔里。王敦大概不知道这个规矩，把厕所里的红枣全都吃完。另外，如厕完毕，出来以后，侍女端着盛水的金盘和盛有豆子的琉璃碗。这豆子也是用来洗手的，可是王敦把豆子泡在水里吃掉。

喝完酒后，王敦必定要唱歌，唱的歌必然是曹操的诗歌：

老骥伏枥，志在千里；
烈士暮年，壮心不已。

王敦是名门子弟，却故意言行举止粗野鲁莽。这与其说出自他的野心，不如说他具有一种不屈不挠的精神，似乎也过于意识到自己王氏家族的出身。

穷奢极侈的石崇还有这样惨不忍闻的故事：石崇招客人来家里饮酒，命侍女斟酒，如客人不饮，则斩杀侍女。这是何等的惨无人道！王敦和他的堂弟王导一起应邀去石崇家喝酒，王导不会喝酒，但事关斟酒女子的性命，便勉强喝下。但是，当酒杯转到王敦面前时，他坚决不喝，石崇为此斩杀了三个侍女。王导实在看不下去，责备王敦不该这样。王敦满不在乎地说道："他杀自己家里的人，关你何事？"

以上几则故事都引自《世说新语》，既有西晋时代，也有东晋时代的。《晋书》记载东晋初期人们常说：

王与马共天下。

"王"指的是以王导、王敦为代表的琅邪王氏家族，"马"指的是皇室司马氏，意为王氏家族与皇室一起共有天下。这种状态自然引起认为皇帝应该独霸天下的"马"方面的强烈不满，所以皇帝打算抑制王氏家族的力量是必然的趋势。

读《晋书》《世说新语》，这个时代的政治动向以及人物形象十分清晰，但我们从历史文献中所知道的都是上层的情况，至于下层人的情况需要努力从中零星拾取。

王和马从山东南面的琅邪来到江南地区的时候，力量还是微不足道，如果本地的势力联合起来拒绝他们进来，东晋政权恐怕就不可能建立起来。

江南地区长期在三国东吴的统治之下，东吴是以孙氏为盟主的一种豪族联合。这个地方在春秋时代就以吴越争霸而著称，但吴的中心是苏州，越的中心是会稽。与琅邪一样，吴越自古产业发达，土地肥沃，所以容易产生强大的豪族。

吴郡吴县（苏州）的陆氏是著名的江东大族，人才辈出，打得刘备军队兵败白帝城的东吴名将陆逊，著名学者陆绩、陆瑁、陆凯等名士皆出自此地。曾向居住在江南地区的东汉大学者蔡邕学习琴书的顾雍，应孙权之邀出任东吴丞相，他也是出身于苏州名门望族。顾雍之子顾邵好学，据说年轻时就与陆绩齐名。孙权将哥哥孙策之女分别嫁给陆逊和顾邵。

会稽郡的名门望族有虞氏和贺氏。虞氏产生注释《老子》《论语》的虞翻，此人性情耿直坦率，经常酒后祸从口出，在喜欢神仙的孙权面前大谈特谈世上本来就没有仙人，结果遭到嫌弃，流放到交州（越南），死在那里。虞氏不畏王者权威，大概因为其本身在会稽郡余姚县就是王者的缘故吧。会稽郡山阴县的名门望族是贺氏。这一族出身的贺齐曾在孙权政权里历任后将军、徐州牧等职。

另外，太湖西面阳羡县的周氏、太湖南岸武康县的沈氏等也是著名的强大豪族。除了这些旧豪族之外，还有不少新豪族，他们有的是在孙权政权中战功显赫而得势，有的是政权末期宦官发财成为大地主然后传给养子等，总之，大大小小的新旧豪族遍布各地。

几乎是赤手空拳进入江南地区的“王和马”集团必须得到当地豪族的支持合作，但是这种合作如果做得无微不至、密不透风，那也很难办。其实本地的豪族只要团结一致，就会产生巨大的力量，完全可能诞生一个强大的新政权。

仔细想来，“王和马”集团的运气很好。如果江南地区的豪族团结得坚如磐石，外来势力根本就钻不进来。一旦再次混乱，弱小势力无法应付。

当时江南地区的状况是虽小有动荡，但基本保持稳定。

吴降晋后，原先与东吴朝廷关系密切的宦官派势力自然一落千丈。他们基础脆弱，从好不容易到手的地主这个地位上跌落下来。地主的失势对于佃农、农奴来说，应该是独立的好机会。江南地区的社会发生动荡，是由于出现农民的独立这种现象而引发的，可以说是“光明的动荡”吧。

4 世纪初期，晋朝对四川的统治已经鞭长莫及，从而产生氐族政权。氐族原先居住在甘肃，因为遭受饥荒，集体进入四川。这次民族大迁移是得到晋朝廷允许的，但如此大规模的武装集体入川，势必与晋的地方官发生冲突，于是他们占领成都，成立自己的政权，定国号为“成”。其主要领导人是氐族首领李特及其子李雄，后来同族的李寿篡权，改国号为“汉”。为避免混淆，后世的史学家把这个政权统称为“成汉”。

由于四川反叛独立，西晋惠帝的朝廷命令荆州，即湖北征兵讨伐。荆州的大规模征兵引起社会不安，加上这一年荆州粮食丰收，导致不安更加剧烈动荡。

粮食丰收引发社会不安，看似不可思议，其实是周边饥荒地区的百姓蜂拥而入，造成局势紧张。荆州处在征兵与流民的双重不安之中，当时又正值八王之乱，中央政府对地方的控制力明显衰弱。

此时，义阳蛮的张昌聚众数千作乱。河南南面离湖北很近的地方有一座桐柏山，居住其周边的少数民族称为义阳蛮。大概是被南下的汉族赶进山里的民族，虽然也属于汉族系的民族，有人认为是由于政治上的原因被驱赶进山的。多被称为“五溪蛮”或“武陵蛮”，这或许是冠以当地地名的称呼。

义阳蛮张昌于惠帝太安二年（303 年）拥戴丘沈为太子，改其名为刘尼，称其为汉之后裔。荆州刺史刘弘的部将、平叛张昌之乱有功的陶侃，后来成为东晋的重臣，但依然被人叫做“溪狗”。溪狗是对五溪蛮的蔑称，看来陶侃也是五溪蛮出身。政府采取以蛮制蛮的方针。顺便提一句：日本读书人自古喜欢的诗人陶渊明是这个陶侃的曾孙。

张昌在举兵第二年就被俘处斩，但是他的部下石冰带领余部往东推进。这在江南地区的中心引起剧烈的动荡。豪族们为守卫江南地区的安宁，团结起来，组成联军，对抗石冰。

虽然此时八王之乱尚未结束，西晋朝廷还是命令寿春的陈敏出兵支援。陈敏是派驻徐州的下层官吏，曾负责将南方的粮食运往中原的事务。豪族联军中有阳羡周氏家族的周玘、会稽贺氏家族的贺循等参加，推举苏州顾氏家族的顾秘为首领。

惠帝永安元年（304年）三月，石冰之乱被平定，朝廷擢升陈敏为广陵相。《资治通鉴》对豪族军队这样记述：

周玘、贺循皆散众还家，不言功赏。

他们的军事行动本来就不是为了论功行赏，只是通过自己的力量守卫自己家园的安宁，平乱之后，各自解散回家。

陈敏与豪族联军共同作战，深有感触。他们不为论功行赏，而且作战勇敢，这是为什么呢？他们只是为了保障江南地区的和平秩序。陈敏本人是庐江人，十分理解江南人的心情。现在江南人最大的愿望是什么？——一个能够维持江南地区的和平与秩序的强有力的政权。

陈敏认为，如今洛阳的朝廷在八王之乱中连维持皇室内部和平的能力都没有，在这种情况下，如果在此地宣布成立一个“强大的政权”，江南地区的豪族们一定都会望风而归。

陈敏自称皇太弟任命他为扬州刺史，并任命过去的战友贺循为丹杨内史、周玘为安丰太守，另外还十分慷慨地封官江南各主要豪族四十多人为将军、太守等等。可是，贺循等受封以后，称病不去赴任。虽然过去曾是战友，但对陈敏的为人十分了解。

苏州顾氏家族的顾荣被召进洛阳的朝廷，看到朝廷内乱剧烈，非常失望，一路回乡，正好受到陈敏的邀请，任命他为右将军。但是他很快就发现陈敏的缺陷。他拥有自己统治的地盘，却几乎毫无统治能力。顾荣是一个经常失望的人，他对陈敏也深感失望，但这一回的失望不仅仅是失望而已。顾荣心想，陈敏是西晋朝廷的反叛者，虽然时间不长，但自己毕竟也协助过他，这大概就已经受到牵连。为了免受连坐之罪，只有杀死陈敏，才能一笔勾销自己过去行为的罪责。

顾荣在江南豪族之间奔走，动员他们再次成立联军。虽说是陈敏强加于人的，但他们毕竟接受了陈敏的官禄。陈敏失败的执政已经显现出来，谁都能预料到他即将没落的结局。如果无所作为地看着陈敏的没落，自己也会有受株连被杀的危险。大家有着共同的利害关系，而且性命攸关，于是江南豪族结成比讨伐石冰时更牢固的联合战线，攻打陈敏，在建业斩首。这是永嘉元年（307 年）二月，这一年的九月，琅邪王司马睿率领王导等少数家臣进入江南地区的中心—— 建业。

江南豪族曾有过数次惨痛的教训，所以起初不肯接近这个“王与马”。由于王导出色的说服工作，豪族们开始逐渐接受他们。不管怎么说，司马睿毕竟是正统的晋的皇室，与陈敏当权完全是两码事，豪族们感到放心。

“王与马”是幸运的，他们进来的时候，江南地区还依然弥漫着讨伐陈敏的紧张气氛。因为紧张，江南地区显得秩序井然。王导也是手段高明，充分利用这种局势达到自己的目的。

几年后，洛阳失陷，西晋灭亡，从而更大地提高了进入江南地区的“王与马”的权威。如果司马睿一开始就称帝，必定引起江南豪族的警惕。王导的战略步骤一个接一个获得成功。

江南豪族成立联军的时候，由苏州的顾荣指挥，大家都服从他的领导。但洛阳陷落的第二年，顾荣死去，由王导的堂兄王敦接替指挥江南地区各部队。他能够顺利掌管部队，死去的顾荣未必情愿，但对“王与马”是一种幸运。

洛阳沦陷后，逃到南方的中原人急剧增加。以现代的感觉来说，人口的急剧增长会造成不安的情绪，但江南地区从孙权政权时代开始就一直为人口不足而苦恼，所以应该说欢迎外来人口进入江南。以前对边境地区的夷洲、澶洲的远征就是不惜冒着生命危险而俘掠人口。涌入的大量人口中，有不少人属于士大夫阶层。从人口构成的因素来看，士大夫阶层的进入无形中降低了江南豪族在人口中的比率，从而增强了“王与马”的实力。具有卓越的政治谋略的王导成功地削弱了江南豪族的力量。

王导所实行的政策与后世的帝国主义时代的殖民地政策完全一样。英国对印度实行“分而治之”的统治方针。王导对江南豪族的势力采取分割的策略。

王导发现，江南地区的豪族分为两种类型：一种是苏州、会稽这样富饶先进地区的豪族，他们具有高度的文化知识和教育修养，他们研究古典文化，为古籍做注释；另一种是阳羡的周氏、武康的沈氏这样文化相对落后的豪族。

王导运用计谋，采取差别对待的方法，不让这两种类型的豪族联合起来。甲午战争的结果，台湾割让给日本，日本对台湾也使用同样的手段。当时的台湾，表面上是各地豪族、实际上是各种游侠的头领统治。日本政府对其中的一部分采取拉拢收买的政策。辜显荣等游侠头目成为贵族院议员。台湾也有人反抗日本的统治，想找他们合作，但这些吃到日本政府甜头的头目根本不予配合，反日派就无法形成强大的力量。

王导对苏州、会稽的先进豪族采取优厚待遇的政策，对其他后进的豪族故意显示冷漠的态度。先进的豪族自然成为热烈的保皇派，从精神上就失去了与具有反政府情绪的后进豪族合作的可能性。

“王与马”对江南豪族采取分化瓦解的策略获得成功，但不久他们之间的关系开始产生隔阂。皇帝逐渐贯彻自己的主张，培养脱离于王氏家族之外的、自己的亲信，予以重用。皇帝培养自己的亲信的目的就是为了削弱王氏家族的势力。

王导是一个不抢风头的政治家，慎重谦让，没有授人以柄的地方。要说抓把柄，倒是王敦有问题，可是他在荆州，手握大军。

虽然王敦身在远离国都建康的武昌，也能感觉到自己已经被人盯上了。

大兴三年（320 年）八月，湘州刺史甘卓调任梁州刺史，王敦推荐沈充继任。沈充出身于吴兴沈氏名门，王敦对他十分器重，收为幕僚。然而，元帝任命自己的叔父谯王司马丞为湘州刺史，实权派王敦的推举未被采纳。

第二年七月，元帝任命戴渊为征西将军驻守合肥，刘隗为镇北将军驻守淮阴，名义上是为了讨伐北方的胡人，但从这个部署来看，显然是针对王敦的防备。这时王敦还听说，没有任何过失的王导在建康的朝廷也经常受到冷落。

永昌元年（322 年）正月，王敦以清君侧奸臣为由在武昌举兵。所谓君侧的奸臣，指的无疑就是力图削弱王氏家族势力的刘隗、刁协等人。

元帝召见刘隗、刁协，命他们保卫首都，却被王敦的军队打得落花流水。这两人落荒而逃，刁协在逃命途中被人所杀，其首级送到王敦那里。刘隗逃脱成功，投奔后赵石虎。十一年后，石虎攻打长安的时候，刘隗作为丞相左长史随军，在潼关战死。

王敦的举兵获得成功，他进入建康，作为丞相监督所有军队。不久，王敦闻知甘卓、司马丞行动诡秘异常，即刻返回武昌，除杀二人。

这一年十一月，元帝郁闷而终。接着，长着黄胡子的明帝即位。其实元帝更喜欢幼子司马昱，似乎曾考虑废立太子，但未成议案。此时司马昱才三岁。东晋刚刚中兴，前途多难，立幼帝难以执政。但是，明帝在位三年死去，还是进入幼帝时代。王敦在明帝在位期间死去，其党徒也全部被扫荡，这个重大问题基本上得以解决。

王敦反叛，使得王导的处境极其微妙复杂。王敦举兵之时，刘隗劝元帝全部诛杀王氏家族，但元帝对王导还是不忍下手。

十八年前的那一个雷雨交加的日子，他和王导一起从邺逃脱出来。如果逃不出来，大概会被杀，劝他逃走的是王导；制订在建康创立政权计划的是王导；与本地的豪族进行艰难谈判的还是王导，如果没有王导，就不会获得成功。

大义灭亲——元帝任命王导为前锋大都督，命令他指挥军队讨伐堂兄王敦的叛军。这个措施救了王导一命。王敦举兵获胜后，也没有杀王导。这与其说因为他们是堂兄弟关系，不如说王敦佩服王导的智谋策略，需要他的智慧。据说元帝死后，王敦觉得明帝已经成年（二十七岁），难以操纵，想废明帝立幼帝，在王导的规劝下，才没有这样做。

书圣王羲之是王敦的堂侄，当时是十岁左右的少年。《世说新语》记载这样一则有趣的故事：

有一次，王羲之到伯父王敦家里去，躺在房间角落的床上。伯父和他的党徒们讨论谋反的计划，完全忘记王羲之还在屋子里。王羲之听到这绝密计划后，心想自己活不成了。虽然是小孩子，伯父也不会放过自己。这个王敦在石崇家里看着连杀三个侍女都无动于衷，对自己的堂侄也绝对不会宽恕。王羲之急中生智，将手指伸进喉咙里，吐出很多口水。当王敦突然想起屋子里还有王羲之时，发现衣服、被褥都被他弄脏，相信他正在熟睡，没有听见他们的谈话。少年王羲之以聪明机智逃过一劫。

“五胡十六国”时代王朝表（“*”表示十六国之外的国）

民族	王朝（年代）	创始人	国都
匈奴	汉→前赵（304—329 年）	刘渊	左国城→平阳→长安
	夏（407—431 年）	赫连勃勃	统万城
	北凉（397—439 年）	沮渠蒙逊	张掖→姑臧
羯	后赵（319—351 年）	石勒	襄国→邺
鲜卑	前燕（307—370 年）	慕容皝	棘城→龙城→蓟→邺
	后燕（384—409 年）	慕容垂	中山→龙城
	*西燕（384—394 年）	慕容冲	长子
	南燕（398—410 年）	慕容德	广固
	*代→北魏（315—534 年）	拓拔猗卢	盛乐→平城→洛阳
	西秦（385—431 年）	乞伏国仁	苑川→金城→苑川
	南凉（397—414 年）	秃发乌孤	廉川→乐都→西平→乐都
氐	前秦（351—394 年）	苻健	长安
	成（汉）（304—347 年）	李特	成都

	后凉（386—403 年）	吕光	姑臧
羌	后秦（384—417 年）	姚苌	长安
汉人	前凉（317—376 年）	张轨	姑臧
	*（冉）魏（350—352 年）	冉闵	邺
	西凉（400—421 年）	李暠	敦煌→酒泉
	北燕（409—436 年）	冯跋	龙城

军阀出场

三国以来，吴、东晋、宋、齐、梁、陈这六个王朝在江南土地上兴盛衰亡，所以将自孙权称帝的229年至陈灭亡的589年这三百六十年间称为“六朝时代”。

中国历史上，一说到六朝，会反射性地联想到贵族社会。学者认为，中国存在贵族社会仅仅是这个时代。

这个时代有很多逸闻趣事。也许因为留下一部轶事集《世说新语》，人们才有这样的感觉。不过，这个时代具备产生逸闻趣事的各种条件。例如，晋的皇族司马睿与琅邪的望族王氏一起，少数人进入这个豪族社会的江南土地，这件事本身就会产生一层又一层巨大的波纹。

不可想象的大规模的人潮涌动，无疑这是中原南下的人流。

本地人一般都看不起外来人、欺负外来人，然而，那个时代的外来人具有中原高度发达的文化修养，其中不少是属于高阶层的人，他们的知识水平要比本地人高得多。于是出现外来人反而瞧不起本地人的倾向，这自然引起本地人的不满和反抗。

东晋朝廷给予南逃而来的人高官要职，这自然引起曾协助东晋建国的本地部分豪族的不满。由于王导巧妙灵活的政策，本地豪族中也有人感到心满意足，所以不满的豪族无法集结成强大的力量。

参加讨伐石冰、攻打陈敏，为东晋立下大功的周玘出身于阳羡望族周氏，他感觉自己有功无赏。而那些连中原都守不住，还恬不知耻地逃到这里来的家伙却身居要职，对本地人颐指气使。周玘深感不平愤懑，于建兴元年（313 年）忧愤而死。他对儿子周勰留下这样的遗言：

杀我者，诸伧子也，能复之，乃吾子也。

江南人把北方来的人叫做“伧子”。周玘满腔怨恨地对儿子说：你要是不能为我报仇，就不是我儿子！

儿子周勰遵照父亲的遗言，举兵造反，但甚至连本家周氏家族都无法全部动员参加。例如他的叔父周札、堂兄周筳等受到东晋的优厚待遇，不仅不参加反叛，反过来参加讨伐。

所谓优厚待遇，具体地说，就是将他们纳入九品官人法的选考范畴，可以得到中正的任命，被举荐为官吏候补生，能够收罗众多部下党羽。享受这样待遇的感觉的确很好。王导就是以这个作为武器将各种各样的势力分割孤立起来。但如果分割过头，必然会动摇东晋的基础，所以必须做到恰到好处，而掌握这个平衡的度，绝对需要天才的本领。

如果没有王导，东晋的中兴恐怕不能成功。然而，这个王导也终于面临着退出历史舞台的时候。明帝早死，五岁的成帝即位，皇太后庾氏的哥哥庾亮接受遗诏，与王导一起辅佐幼帝。此时的王导已经六十岁，由于堂兄王敦的反叛，他的形象受到重创，所以变成由外戚庾氏掌握主导权。

年轻的庾亮似乎对东晋的国力估计过高。王导深知这个国家的存在立足于各种势力的平衡，所以当要诉诸武力的时候都极为慎重。庾亮对王导稳重谨慎的做法缺乏耐心，一旦掌握主导权，判断决定立即失误。

构成东晋政权的诸多势力中，流民军团是一股重要的力量。从中原流浪而来的人们只有在具有卓越领导能力的首领统率下才能保障沿途的安全。这个统率者一般都是名门望族出身，具有任侠精神的人物，其代表人物如祖逖、苏峻等。在讨伐王敦残余势力的时候，苏峻的军团发挥重要的作用。

庾亮简单地认为，一种势力过于强大时，如果不加以抑制，必成祸乱之源。他打算削弱苏峻的势力，认为把苏峻召到建康来，切断他与军队的关系是最好的办法。苏峻当然不会同意，他明白庾亮的目的就是要削弱自己的力量。

苏峻举起叛旗，咸和二年（327 年）十二月，苏峻军队袭击姑孰，缴获政府的大量食盐和粮食。粮草充足的叛军向建康挺进，朝廷命庾亮负责都督征讨的军事行动。

第二年，咸和三年二月，苏峻的军队终于占领国都。庾亮逃亡，三月，庾太后死去。这个微妙的时候死去，令人怀疑是否正常死亡，她只有三十二岁，苏峻自任骠骑将军，拥立八岁的成帝，据说将官库所存的布二十万匹、金银五千斤、钱亿万、绢数万匹全部没收。苏峻对宫廷官员极端仇恨，认为他们没有什么本事，却在皇帝身边发号施令，专横跋扈，削减地方军队的预算。苏峻对这帮家伙恨之入骨，把廷臣统统赶去做苦役，剥掉他们的衣服，用鞭子抽打。

苏峻如此胡作非为，却没有迫害王导。他大概知道王导反对庾亮试图削减地方部队力量的做法。

平定苏峻之乱的还是陶侃。庾亮对地方部队冷酷无情，但加固石头城是为了给陶侃施加压力。最后庾亮不得不向陶侃低头。具有“皇太后的哥哥”这个贵族中的贵族身份的庾亮，跪倒在据说是五溪蛮出身的陶侃面前。

虽说是贵族社会，然而在关键时刻还是具有实力的军人决定社会的方向，这就是真实的六朝时代。

看似已经退出历史舞台的王导又成为朝廷的核心，妥协的政治、力量平衡的政治再次成为主流。庾亮对王导的做法缺乏耐心，却造成大失误，引发了苏峻之乱。庾亮离开了朝廷。

咸和九年（334 年），陶侃一死，庾亮就任征西将军，兼任江州、豫州、荆州这三州刺史，驻守武昌。原先害怕地方部队扩大势力的他，如今自己率领地方部队。

武昌是东晋王朝的中心之一，以前具有很强的军事基地的因素，至庾亮时代，开始出现贵族化社会的倾向。贵族子弟聚集武昌，被庾亮任命为记室参军的殷浩就是其中一人。

苏峻之乱平定十年之后，庾亮对王导的政治方式依然不满。王导作为太傅、丞相一直不离皇帝身边，虽然成帝已经长大成人，王导还是不放弃监护，一手掌握天下政治。庾亮对此极其反感，他手握兵权，策划举兵推翻王导，却没有一个人愿意和他合作。王导心里也明白庾亮要除掉自己。据说当西风吹起尘土飞扬的时候，王导以扇遮面，说道：

元规（庾亮字）尘污人！

王导于成帝咸康五年（339年）七月死去，享年七十三岁。他在死前推荐何充，这是与庾亮一起推荐的。王导、陶侃死后，庾亮、庾亮之弟庾冰，还有这个何充共同支撑东晋王朝。

按照王导的执政方式，即使是一项有利于改善政治的措施，但只要担心在执行过程中会发生矛盾纠纷，就暂缓实行。庾亮兄弟对此十分不满，认为必要的时候应该强行贯彻。王导死后不久，王朝开始实施从王公至庶人都必须服从“土断法”的政治大改革。

从北方南迁的人们一直没有本地的户籍，例如来自洛阳的人们就聚居在临时称为“洛阳村”的地方，其户籍并没有受到东晋政府的管理。他们也以此为由不交税。本地的南方人对此很有意见，既然同样都是东晋国民，他们却享有免税的特权。来自北方的人们声称这里是临时的住处，而且来的时候大抵都是身无分文，对他们还要收税，这样做太过分了。可是，南迁开始至今已近三十年，他们的住所已经不是暂居地了，第二代都已经长大成人，不能再继续以战乱为由免予征税，因此必须对他们的实际居住地编制户籍。谁也不乐意取消自己的免税特权，此前王导考虑到会发生各种纠纷，按照他的政治哲学理念，一直没有断然实行。

实施土断法，也许是东晋王朝抛弃流亡政权的印象，表明在此扎根的决心，但这并不意味着放弃北伐。其实，最坚决主张北伐的正是断然实施土断法的庾亮。

在武昌手握重兵的庾亮逐渐自信起来。后赵的石勒死后不久，他就开始在武昌负责军务。他不断地进言趁此机会兴兵北伐，却未能得到朝廷群臣的赞成。他在去世的前一年——咸康五年（339 年）还提出北伐，却遭到太尉郗鉴、太常蔡谟的反对。

既然不能采取军事行动，那就采取政治手段。东晋的直接对手是那个凶猛残暴的后赵石虎。匈奴羯族的石虎背后有鲜卑族中强大的部族慕容部势力。于是，东晋采取与慕容部联合的方针。当时慕容部的首领是慕容皝，他虽然已经自称燕王，但尚未得到东晋的承认。东晋只是称他为“慕容将军”，视为友好军队。

慕容部并没有对东晋效忠。鲜卑族的宇文部与石勒结盟，慕容部在慕容廆时代就予以讨伐；慕容皝时代也曾和石虎联合讨伐过同样是鲜卑族的段部。慕容部与后赵时而对立时而联盟，其目的只有一个：扩大慕容部的势力。

慕容皝断定，为了达到这个最大的民族目标，与后赵石虎难免一战，便与后赵背后的东晋结为友好关系。慕容部和东晋都不过是互相利用共同的敌人——后赵背后的势力。

慕容皝讨伐高句丽以后志满意得，自称燕王，派使臣刘翔前往建康，意欲得到东晋的承认。此时庾亮死去不久。咸康七年(341 年)，东晋将燕王、大将军、大单于、都督河北军事、幽州牧等称号授予慕容皝。

使臣刘翔似乎是一个了不起的说客。他是汉人，其姐是东晋尚书诸葛恢的妻子。诸葛恢是魏国大司空、诸葛亮堂弟诸葛诞的孙子。小舅子当使臣来到东晋，诸葛恢不同意轻而易举地承认夷狄的王位。他认为即使利用慕容部除掉石虎，又会产生另一个石虎。

刘翔坚持不懈的努力终于奏效。在东晋看来，不给领地，授予的称号不过是“虚名”。这不禁令人想起汉高祖的手法，汉高祖封韩信、彭越为王，利用他们取得天下后，再清除他们。嘴皮上授予的称号，也可以动动嘴皮取消。

东晋正式承认慕容皝的燕王称号，与实施土断法几乎同时。

庾亮最警惕东晋国内出现军阀，从而危害国家的基础，为此甚至还引发苏峻之乱。然而，可以说最终还是他为军阀的诞生制造了土壤。

武昌这块土地本身就是成为与建康并立的另一个中心的最大原因。有这样的地理条件，但如果存在着压倒建康的力量，恐怕军阀也不易产生。问题是武昌不只是单纯的军事基地，在政治、文化、产业等方面也具有强大的优势。庾亮掌管武昌的时候，众多贵族子弟聚集于此，那些在国都建康怀才不遇的人都奔向另一个中心——武昌。

庾亮死后，他的弟弟庾冰、庾翼与何充一起继续支撑着东晋。然而，令人感觉他们的执政期间是为十年后大军阀桓温的出场做准备。

桓温的父亲曾是宣城郡的太守，属于门地二品的名门。父亲因故为人所杀，他为报父仇，乘着杀父者死去家人居丧的时机，将杀父者的三个儿子杀死。这起残酷凄惨的事件却受到当时人们的赞誉。

这次复仇成为桓温飞黄腾达的阶梯，他姿貌英武，成为南康公主的夫婿。皇帝女婿的身份，使桓温顺利地从琅邪太守升为徐州刺史。

咸康八年（342 年），成帝二十二岁死去。他五岁即位，在位十七年，却始终未能亲政。他有两个皇子，当然还很幼小。国家多难之秋，不宜幼帝即位，于是比成帝小一岁的弟弟琅邪王司马岳即位，是为康帝，但两年后死去，享年二十三岁。其子即位，终归还是幼帝时代。

康帝之子穆帝二岁即位，第二年，庾翼死。

庾翼曾是副首都武昌的主人，他是继承哥哥庾亮的地位，人们把武昌称为“西府”或“西藩”。庾翼死后，这个位置本应由其子庾爰之继承，这里也出现幼主的问题。

虽然庾爰之不是婴儿，却是“白面少年”。皇帝认为西府的继承人不宜是未成年人。庾翼死前就任命儿子庾爰之为辅国将军、荆州刺史，打算让他继承自己的位置。

庾翼死后，何充反对这样的人事安排，提出西府的负责人必须是一个实力派的人物，并推荐徐州刺史桓温。

荆楚，国之西门，户口百万，北带强胡，西邻劲蜀，地势险阻，周旋万里。得人贤则中原可定，失人则社稷可忧。……桓温英略过人，有文武器干，西夏之任，无出温者。

陆抗是三国东吴的大司马，临终之前，引用父亲陆逊的话，强调坚守荆州的重要性。

11世纪党项羌族在甘肃地区建立政权，称为“西夏”，但在南北朝时代，“西夏”这个词的意思是：

中国西部不属夷狄地域。

“夏”的意思就是“华”。

就这样，桓温成为西府的主人。他的确是一个英略过人的杰出人物，有文武之器干，不仅是有勇有谋的武将，还是清谈大家。

桓温入主武昌以后，第二年（346年），出兵蜀地。前面说过，氐族在四川成立名叫“成汉”的政权。成汉位于长江上游，对东晋是一个威胁。桓温远征四川，剿灭成汉。

对于流亡政权东晋来说，这是振奋人心的壮举。东晋朝廷沉浸在兴奋之中，但如果冷静地考虑一下，过分突出某个人的个人权威其实并非好事。东晋一直都是依靠各派势力的平衡维持政权，所以打算运用智慧制造出一个能与桓温抗衡的人物。

从山东半岛、徐州南下的流民军团由郗鉴统率驻扎在扬州一带，其势力尽管不如西府，但这里是保卫首都建康的重要据点，因此称为“北府”。郗鉴与王导前后差不多同时死去。

东晋朝廷任命扬州刺史殷浩主持北府，以此对抗桓温。殷浩的父亲也曾任太守，他也是门地二品出身。庾亮在武昌的时候，殷浩曾是他的幕僚，但殷浩喜欢老庄和易经，更具有愿意隐遁的性格。把他从隐居状态中拉出来的是司马昱。

朝廷的皇帝穆帝是一个婴儿，辅佐他的是元帝的幼子，即明帝的弟弟会稽王司马昱。元帝疼爱这个幼子，欲立他为皇太子，遭到群臣的反对，只好作罢。对于成帝、康帝的叔父、穆帝来说，他是他们祖父的弟弟，皇族中的最长老者。

在司马昱不依不饶的请求下，殷浩终于被任命为扬州刺史，北府的负责人。据说桓温与殷浩是发小之交。殷浩重用荀羡和王羲之。王羲之是王导的侄子，被世人景仰为“书圣”，在北府任护军将军辅佐殷浩。殷浩具有与桓温对抗的思想意识，但王羲之总是劝他与桓温保持友好关系。殷浩似乎对王羲之的意见不太重视。

349年，石虎死去，后赵局势混乱。东晋自然认为现在正是收复中原的大好时机。

桓温刻不容缓地从武昌进入安陆，窥伺北上之机。

后赵的扬州刺史投降东晋，寿春城不战而收复。东晋派陈逵赴任寿春。

外戚（康帝皇后之兄）褚裒请求北伐，当日即获批准。然而北伐军被后赵南讨大都督李农率领的两万骑兵打得落花流水，连好不容易不战而获的寿春城也只好放弃。

四月，石虎死；六月，葬礼；七月，东晋的北伐军进发；八月，大败而归。这也太快了。石虎死后，河北局势混乱，二十万流民渡过黄河，往南直奔东晋而来。东晋的北伐军如果能吸收这一股力量，大概也不至于惨败于后赵。在流民即将南下的时候，东晋军队就已经败北了。

四个月之后，发生汉人冉闵屠杀匈奴羯族事件。

关于河北流民的情况，其实只要情报工作做得好，完全可以事先知道的。另外，从有关内讧的情报也可以预测到后赵内部一定会越发混乱。

那么，为什么要这样急急忙忙地派遣北伐军呢？令人感觉不可理解。其实朝廷也有它的想法，是担心桓温在北伐中立功，所以匆忙派其他将军北上。

尽管错过最佳时机，但后来还是知道后赵陷入无法收拾的大混乱，于是东晋再次派兵北伐。这一次桓温也热切请求自己出征，但东晋朝廷，其实就是会稽王司马昱任命北府殷浩为北伐军总司令。

石虎死后，华北的情况发生巨大变化。他的后赵被汉人冉闵所灭，建立魏国，不过魏是一个短命王朝。石虎的遗产被鲜卑族慕容部的前燕所继承。

后赵石虎健在的时候，由于东晋和慕容部都面对一个共同的敌人，因此结为友好关系，东晋也正式承认慕容部的燕王称号。然而，当这个共同敌人消失以后，事情就发生了变化。

还有一个很大的变化，就是被迫迁居中原的藏系的氐族和羌族分道扬镳。在地广人稀的时代，被征服的民族不让他们留在本土，而是把他们转移到可以随时监督的地方，这样可以安心地予以统治。氐族和羌族就是这样很不情愿地被强制迁到中原，但是他们的心依然眷恋着自己的故乡陕西、甘肃的土地。使用强力逼迫他们迁移的石虎已经死去，后赵的统治力已经衰弱，他们自然就开始考虑返回故乡。

氐族的首领是蒲洪，羌族的首领是姚戈仲。蒲洪后来改姓“苻”。这两个都渴望西归的部族发生冲突，氐族占据优势，羌族的姚氏投降东晋。姚戈仲被授予使持节、六夷大都督、车骑大将军、大单于等称号，其子姚襄也被任命为平北将军、并州刺史。

殷浩的北伐军进展顺利，军中有一支姚襄率领的羌族部队，是作战的主力军。仅仅依靠东晋自身的力量绝对无法完成北伐任务。中军将军、书圣王羲之数次写信给殷浩和会稽王，建议停止北伐。

穆帝永和九年（353 年），姚襄反叛东晋。问题出在殷浩身上。殷浩嫉妒仇恨姚襄在北伐中立功，便将他的弟弟作为人质囚禁起来，还派刺客企图刺杀姚襄。姚襄忍无可忍，终于袭击殷浩，杀万余人。殷浩所派遣的部队全部被姚襄击退，东晋反而遭受重大的打击。在这种状态下，岂有北伐可谈。

北伐军连遭惨败，武器粮食消耗殆尽，征西将军桓温历数殷浩罪责，进行弹劾。东晋朝廷重用殷浩，原本期望他能与桓温对抗，可是他的失败实在无法辩解，只好将他撤职，调往东阳郡的信安。

西府的主人桓温终于也把北府的军权掌握在自己手中。可以说重用会稽王殷浩是一个失策。

这一年是永和十年（354 年），桓温准备亲自率军北伐。

这时的华北局势，慕容部的前燕统治东部，从中原回来的氐族前秦统治西部。氐族的首领蒲洪，即苻洪已经死去，其子苻健称帝，苻健的弟弟苻雄任丞相，辅佐哥哥。

北伐军在总帅桓温的指挥下，进攻前秦领土。据说关中父老见到东晋的军队，激动得热泪横流，说道：

不图今日复睹官军。

但是，桓温的心思不是放在敌国的长安，而是在东晋的国都建康。人们都认为他的真正目的是深入前秦腹地，以提高自己的声望权威，然后凭借这显赫战功一鼓作气压倒朝廷，篡夺帝位。为什么会这么说呢？因为他没有攻占已经近在眼前的长安。

潼关西面、神圣的华山北面的华阴县里，有一个名叫王猛的人隐居于此。他学识渊博，不拘小节，大家都觉得这是个怪人。王猛听说桓温进入关中，径自前往相会。他面对东晋最大的实权派人物，粗布短衫，旁若无人，一边抓虱子一边纵论天下大事，侃侃而谈。首先是桓温这样问道：

吾奉天子之命，将锐兵十万为百姓除残贼，而三秦豪杰未有至者，何也？

我本以为一进入关中，当地的豪族、侠客们都会争先恐后地跑来为我效劳，可是没有一个人愿意随我参战。这是为什么呢？

王猛回答道：

公不远数千里，深入敌境，今长安咫尺而不渡灞水，百姓未知公心，所以不至。

长安已经近在咫尺，你却不渡灞水而击之，人们不知道你的真正意图，所以不来。桓温听罢，默然半晌，缓缓说道：

江东无卿比也！

桓温感叹自己的内心被王猛看透。

如果仅仅是为了提高自己的权威，攻陷长安是最有效的手段。逼近敌营的总部，观察动静，这似乎是桓温的打仗特点。兵临城下，施加压力，也许敌方阵营会出现内应者，或者敌方阵营会由于内讧而乱成一团。他是在等待，但也有人认为如果没有出现任何动静，他就放弃进攻。

实际上，桓温进攻前秦，是为了获取关中的小麦，但是前秦方面早就把所有的麦子割掉，所以东晋军队似乎一直为粮食问题而苦恼。

桓温在白鹿原与前秦丞相苻雄交战，歼敌万余，苻雄败逃。其实并非苻雄作战不力，而是前秦皇太子苻苌中箭负伤，使得苻雄无心恋战，匆匆败逃。这一年的十月，苻苌因箭伤死去。

桓温携带关中三千多户居民于六月回师。虽然没有攻陷长安，但已经兵临旧都长安城下，让关中人民领略“官军”的雄姿。桓温立下殊勋丕绩，殷浩不能望其项背。

两年以后，桓温从江陵（湖北）发兵，再次北伐，这次夺回洛阳。

攻占洛阳的将领名叫周成，他原先在冉闵建立的魏国当官，后投降东晋。占领洛阳以后，他反叛东晋。接着，同样曾经投降东晋、后来又反叛的姚襄率兵包围洛阳。这种状态有点错综复杂。

桓温率兵进击，姚襄解除包围北去，被桓温军队包围的周成再次向东晋投降。洛阳曾是西晋的国都，西晋之前，魏、东汉也都定都于此，这里有历代皇帝的陵寝。桓温修复被破坏的陵寝，派兵留在这里守护，然后自己回到南方。

这一年是永和十二年（356 年）。当年，桓温进言建议将首都从建康迁往洛阳，但未被采纳。隆和元年（362 年），桓温又请求迁都。

但是，无人赞同，也许他们认为这是桓温对朝廷的一种胁迫行为。他们迁居到江南地区已将近半个世纪，起初廷臣们还十分怀念北方的洛阳，经常流淌思乡之泪，以至于王导激励他们“当共戮力王室，克复神州，何至作楚囚相对泣邪”！神州，就是以洛阳为中心的中原之地。然而，如今一提到回洛阳，廷臣们都支支吾吾，不知所措。可以说，东晋作为南方的朝廷已经深深扎根这块土地了。

不过，东晋历代皇帝都是短命，明帝二十七岁、其子成帝二十二岁死去。成帝虽有两个儿子，却因为不宜立幼帝，改由成帝的弟弟立为康帝，但也是二十三岁就死去。没有办法，只好立康帝二岁的儿子为穆帝，但是穆帝十九岁死去，而且无子。于是立曾因太幼小未能即位的成帝之子司马丕为帝。当时他已经二十一岁，没想到二十五岁死去。他就是哀帝，似乎是服用过量的仙药导致短命。看来东晋朝廷里有一些会制造怪药的怪人。

鲁迅有一篇著名的文章（讲演记录）《魏晋风度及文章与药及酒之关系》。鲁迅曾整理、校订嵇康的文集，对那个时代的情况十分熟悉。当时文人中似乎流行服用一种名叫五石散的药，相当于现在的大麻吧。竹林七贤在清谈的时候服用过吧。其中有的药看似很有效，其实有致命的危险。

哀帝死后，其弟司马奕即位。成帝有两个儿子，这个司马奕后来被桓温废黜，所以没有帝号，史书称其为海西公。

海西公太和四年（369 年），桓温第三次北伐。不言而喻，其目的就是为了提高自己的权威，实现其篡位的最终目的。王莽担任东汉大司马的时候，凭借实力逼迫皇帝禅让，强行篡位。曹氏的力量超过东汉的时候，就变成魏的时代；当司马氏的力量超过魏的时候，就变成晋的时代。如今桓氏的力量就要凌驾于东晋朝廷之上。

桓温的北伐是为自己积累资本，但这一次似乎遭到失败。四月出兵，步骑共计五万；七月抵达枋头。这一次的对手是慕容部的前燕，国都已从龙城迁至邺，前燕的皇帝是慕容皝的孙子慕容暐。

枋头就在邺的旁边。桓温使用惯常的作战方式，在枋头按兵不动，大概等待敌军阵营的内应或者内讧吧，然而对前燕来说，获得了向西面的前秦求救的宝贵时间。

此时的前秦，暴君苻生被杀，丞相苻雄之子苻坚即位。苻坚是前秦苻健的侄子。“五胡十六国”的君主中，苻坚是最负盛名的明君。这个时候，他以将前燕的虎牢以西的土地割让给前秦为条件，出兵步骑两万救援。

桓温的军队已经逼近前燕的国都，但还是不得不撤退，焚烧舟船，丢弃辎重装甲，从陆路败逃而归，其状十分狼狈。然而，桓温将失败的责任推诿给豫州刺史袁真。袁真气愤不过，投降前燕，令人感觉桓温已经昏聩。

两年后，大司马桓温废黜皇帝司马奕，通过“连皇帝也敢废黜”的行为重新树立由于枋头战败有所失落的权威。

从司马奕被废以后的情况来看，这个皇帝平庸无能。桓温在街头巷尾散布恶毒的流言蜚语，说皇帝患有痿疾，缺少性功能，却有三个孩子，不知道究竟是谁家的孩子。因为这个原因，才废黜皇帝。这个为提高大臣的权威被废的皇帝实在很可怜。

会稽王司马昱被立为皇帝。前面说过，元帝疼爱这个幼子，曾打算废明帝立他为皇太子。此时已五十二岁，对这个皇族的长老即位大概谁都没有意见，不过，对司马奕的退位肯定谁都无法理解。

司马昱称为简文帝，在即位的第二年七月死去，十一月即位，所以在位时间不到一年。桓温接受简文帝的禅让，打算登基称帝。

简文帝也明白自己即位的前提条件就是禅让。桓温大概没想到简文帝会死得这么快，他期待年过五十、通情达理的简文帝发挥与东汉的献帝、魏文帝一样的作用。简文帝临终时，给桓温留下这样的遗诏：

少子（皇太子司马昌明，十岁）可辅者辅之，如不可，君自取之。

这与刘备留给诸葛亮的遗诏一模一样。然而，侍中王坦之把这份遗诏撕碎。优柔懦弱的简文帝说这是天命，无可奈何。王坦之说道：

天下，宣、元之天下，陛下何得专之！

天下是宣帝司马懿以及东晋元帝司马睿创建的，作为子孙后裔，怎么能随随便便地把天下让给别人呢？于是，简文帝修改遗诏为：

家国事一禀大司马，如诸葛武侯、王丞相故事。

一切都听凭大司马做主，但附加一个条件：要像诸葛亮、王导那样。刘备虽说“君可自取”，但诸葛亮绝不篡权。当然王导也是这样。

桓温的篡权在关键时刻停止实施。

简文帝的皇太子司马昌明很快就即位，由吏部尚书谢安和侍中王坦之辅佐这十岁的幼帝，是为孝武帝。

此时到处流传着桓温即将进入建康，诛杀谢安和王坦之，篡夺晋王朝的风言风语。当时桓温已经年过六十，也许没有了篡位的精力，或者他身患重病吧，比简文帝恰好晚一年死去。

庾亮亲自主管西府，就是为了防止出现军阀，而西府在桓温手里变成了军阀，这实在是一种讽刺。桓温篡权虽然没有成功，但此后南方的军阀登上政治舞台，其势力凌驾于王朝之上，以这种模式演出一场又一场的篡权剧。

淝水之战前后

前面说过，前燕遭受东晋的桓温攻打的时候，曾向前秦的苻坚求援。其实在求援的使臣到达之前，前秦的大臣就表示反对救援的意见：

昔桓温伐我，至灞上，燕不救我。今温伐燕，我何救焉！且燕不称藩于我，我何为救之！

的确如此，此话有理。前秦依靠自己的力量击退了桓温的进攻。但是，王猛主张应该出兵救援。

苻坚还是东海王的时候，通过吕婆楼的介绍，认识了王猛，非常高兴，以为犹如当年刘备遇到诸葛亮。

苻健死后，醉鬼暴君苻生被杀，苻坚即位之后，立即重用王猛为中书侍郎。由于皇帝苻坚过于倚重王猛，氐族的首领十分讨厌王猛。

因为在王猛的建言献策下，前秦的政策迅速走向汉化，氐族对此大概也很不满。

史书把苻生描写成似乎是一个罕见的暴君，但也有可能是苻生试图在统治中体现氐族固有的强悍的野性力量，导致与汉化派的苻坚发生冲突而被杀的。前秦定都长安以后，削弱游牧的气性，逐渐转变为农耕的性质。苻坚鼓励这样的变化，同时致力于藏系民族与汉族的融合。因为氐族是统治者，还是有很多地方采取蔑视汉族的政策，而苻坚对此加以抑制弱化。

氐族有一个重要的首领名叫樊世，前秦朝廷封他为姑臧侯。他曾协助前秦的始祖苻健平定关中，立下大功。这个樊世十分憎恨王猛，说道：

吾辈耕之，君食之邪。

我们辛辛苦苦地创立前秦政权，而你们不劳而获。王猛不甘示弱，回答道：

非徒使君耕之，又将使君炊之。

他针对对方把创建政权的辛苦比喻为农耕，针锋相对地说道：不仅要让你们耕田，还要让你们为我们做饭。

樊世听后，七窍生烟，骂道：

要当悬汝头于长安城门，不然，吾不处世！

接着站起来，当着苻坚的面，要杀王猛。苻坚怒而斩樊世。

要促使氐族与汉族的融合，对那些骄横傲慢的氐族重要人物予以严惩最为有效。这起事件同时也说明皇帝对王猛是如何的信任。

王猛主张救援前燕的理由是，从目前的情况判断，前燕根本不是桓温的对手，必败无疑。东晋获胜后，其势力扩大到山东、河北，十分可怕。当然，救援前燕是有条件的，就是把虎牢以西的土地割让给前秦。

前秦一出兵，东晋的桓温立即撤军，前燕转危为安，但后悔当时把虎牢以西的土地割让给前秦的承诺，便说是“行人失辞”，把责任推给使臣，说是使臣说错了，用这种骗小孩的把戏反悔诺言，舍不得割让。苻坚被激怒，授予辅国将军王猛步骑三万讨伐前燕。369 年，桓温从枋头撤军的这一年的十二月，王猛攻下洛阳。

第二年——370 年，王猛再率六万大兵攻打前燕。十月，包围前燕国都邺。皇帝苻坚也于十一月亲自率领十万精兵向邺进发。

前燕灭亡。前燕皇帝慕容暐带领十余骑落荒而逃，被前秦游击将军郭庆追捕。苻坚赦免慕容暐，让他与前燕的皇后、王公、百官以及鲜卑族四万多户居民一起迁居长安。前燕灭亡，使得前秦增加一百五十七郡、二百四十六万户、九百九十九万人。

我们从各个角度来考察苻坚这个人，他无疑是一个杰出的人物，最让我们感动的是他消除种族歧视。在汉族大臣王猛与建国元勋氐族长老樊世的斗争中，苻坚诛杀樊世，这个事实不正是说明他拼命地捍卫自己在民族问题上的理想主义吗？

苻坚应该记得，尽管他是统治者，却被汉族视为文化的劣等民族。正因为如此，他强烈排斥这种歧视性的思维。我认为苻坚是一个一直追求超越民族界线的世界主义者，这在4世纪这个时代，十分令人惊叹！

前秦灭亡前燕后，对鲜卑族十分宽大，也许过分宽大，至少居住在前秦国都长安的氐族人会有这样的感觉。因为苻坚把与自己同一个民族的氐族人不断地迁居东边，而让异族鲜卑族慕容部的大量贵族等居住在首都。这似乎是把其他部族的人叫回自己国家的中心地带，却把本部族的人赶到边境去。

如果是一个世界主义者，就不希望任何人来干扰搅乱他的世界，这样就会发生各种问题。苻坚大概认为，在这种情况下，只好让本民族的人受点苦。

如果对异族也采取同样严厉的措施，只会引起他们的憎恨，而本族人的反抗大概比较小吧。苻坚尝试实行这种政策的时候，往往会牺牲本家人的利益。但是，如果这样的牺牲超过一定的限度，虽说是本家人，也未必能一忍再忍的。

正如王猛所担心的那样，理想主义的信奉者无所畏惧，为了理想，死都不怕，所以对谏言充耳不闻，毫不动摇地坚信自己的所作所为都是正确的。

前秦讨伐前燕，几乎统一了华北的大部分地区。

接着，苻坚出兵讨伐西部的前凉。现在的甘肃省地方当时存在一个名叫“凉”的小政权。同名叫做“凉”的政权一共有五个，所以史学家对它们想出不同的称呼，总称为“五凉”。

五凉的第一个政权是前凉。

因为前凉与东晋结为友好关系，苻坚就打算讨伐它。那么，前凉是一个什么样的政权呢？前凉大概也可以说是一个王朝吧，其实称之为王朝又显得太小，所以含含糊糊地称为“政权”。

西晋惠帝时代，八王之乱刚刚开始，出现天下大乱征兆的时候，出身甘肃名门的张轨主动要求担任凉州刺史。他看到如果身在中央，一定会卷入战乱，所以他选择与其留在中央升迁，不如在边境平稳生活的道路。

边境地区也有悠闲轻松之处，受命于西晋、东晋的官爵，但天高皇帝远，不会受到直接的干预。先是称“牧”或“公”，然后称“凉王”。不过，张轨以为跑到边境来就能躲过战乱，这种想法未免有点天真。张重华时代，曾经受到后赵石虎的将军麻秋、石宁等的进攻。石虎的儿子石宣杀死石虎最疼爱的儿子石韬，石虎残酷杀死石宣，将原先属于石宣的十万士兵惩罚性地调往凉州驻扎。凉州驻军的目标不言而喻自然就是前凉。

氐族的前秦一占领长安，前凉张重华的作战对手就变成前秦。

东晋穆帝永和十年（354 年），前凉的张祚自称凉王，改元号为和平。前凉一直使用已经灭亡的西晋的元号，西晋愍帝的元号最后一年是建兴五年（317 年），前凉却一直延续使用，直至建兴四十二年这一年才改为和平元年。这意味着前凉一直没有承认东晋的正统性。

前凉的版图是现在的甘肃省西部的河西地区，但有时也扩张到东面的陇西、西面的新疆吐鲁番盆地。

张祚淫虐，第二年被国人所杀，前凉又恢复使用不复存在的西晋的元号，为建兴四十三年。

这个不复存在的王朝的元号一直持续到建兴四十九年（361 年），这一年，前凉张玄靓第一次使用东晋穆帝的元号升平五年，承认东晋的宗主地位，从而被东晋授予大都督、凉州刺史、西平公等称号。两年后，张天锡杀侄子张玄靓，成为前凉的主子，并立即派使者前往建康。

其实在356年，前凉就听从前秦征东大将军苻柳的使者的游说，决定归顺前秦，而且也得到前秦授予的官爵。前凉同时臣属前秦与东晋两国，这种状态十分异常，逼得它不得不最后决定归从哪一边。史书记载，最后还是在东晋海西公太和元年（366年），张天锡选择归属东晋，十月，派使者前往与前秦的国境交界处，宣布与前秦断交。

武周的《李君修佛龛记》记述，这一年，居住在前凉敦煌的沙门乐僔看见鸣沙山金光辉煌，呈千佛状，于是开凿石窟。确切的年代是秦建元二年。这是前秦苻坚的元号，相当于366年。但这一年，敦煌使用前秦建元二年与东晋太和元年这两种元号，应该是十月以后只使用东晋的元号。

总之，现在鸣沙山上众多石窟的第一窟是在这一年开凿的。遗憾的是，保存至今的四百九十二个石窟寺中没有这个时期开凿的。

在敦煌鸣沙山开凿第一号石窟十年以后，前秦苻坚的大军开赴前凉。前燕已经灭亡，华北地区都被前秦收入囊中，西部的前凉自然也不会放过。

前秦派遣的将军中有曾经为东晋殷浩的北伐带路、后来又反叛的姚襄的弟弟姚苌。他属于氐族首领的部族，但在石虎死后，曾与氐族的苻氏争相归还关中。苻坚不在乎他们的过去有过什么样的经历。

面对步骑十三万的前秦大军，小王朝前凉不堪一击，张天锡除了向前秦军门投降之外，别无他路。然而，张天锡杀掉前秦的使者阎负和梁殊，因为他认为即使投降，也保不住性命。张天锡因此反而得救，其实在讨伐军从长安出发之前，苻坚就在长安为张天锡修建了一幢宅邸。他坚信一定能俘虏张天锡。

苻坚坚定的自信令人担心，另外他宽恕前燕、前凉的皇帝、王公、高官等的过分理想主义也总让人担忧。

苻坚希望通过南征统一天下。这不仅仅是野心，应该是他在强烈的理想主义思想指导下制定的规划。他一定燃烧着强烈的使命感。

前凉于376年投降，三年后，前秦攻克襄阳，这是南征的前奏曲。襄阳在汉水边上，汉水是流入长江的大河，汉水与长江的汇合处曾经正是东晋的第二中心——武昌。

刘备拜访居住在襄阳附近的隆中的诸葛亮，得到世间罕见的奇才。一百七十二年后，苻坚在襄阳得到僧道安和史学家习凿齿这两个俊杰。苻坚重视人才，这一点与曹操相似。在攻打襄阳时俘获殊死拼搏的东晋梁州刺史朱序，委以前秦度支尚书的重任；相反，对提出愿意在内部策应的东晋襄阳督护李伯护以不忠为由杀之。

东晋孝武帝太元八年（383年）八月，苻坚率戎卒六十万、骑兵二十七万从长安出发，开始真正的南征。苻融率领三十万先遣队抵达颍水。

东晋也进行全国总动员，做好准备，迎战南下的前秦军队。

桓温死后，东晋的顶梁柱谢安一直注意保持西府与北府之间的力量平衡。各种势力的平衡才是东晋的生命线。北府殷浩的失败使西府桓温的力量变得过于强大而导致东晋的危机，这个教训记忆犹新。于是，谢安将北府交给侄子谢玄管理，将西府交给桓温的弟弟桓冲管理。北府的势力一直不如西府，但是在谢玄的领导下，北府军的实力得到显著的提高，也产生出刘牢之这样杰出的将领，北府的力量终于可以与西府并驾齐驱。这样，可以说谢安所追求的力量平衡就得以实现。

东晋自然动用西、北两府的力量迎战前秦的进攻。

淝水成为争夺天下的标志性的战场。

前秦的远征军号称百万。在大军尚未集结布阵之前，东晋自然要采取作战行动，两军隔着淝水对峙。前秦等待后续部队的到来，东晋打算在前秦部队集结完毕之前先动手攻打，于是，东晋开始渡过淮河的支流淝水。东晋军队似乎操之过急，前秦军队做出诱使敌军渡河的动作，将河岸的阵地稍微后撤，看似撤退或者调动部队，故意显露破绽。

前秦军队从河岸阵地后撤，故意引诱对方渡河，准备在他们渡河一半时杀一个回马枪。然而，东晋军队接连不断地渡过淝水，前秦军队不但没能回头反击，反而一泄如水，惊慌失措，溃不成军。

苻坚看到如此景象，简直不能相信自己的眼睛。掉头进攻是军事机密，一般士兵毫不知情，只是听从命令后撤。在东晋部队过河一半的时候，前秦军队中应该下达了掉头反击的命令，但士兵们只是事先听到“打败了，快逃！”的声音。

王符（东汉）的《潜夫论》中有这样一句话：

一犬吠形，百犬吠声。

日本将其改为“一犬吠虚，万犬传实”。只要一个人叫喊“快逃！”，这句话会一个接一个地传下去，声音就放大到几百倍，本来的“虚”也变成了“实”。前秦的大军就是因为这种现象莫名其妙地溃败逃跑。

对这一场战役的胜负起决定性作用的是吠“虚”的犬，他就是曾为梁州刺史坚守襄阳、以勇敢作战受到苻坚高度评价、被俘后受到前秦重用的朱序。他身在前秦心在东晋。为了使东晋军队在渡河时不会受到攻击，故意“吠虚”，扰乱前秦的军心。

前秦军队落花流水地后退，必然与后续部队遭遇。后续部队一听说“打败啦！”也跟着逃命，犹如多米诺骨牌，兵败如山倒。皇帝苻坚也身中流箭，负伤狼狈逃回长安。三个月前率领百万大军出征的苻坚回到长安的时候，仅有随从十万。

东晋以谢安之弟谢石为征虏将军、征讨大都督，以谢玄为前锋都督，与西中郎将桓尹等以八万之军在淝水与东晋军队对阵，而西府的桓冲率十万军队出击襄阳。

淝水之战的胜利过于辉煌，被传诵得简直就是一个奇迹，其实北上的东晋军队也是精兵强将。据说苻坚与苻融从寿阳城楼观察东晋军队的阵营，见其整饬井然，不由心生恐惧。假如前秦军队按照预定计划实行掉头反击，也未必就能打赢。

对于东晋来说，这是保家卫国的战争。敌人往南越过淮河这条线，就无法保住国家的安全。

另一方面，仅仅被一犬吠“虚”弄得惨败溃逃的前秦军队的内部也有问题。前秦军队是各族联军，其中汉族占很大的比例。汉族官兵的内心还残留着东晋是自己宗主的想法，现在要攻打宗主，自然士气低落。

前秦的名臣、汉人王猛在淝水之战的八年前（375 年）死去，他临终时对苻坚留下这样的遗言：

晋虽僻处江南，然正朔相承，上下安和，臣没之后，愿勿以晋为图。鲜卑、西羌，我之仇敌，终为人患，宜渐除之，以便社稷。

王猛认为不可攻打东晋，鲜卑、西羌等北方部族才是可怕的敌手，应该逐渐削除其力量，这就是国家利益。

苻坚的南征违背了王猛的遗言。王猛果真留下这段遗言吗？史书上如此记载，但因为预言与史实过于一致，所以甚至令人怀疑是事后所造。

华北地区的居民大多数是汉族，他们心里认为东晋是自己的宗主，这在当时应该是一种常识。

苻坚下决心南征的时候，苻融、僧道安、还有他宠爱的张夫人都劝说他此事不可行。连幼小的太子苻诜也劝谏，但遭到苻坚的训斥：

天下大事，孺子安知！

前秦的廷臣、皇帝的身边人，反对的声音很大，但苻坚一意孤行，断然决定远征。这大概也是理想主义使然吧。

苻坚在脑海里一定描绘出一幅史无前例的新国家的形态，这是世界帝国的形态。他生于藏系的首领家庭里，又具有被匈奴羯族的前赵强迫迁居中原的体验，也曾经攻打过鲜卑族慕容部。

苻坚通过自己的亲身体验，一定在深入思考民族问题。远征军的编制就反映出他的各族联合的理想。

苻坚之所以违背王猛的遗言，断然发动南征，原本就是为了实现他的世界帝国的理想。他杀掉侮辱汉人王猛的、自己本族氐族的长老这件事明确地佐证着他的理想。各族人民在同一个地区友好相处、安宁生活，这大概是刘渊、石勒等塞外民族的杰出领导人的共同心愿。

苻坚一定认为，实现这个愿望的时机已经成熟。天赋使命的感觉使得他不顾王猛的遗言以及群臣、身边人的反对而一意孤行。

苻坚本意谋求各族融和的联军在淝水之战中暴露出其弱点。溃逃的前秦军队中，唯一能保持队形不变的只有慕容垂率领的三万鲜卑部队。苻坚依靠这支部队才能带着千骑兵马逃脱，这是苻坚所剿灭的前燕的旧部。在鲜卑部队的保护下仓皇逃命的苻坚也许正是他理想的结局。

慕容垂是前燕末代皇帝慕容暐的叔父。在他所率领的部队里，不少人心里对保护灭亡自己祖国的苻坚充满矛盾。慕容垂的世子慕容宝认为现在正是重建燕国的大好时机，劝说慕容垂机不可失。他进言道：

愿不以意气微恩忘社稷之重。

但是，慕容垂一直不忘苻坚对自己的恩典。儿子和弟弟慕容德说这是“微恩”，但是他不这么认为。他为前秦最大的实权者慕容评（慕容皝的弟弟）所不容，深感性命之虞，于是亡命前秦，受到国士的礼遇。而且王猛劝说苻坚为将来计，必须剪除慕容垂的时候，苻坚没有采纳，未加害于他。当时苻坚这样回答王猛：

吾方收揽英雄以清四海，奈何杀之！且其始来，吾已推诚纳之矣，匹夫犹不弃言，况万乘乎！

弟弟、儿子以及慕容部的其他重要人物都劝说慕容垂现在正是杀苻坚、雪亡国之耻、独立重建燕国的绝好时机，但是他坚决不同意。慕容垂也不反对独立复兴燕国，他对弟弟慕容德说道：

若氐运必穷，吾当怀集关东，以复先业耳。关西会非吾有也。

如果前秦国运衰微，我将在函谷关以东建立政权，复兴燕国，但不会期望获得关西之地。如果要获得关西之地，就必须与恩人苻坚作战。

由于慕容垂的态度，苻坚才得以收回十几万残兵，在洛阳稍事休整后，进入长安。当队伍来到函谷关以东的渑池时，慕容垂请求说，北方之民因此次败战人心动摇，愿奉诏书前去宣抚，顺便祭扫先祖之墓。苻坚表示同意，但苻坚的亲信一致表示反对，认为这样做无异于放虎归山。苻坚认为慕容垂已有承诺，未听劝谏。尚书左仆射权翼说道：

陛下重小信而轻社稷，臣见其往而不返，关东之乱，自此始矣！

权翼是强烈反对苻坚南征的大臣之一。

正如权翼所预料的那样，慕容垂果然一去不复返，复兴燕国，独立称帝，成为后燕的始祖，定都中山（今河北省）。慕容垂称帝是在淝水之战两年之后的385年。

史学家从各个角度对苻坚淝水之战的失败原因进行分析。他渴望各族融和，将氐族东迁，将原本居住在东面的鲜卑族西迁，这样，居住在长安周边的鲜卑族比氐族还要多。这对于氐族国家前秦来说，与其说是一项大胆、不如说是鲁莽的措施，然而，理想主义者苻坚认为这是他的得意手笔。他的以德治国的自信似乎突破了常识的界限。

战败的苻坚回到长安，等待他的是被强行移居关中的鲜卑慕容部的反叛。苻坚虽然杀了可能会成为反叛核心的前燕废帝慕容暐，但他的弟弟慕容冲纠集鲜卑族，夺取长安。关中的慕容部并不像慕容垂那样信守诺言。

慕容冲称燕帝，但是手下的鲜卑族都是从东面被迫迁移过来的，渴望回到家乡。慕容冲必须尊重他们的意愿，只好退出好不容易从苻坚手里夺过来的长安。后世的史学家将这个政权称为西燕。由于极其短命，未算在十六国里。在他们回到朝思暮想的家乡之前，就已经存在慕容垂建立的后燕。不久，慕容冲的“西燕”为慕容垂的“后燕”所灭。

被慕容冲赶出长安的苻坚跑到五将山避难，羌族的姚苌派其部将吴忠围而俘之。

姚苌逼苻坚交出传国之玺。据说苻坚怒目呵斥道：

> 小羌敢逼天子，五胡次序，无汝羌名。玺已送晋，不可得也！

渴望各族融和的苻坚到这个地步也大骂羌族的姚苌是“小羌”，五胡的次序是按照天运来安排顺序的，其中没有你这个“羌”的名字。姚苌派尹纬劝说苻坚禅让，苻坚一口回绝，说禅让乃圣贤之事，尔等姚苌叛贼岂有资格！

尹纬是个善辩之士，思路清晰，苻坚也十分佩服，问他“你在朕的朝廷当什么官”？尹纬回答是“尚书令史”。苻坚叹息道：

> 卿，王景略之俦，宰相才也，而朕不知卿，宜其亡也。

朝廷有十八个尚书令史，是俸禄二百石的小官。苻坚对自己没有发现如此优秀的人才感到羞愧，反省正是由于自己的昏暗才导致灭亡。

姚苌派人送苻坚到新平县的佛寺，处以绞刑。姚苌的哥哥姚襄投降东晋，随殷浩北伐，后反叛殷浩。姚苌的弟弟受到苻坚的重用，却杀死主人。苻坚死前，杀死宝、锦两个女儿，张夫人和太子苻诜自尽。

苻坚享年四十八岁。据史书记载，听到他的死讯，连姚苌的将士都哀伤恸哭。

姚苌想作为深孚众望的苻坚继承者的形象即位，所以封苻坚谥号“壮烈天王”，并且将自己的政权也称为“秦”。史学家为了与苻坚的前秦相区别，将姚苌创立的王朝称为“后秦”。

苻坚在南征之前，派遣吕光率领西征军前往西域。前凉虽然已经降服，但听到前秦的皇帝亲征南方的消息，西部或许会发生局势动荡，有人会趁机从背后袭击前秦。派遣吕光前往西域的目的，大概就是为了防备出现这种情况。

当时，西域的龟兹国（现在的新疆库车县）居住着一个名叫鸠摩罗什的高僧。不仅誉满西域，也远播东方，苻坚也听说了有关这个人的事情。后赵石勒、石虎所崇拜的僧侣佛图澄的俗姓是帛，大概是龟兹人。龟兹人像汉人那样称自己的姓氏的时候，使用“白”或者“帛”字。佛图澄的弟子道安受到苻坚的重用。鸠摩罗什这个名字大概是道安告诉苻坚的吧。

《晋书·鸠摩罗什传》记述，有一次，苻坚的家臣占卜星卦，说道：

有星见外国分野，当有大智入辅中国。

那个时代，经常利用天文占卜各种事情。苻坚听后，心想此人大概就是久闻大名的鸠摩罗什，于是命骁骑将军吕光率七万兵马讨伐西域的龟兹。

按照这个说法，苻坚出兵西域是为了得到辅佐中国的大智人物鸠摩罗什，但同样是《晋书》，在《苻坚传》中却说鄯善王、车师前部王请求前秦像汉朝时代那样设立西域都护，对不服者，予以讨伐，自己愿意为乡导（向导），吕光是在这种情况下被派往西域的。

中原一乱，无法顾及西域的管辖。三国以后，中国政权的力量对西域似乎鞭长莫及。《三国志》的《魏志》中甚至还有《倭人传》（《魏书》卷三十的“东夷”项），却没有西域传。魏文帝黄初三年（222年）二月项里，记述有鄯善王、龟兹王、于阗王分别遣使奉献之事：

是后西域复通，置戊己校尉。

但没有记载什么人担任戊己校尉。当时正忙于与蜀汉、吴的战争，大概任命当地人担负此任吧。胡三省在《资治通鉴》的注释中这样说道：

今虽置戊己校尉，亦未能如汉之屯田车师。

不是汉朝那样的强有力的统治，西域各国的王派使者前往魏、晋朝廷不过是为了丝绸之路贸易的顺利进行而采取的措施。车师前部、鄯善等国不仅派遣使者，还“遣子入侍”，将王子送到西晋的国都洛阳，侍奉皇帝。这意味着以王子作为人质，但随从王子的家臣也许发挥着“国营贸易常驻代表”的作用。

晋南逃，华北地区进入五胡十六国时代，西部出现前凉这样的地方小政权，与西域的关系越发疏远。在西域各国看来，东面已经不存在汉朝那样的超级大国，感觉不到威慑的力量，正是独立的大好时机，但也感到没有一个强有力的政权，处理贸易问题很不方便。

前秦苻坚吞并后赵、灭亡前凉，基本平定华北地区的消息也通过商人传到西域各国。

虽然西域没有了超级大国的压力，但也没有了发生纷争时进行调解的势力。围绕着贸易交易的利益，这些小国之间也会发生纠纷吧。车师前部、鄯善派使者的目的，大概是想借助前秦的武力，在西域各国中建构对自己有利的地盘。

在前秦的南征军出发半年多以前，吕光的军队就已经离开长安奔向西域，吐鲁番盆地之前都是友好国家，没有战事。《晋书·吕光传》记载，吕光在吐鲁番盆地才第一次听到主君苻坚亲征的消息。百万大军的南征需要长时间的准备，前秦的高官吕光不可能不知道。这里的意思应该理解为吕光听到南征军如期出发的消息。

焉耆不战而降，西面的龟兹拒绝投降，吕光开始第一次的军事行动。龟兹王白纯向西面的狯胡王求援，加上近邻各国的援军，总共七十万大军驰援龟兹。不过，这个数字似有夸张。吕光在龟兹城以西击退这些援军。

从长安出发一年半后，吕光才攻陷龟兹。八个月前，前秦军在淝水之战中失败，这消息也传到西域。吕光看到龟兹土地肥沃，考虑在这里独立，但遭到鸠摩罗什的反对，认为此乃“凶亡之地”，吕光只好率兵往东。

鸠摩罗什的父亲是印度的贵族，母亲是龟兹王的妹妹，大约350年出生于龟兹，七岁出家，九岁去克什米尔，研学小乘教，后来又向须利耶苏摩学习大乘教。他是佛教界的天才少年，据说母亲嘱咐他到东方弘扬佛教。

如果吕光一直逗留在龟兹，鸠摩罗什就会失去东方传教的机会，于是他劝说吕光，龟兹是凶亡不祥之地，应该尽快离开往东去。

吕光翻越吐鲁番盆地，进入甘肃，即河西地区，在那里宣布独立。以前张轨及其后裔曾经在这个地方割据建立称为前凉的小王朝，吕光也把自己的政权称为“凉”。史学家将汉族张氏政权称为前凉，将氐族吕氏政权称为后凉。后凉的国都和前凉一样，都在姑臧（武威）。

前秦已经灭亡，羌族姚氏的后秦取而代之。姚苌死后，姚兴成为后秦的皇帝，401年出兵西伐攻打后凉。吕光已于两年前死去，此时后凉的君主是他的侄子吕隆。吕隆战败，后秦将身在姑臧的鸠摩罗什迎接到长安。

鸠摩罗什三十五岁的时候，与吕光一起离开龟兹，五十二岁才进入长安，从事佛典汉译的大事业。鸠摩罗什是否从小就具有汉学修养，不得而知，但他的母语是龟兹语。父亲是印度人，大概从小就学过梵语。

鸠摩罗什被吕光带到河西地区以后才逐渐精通汉语的，当时他大约三十五岁。母语不是汉语的人汉译佛典，这的确令人感动。

对日本人的精神生活产生巨大影响的《妙法莲华经》就是鸠摩罗什翻译的。

大约两百年后，又诞生一个天才的译经家——三藏法师玄奘。玄奘的佛典汉语以无比准确而著称。鸠摩罗什的翻译似乎不是讲求逐字逐句的准确，而是着重抓住佛典的精神，通俗易懂地译出。两个人的佛典汉译各有特色。汉译佛典不仅在中国，也在日本长期广为阅读。

吕光这个人似乎不信佛教，但感兴趣。他强迫龟兹王的女儿与鸠摩罗什结婚。佛僧娶妻，违背戒律。鸠摩罗什作为一个佛教徒，有不少问题，然而他的翻译佛经的确极具魅力。也许正因为是有问题的佛教徒，才能富有魅力地翻译法华经。

鸠摩罗什在姑臧的时候，汉人僧侣法显从长安出发，要去印度寻取戒律经典。当时法显已经六十岁，但为求法，毫不畏死。他经过政局不稳的河西地区时，没有走普通的路线，而是七拐八拐弯曲而过，没有进入姑臧。如果法显能途经姑臧，与天才学僧鸠摩罗什会面，大概不会特地过沙漠、翻雪山而去印度吧。然而，年过六旬的法显，历经十八年的艰难跋涉，对人们是多么巨大的激励啊！他没能与鸠摩罗什会面，仿佛就是上天的安排。

鸠摩罗什进入长安以后，中国的佛教取得长足的发展。此前苻坚从襄阳接来道安，居住在长安的五重寺，让他指导数千僧徒。道安整理佛典，编撰《综理众经目录》，同时制定僧团戒律。道安与苻坚同年（385 年）死去，十六年后，鸠摩罗什进入长安，这里的佛教已经具备坚实的基础。

道安的弟子慧远居住在襄阳檀溪寺，他没有跟随师父去长安，而是南下前往庐山。同门慧永住在庐山的西林寺，慧远则开创东林寺，据说在寺里居住三十多年，从未出山。慧远的东林寺可以说是南方佛教的中心。

慧远本人未出庐山，但他派遣弟子法净、法领前往西域，寻觅梵本，积极开展传教活动。其中众所周知的就是创立念佛结社“白莲社”，不仅僧侣，刘程之这样的在俗名士也参加白莲社。

有关佛教的记录很多，比较容易了解，但有关这个时代的道教情况，就难以从文献资料中把握其总体形态。

孙恩、卢循等号称“永生人”，结社反叛，但这属于五斗米道教体系，迷信的成分很浓，使用巫术，诱人相信。他们之所以能够煽动这么多人参加叛乱，不仅仅是因为巫术的作用，更是生活极度贫困的庶民都有着一种想抓住什么作为依靠的心情。孙恩就摆出一副为百姓解除苦恼的架势。另外，当地豪族对北方来的人成为特权阶层十分不满，他们的支持也助长了孙恩的反叛。

这个道教体系教团的反叛是东晋分崩离析、走向灭亡的开端。

归去来兮

苻坚南征的时候，可以说是东晋最稳定的时期。桓温的篡权图谋因其死去而无果，继其后的谢安、桓冲都是稳健派。桓温死后，谢安甚至都没有削弱西府里的桓氏势力，把动荡不安控制在最小限度之内。

谢安是一个富有教养的文人，年过四十才走上仕途。他家境富裕，其实用不着在官场上拼搏血战。朝廷所在地的建康干扰太多，他就居住在会稽。会稽在浙江省的绍兴附近，和他一样爱好文学、风雅生活的许多人都住在会稽，琅邪王氏的王羲之、沙门的支遁，以及许询、孙绰、李充等都是谢安清游的朋友。

穆帝永和九年（353 年）三月上巳日，清游同仁四十二人聚集于会稽兰亭，饮酒赋诗。年轻的谢安也是其中一人。

三月上巳是中国的修禊日，三月的第一个巳日。据说西汉的吕后在这一天举行修禊，不小心着凉得了感冒，后来因此死去。三月的第一个巳日每年的具体日期不一样，后来就固定为三月三日。这就是日本的桃花节。同样，五月的端午（第一个午日）要举行驱厄辟邪的仪式，后来固定为五月五日，但“端午”这个称呼依然保留下来。

聚集在兰亭的文人中有二十七人赋诗，王羲之写序，这就是名闻遐迩的《兰亭序》，自古就被视为书法的最高杰作。

兰亭聚会恰好三十年后，过去那个白面书生谢安成为迎战前秦百万大军的东晋丞相。

当淝水之战大获全胜的捷报传来的时候，他正在和客人下围棋。据说并没有喜形于色，继续下棋。当然不会不高兴，只是当着客人的面，他不会跳起来欢欣雀跃，这不符合他的做人风格。

小儿辈遂已破贼。

他只是轻描淡写地说这么一句，继续下棋。但是，当下完棋回到内室以后，他一定兴高采烈，在门边还折断了木屐后齿，自己浑然不觉，大概以为脚未着地。淝水这一战决定东晋的生死存亡。

淝水之战大获全胜让东晋松了一口气。对方的各族联军打败仗以后分崩离析，不再对东晋构成威胁。因此，似乎东晋也就放松了警惕。

东晋的朝廷开始乱起来。

简文帝死去的时候，挫败桓温野心的是谢安和王坦之。王坦之的儿子王国宝是谢安的女婿，虽然他也是琅邪王氏家族出身，但为人不端，岳父谢安没有举荐这个女婿。王国宝怀恨在心，便对孝武帝的弟弟会稽王司马道子说了谢安很多坏话。会稽王的妃子是王国宝的从妹，孝武帝与其弟会稽王经常在一起饮酒游玩。王国宝说谢安的坏话也就传到孝武帝的耳朵里，谢安逐渐被疏远。

“五胡十六国”时代，经常有明君出现，但东晋很少有杰出的皇帝。孝武帝嗜酒，流连内殿，不问政治，朝廷小人得志，奸臣当道。

淝水之战两年后（385年），谢安死去。皇弟司马道子作为司徒、扬州刺史、录尚书、都督中外军事掌权。

胡三省在《资治通鉴》中这样注释道：

道子得权，晋由此乱。

北方的鲜卑族拓跋部的拓跋珪逐渐强大起来，先后称代王、魏王。拓跋部居住在兴安岭东面，与同样是鲜卑族的慕容部等不同，条件不好，发展缓慢。后来产生一个优秀的领导人拓跋珪，与周边部族作战，逐渐扩大势力范围。东晋对此本不可掉以轻心，然而孝武帝只是一味骄奢淫逸。

孝武帝信佛，不惜重金大建寺院，与僧尼交往。庐山的慧远著《沙门不近王者论》，认为在世间的僧侣可不必遵从世间的规矩，所以不必礼拜帝王。进入东晋朝廷的僧尼都是想接近权势的假和尚、假尼姑，从而造成朝廷风纪紊乱，贿赂盛行，官吏任用有章不循。

政治行政的基本——九品官人法变得名存实亡，意味着东晋政治体制的变质。很多任命不按照中正官评定的乡品，有的取母姓者（即私生子），原无乡品，却当上郡守或县令。还有的为非作歹之徒，只因为朝内有人，无罪开释。社会秩序一片混乱。

一直受益于传统体制的贵族对此十分不满，他们对人的评定标准就是门第。门第高低决定人品，这在当时是一种常识。常识的否定不仅让贵族们心怀不满，也让他们惴惴不安。

任命为魏郡太守的赵牙原先是一个俳优，骠骑谘议参军茹千秋原先是一个捕贼吏，这种根本无视乡品的任命，主要是皇弟司马道子所为。据说孝武帝对此很是不满，但经不起母后的劝说，不便免除。

太元二十一年（396 年）正月，宫中修建清暑殿。九月，孝武帝暴毙于这座新落成的清暑殿内，年仅三十五岁。

孝武帝在后宫最宠幸张贵人。他十九岁的时候，比他大两岁的皇后王氏死去，此后一直未册立正式的皇后。张贵人年近三十，有一次孝武帝开玩笑地对她说道：你这个年龄，差不多也该走了，我要换一个年轻的。也是孝武帝气数已尽，张贵人闻之大怒，用棉被捂住熟睡的孝武帝的头，活活将其闷死。一句戏言竟然要了自己的命。

北府军是淝水之战大获全胜的主力，其统帅是兖州刺史王恭。他是贵族出身，自然必须坚决捍卫体制，逼迫司马道子清除君侧的奸臣。

孝武帝的长子司马德宗即位，称为安帝。即位时十五岁，但口不能言，甚至不知寒暑饥饱，是一个严重的弱智。弟弟司马德文终日陪伴身边照顾他。司马德文虽年少，但性情恭谨，只是尽心尽力地照顾兄长，对政治毫无野心。政治上的一切事情完全交由皇叔司马道子处理。

王恭以北府军相逼迫，司马道子只好赐死王国宝，将过去所有的罪恶都推到他身上。然而，东晋朝廷的腐败是政体机制的腐烂，不是清洗一个王国宝就能净化的。

隆安二年（398年），王恭再次动用北府军的力量逼迫朝廷进行改革。

王恭的想法有很大错误，他把北府军当做自己个人的工具。北府军的军人原先是从北方流亡过来的，在优秀的领导人训练培养下，成为一支英勇的军队。大部分队员属于兵户。所谓兵户，就是编入户籍的以军务为职业的家庭，可以说就是职业军人。北府军的队员都已经是第二、第三代的职业军人了。

北府军的初期领导人，都像郗鉴那样，与士兵同吃同住，同甘共苦，上下打成一片，士兵感觉就像自己的“老大哥”。后来，领导人就变成朝廷任命的贵族，在士兵眼里，与自己毫不相干，而且贵族对士兵流露出蔑视的神态。也许本人没有意识到，但歧视与受歧视，总是受歧视的一方格外敏感。

北府军的士兵最信得过的就是身先士卒与自己一起冲锋陷阵的军官、将军，对于再上层的人物，毫无亲近感。

王恭认为自己是北府军的最高领导人，一声令下，可以随心所欲地调动军队。他对北府军的高级军官也只是视为雇佣军的队长，不过是打仗的工具，毫无感情的交流。

在淝水之战中建立大功的刘牢之，对王恭的态度也不以为然。刘牢之的曾祖父曾任郡太守，父亲是征虏将军，门第也不坏，但王恭出身琅邪王氏家族，是孝武帝的皇后王氏的哥哥，所以根本不把刘牢之放在眼里。

皇叔司马道子嗜酒如命，没有大作为，倒是其子司马元显比父亲有才能。甚至在王恭举兵之时，司马道子也全权交给儿子处理。征讨都督元显熟知北府军内情，他在派遣卫将军王珣和右将军谢琰讨伐王恭的同时，派遣曾是北府军高级将领的庐江太守高素悄悄与刘牢之联系，动员他反水，条件是取代王恭，担任他现任的所有职务。

王恭名义上是逼迫朝廷改革，但动用军队，无疑就是反叛。所以刘牢之的反水就不是背叛王恭，而是忠于朝廷的表现。

北府军的实权实际上掌握在刘牢之手里，只要他背离王恭，王恭就一事无成。王恭在刘牢之之子刘敬宣的攻打下，逃到曲阿的长塘湖，被俘后送回建康处斩。

这样，刘牢之成为北府军的首脑，过去都是朝廷指派的官员，这一次是从北府军内部产生的领导人。

王恭举兵败北的第二年（399 年），发生孙恩之乱。东晋朝廷的掌权者实际上是司马元显。这个人虽然有能力，但性格严酷，办事武断鲁莽。他颁布命令，征集东部沿河沿海流域的佃农服兵役，所以孙恩举兵，不到十天，响应者几十万。

东晋派遣北府军讨伐这个以道教体系教团为核心的反叛。

孙恩的部下来自海岛，大概士兵多是水上生活者。他们首先攻打会稽郡。会稽内史王凝之是书圣王羲之之子，大概因为他本人信奉道教中的天师道，所以事先没有调集军队以防备叛军的袭击。等到孙恩兵临城下，才出兵抗击，但为时已晚，王凝之及其妻儿尽行被杀。

从这件事可以看出，孙恩之乱不是宗教造反。天师道是五斗米道的别名，孙恩却杀死与自己具有同样信仰的王凝之。孙恩自称征东将军，利用宗教让人们迷惑疯狂，乱杀官吏。他甚至杀害婴儿，还把被杀的官吏用盐腌，然后让其妻儿吃，不吃者杀之；他还进行性乱交，疯狂掠夺财宝，等等，史书上没写孙恩一句好话。仅仅依靠宗教信仰这个手段，的确令人感觉疑惑。能够聚集几十万的军队，孙恩还是有什么可以吸引人的地方吧。同时这也说明人们对朝廷怀着多么大的反感。

因为水上生活者很多，所以孙恩的水军战斗力强大。此时离淝水之战将近二十年，除了刘牢之的北伐军进入邺又返回这次作战之外，东晋没有大的战事。前秦灭亡后，北方的压力减弱，东晋的军队，尤其是地方军更是松懈消沉。孙恩的水军沿长江溯流而上，直逼建康。

建康的门户京口（镇江）与长江对岸的扬州都是北府军的据点。北府军不愧英勇善战，大破孙恩的水军，把他们赶到海上。

日本读书界十分熟悉的田园诗人陶渊明，大概此时也参加了北府军的作战。他有一首诗歌的题目是《始作镇军参军经曲阿作》，虽然没有明确记载创作年代，但一般认为作于隆安三年（399 年）。这首诗叙述自己喜欢琴书，安于贫困，但如今人在旅途，暂时远离田园，总有一天还要回到自由恬适的地方。

镇军，大概就是镇卫军前将军刘牢之。参军，有相当于参谋的谘议参军和相当于书记的记室参军。陶渊明恐怕没有手持武器上战场，而是书写文书之类的工作。不过他对这样的工作不满意。

从地理形势上看，与孙恩军正面对抗的是北府军，但因为孙恩军已经逼近首都，西府军也从荆州沿长江而下。

西府军的统领是桓玄，差一步未能实现篡权野心的桓温之子。这个桓玄或许由于继承父亲的野心，或者因为愤怒于东晋朝廷的无能，平时就对朝廷群臣采取批判的态度。

东晋朝廷仍然保存着俳优、帮闲、僧尼出入风纪紊乱的前朝遗风，不仅朝廷，首都建康的各个方面都已经呈现颓废破败的景象。以西府军的根据地武昌为中心的荆州一直朝气蓬勃，对首都的颓唐感到失望的人们都移居到这里来。陶渊明大概也是其中之一，他有一首诗的题目是《辛丑岁七月，赴假还江陵，夜行涂口》。

江陵、涂口都在湖北，陶渊明的故乡是庐山山麓，可见他的工作地点在西府的管辖地内。

西府军统领桓玄所批判的对象，具体地说就是司马元显。皇帝是个白痴，司马元显的父亲司马道子，则是一个在孙恩军队逼近时只会在蒋侯庙里磕头求拜的废物。

当司马元显听到桓玄出兵救援首都的消息时，吓得脸色苍白。但是，打败孙恩的不是沿长江而下的西府军，而是刘牢之的部将刘裕。史书这样评价刘裕：

勇健有大志。仅识文字，以卖履为业，好樗蒲，为乡间所贱。

连被王恭视为职业军人而瞧不起的刘牢之，也是出身于太守、将军的门第。这个刘裕，毫无门第可言，他以善战而著称，崭露头角。谁也不会想到，取代东晋、创立新王朝称帝的正是这个刘裕。

孙恩军退却以后，桓玄的西府军停止东下，东晋朝廷的掌权者司马元显才放下心来。但是，只要桓玄在，他就不可能高枕无忧。司马元显决心除掉桓玄，心想，调动在击败孙恩的作战中立下赫赫战功的北府军讨伐桓玄定能成功。

北府军的刘牢之曾经背叛王恭将其置于死地，这一次他再度扮演背叛的角色。

元兴元年（402 年）正月，颁布讨伐桓玄的诏书，司马元显任征讨大都督，刘牢之被任命为前锋都督。桓玄得到消息，也立即调动西府军沿长江而下。桓玄派遣刘牢之的亲戚何穆游说刘牢之里应外合，刘牢之表示同意。

只要刘牢之指挥的北府军按兵不动，司马元显就束手无策。桓玄进入无人抵抗的建康，一举肃清司马道子、元显父子及其同党。桓玄掌权后，任命刘牢之为会稽内史，这肯定是要职，但赴任会稽，就把他与北府军分离开来。谁都一目了然，这个人事安排的目的就是让需要提防的人物刘牢之离开军队。

对于刘牢之来说，剥夺军权无异于死，于是他召集幕僚商讨依据江北讨伐桓玄的对策。这时，幕僚参军刘袭说道：

一人三反，何以自立！

说罢离去，幕僚们都一个个离席而去。刘牢之先后背叛王恭、司马元显二人，这次又要背叛桓玄。连他的亲信都忍无可忍，斥责道：这个“三反”太过分了吧！这样子还想自立，不是太自私自利了吗？最终刘牢之逃到江北的新洲自尽。他的灵柩送回丹徒的时候，桓玄开棺，斩其首，枭于市。这种做法一定在北府军官兵的心里点燃熊熊怒火。同时，桓玄还清洗了北府军的主要领导。

仅仅因为是刘牢之的老部下，吴兴太守高素、将军竺谦之，甚至痛斥刘牢之“三反”的刘袭也被杀。

北府军的高级幕僚全部被杀，中级军官以下虽然保住一条命，但都分散到各地去。刘裕属于幸免一死的范围。孙恩自杀，但他的妹夫卢循收罗残部依然坚持抵抗，所以桓玄不能将北府军中的战场指挥官留下来。刘裕被派到东阳参加对卢循部将徐道覆的讨伐。在这期间，桓玄杀掉冀州刺史孙无终，理由也仅仅因为他曾经是北府的领导人。刘裕仕于刘牢之之前，曾是孙无终的下属。

桓玄让自己的堂兄弟桓修担任北府军的总帅，清洗高层首脑，调换、分散野战部队指挥员，桓玄也许认为这样就解决了北府军的问题。其实他的想法太天真了。过去的王恭不过是北府军的一块招牌，换一块招牌终究不能解决问题。

这次清洗反而在北府军官兵的心中深深种下对桓玄的仇恨。桓玄实在不该对刘牢之尸体施加暴行。

桓玄任太尉，任大将军，任相国，任楚王，这是必定的程序，下一步就是逼皇帝禅让，自己即位。在桓玄慑服建康的第二年（403 年），他终于废黜安帝，自己登基，国号为“楚”，改元“永始”。

废帝安帝移居浔阳。浔阳郡太守所在地柴桑，正是诗人陶渊明的故乡。

政局变动的这一年，对陶渊明的行踪，不甚明了，可以推测他先是属于北府，后来属于桓玄的西府。可是他在年初写有两首田舍怀古的诗，所以也许已经回乡。那段时间里，他的母亲去世，也有可能正在服丧。上述两首诗的结句是：

长吟掩柴门，聊为陇亩民。

结句的气氛悠闲，如果他在桓玄的手下，正是篡位之前的大忙时候，大概不会如此悠闲农作吧。

那个白痴废帝应该幽禁在附近。他在给从弟的诗中流露出凄凉苦闷的心情。

凄凄岁暮风，翳翳经日雪。
倾耳无希声，在目皓已洁。
劲气侵襟袖，箪瓢谢屡设。
萧索空宇中，了无一可悦！

桓玄的楚王朝仅仅存在三个月。第二年二月，刘裕举兵推翻桓玄，夺取京口城，斩杀北府军总帅桓修，向首都建康挺进。

楚皇帝桓玄仓皇出逃，被追兵所杀。这样，幽禁于浔阳的安帝重新被迎回建康的宫殿。

虽然安帝复位，但可以说东晋王朝已经被桓玄所灭，复位后的安帝不过是刘裕的傀儡。

十七年后，刘裕以禅让的形式登基称帝，取代东晋，开创宋王朝。公元420年是宋武帝（刘裕）的永初元年。

安帝复位的义熙元年（405年），陶渊明任彭泽县县令。他八月上任，安帝复位是二月，所以此时已经是刘裕掌权的时代。

陶渊明曾任北府军参军，那个时期与刘裕是同事关系。当时陶渊明是一种什么样的心情呢？这可以令我们充分想象。他八月就任县令，十一月就辞官回归故里。为什么会辞官呢？可以推测有这样的可能：县令不是高官，与如今身居国家政坛第一把手的过去的同事相比，简直天壤之别而感觉不平衡；也有可能他曾是桓玄阵营里的人而受到冷遇，因此断然离开政界。桓玄成为逆贼，与他有关的人自然也不会有光明的前途。据说辞官的原因是妹妹去世，这不过是个借口。

如今虽然是刘裕掌握天下的大权，但自己随时都有可能失势。王恭、刘牢之、桓玄，这样的例子实在太多了。身在官场，与现政权关系越深，也许危险越大。

大概有人认为，这种庸俗的想法是对陶渊明的亵渎。他从仕宦的时候开始就反复说想辞官不干，对田园生活怀着一种异乎寻常的渴望。陶渊明接受竹林七贤所显示的老庄思想，当时已经流传很广的佛教思想，可能对他的思想也会产生某种影响。在他故乡的南面耸立的庐山是南朝佛教的中心。据说曾有人动员他加入慧远创立的白莲社，但因为有不得喝酒的戒律，才没有参加。

归去来兮！田园将芜胡不归？

这篇《归去来兮辞》也收录在《文选》里，最后一句是：

乐夫天命复奚疑。

从俗世到隐遁，不是山间，不是竹林，而是田园。他讴歌生活。六朝文学的主流是贵族的辞藻华丽的文章，陶渊明的诗歌充满主流文学最缺乏的清新的生活气息。题为《饮酒》的二十首诗歌，其中第五首是这样的：

结庐在人境，而无车马喧。
问君何能尔？心远地自偏。
采菊东篱下，悠然见南山。
山气日夕佳，飞鸟相与还。

此中有真意，欲辨已忘言。

仅仅读这首诗，似乎感觉陶渊明对田园生活十分满足，可是他应该怀着辞官归田的种种感慨。他开始并不是隐遁者，年轻的时候也怀着满腔抱负，大概也梦想建树曾祖父陶侃那样的卓著功勋吧。他的《杂诗》里有这样的句子：

忆我少壮时，无乐自欣豫。
猛志逸四海，骞翮思远翥。

归隐以后的诗歌这样写道：

日月掷人去，有志不获骋。
念此怀悲凄，终晓不能静。

回首人生，壮志未酬，心潮澎湃，夜不能寐。抚平躁动的心灵，回归隐遁的田园。陶渊明的诗歌描写他热爱普通人的平凡的生活，这正是他诗歌的魅力。如果陶渊明一开始就是一个超凡脱俗的另一个世界的人，我们对他的诗歌大概不会产生如此强烈的共鸣。

我在前面只谈到陶渊明的曾祖父陶侃，但有材料表明他出身于一个名叫溪蛮的少数民族。在贵族社会里，这样出身的人要想进入上层，除了军队，别的路子恐怕都走不通。但是，陶渊明在诗文中没有直接涉及自己的出身。

陶渊明的“猛志”，表现了他想在政治舞台上位居高官、干一番惊天动地的事业的志向。

作为历史留给我们的是这种可以大展宏图的人所构织的图像。

因为陶渊明留有诗文，使我们得以知道历史上有一个他这样的人物，与他有着相似境遇却没有留下任何痕迹的人应该还有很多。一个陶渊明的背后一定站着十个、百个陶渊明。

通过他的诗歌，我们可以知道正史没有记载的田园生活、人民情感。不然的话，我们对这个时代的人民的了解，仅限于爆发孙恩之乱时期的知识。

孙恩死后，他的继承者卢循从广东卷土重来，再次进入长江，但在安帝复位的第七年（411 年）被刘裕击败。卢循自杀，叛乱结束。

刘裕即位开创宋朝的时候，陶渊明五十六岁。刘裕两年后死去，陶渊明活到六十三岁，于宋文帝元嘉四年（427 年）辞世。

重返洛阳

基本统一华北地区的前秦苻坚南征失败，其政权分崩离析，华北地区再次陷入混乱。

前秦是各族联合的政权，因为有苻坚这个具有强大凝聚力的人物。不仅仅只限于各族联合，即使是单一部族的政权，例如游牧民中的许多部、落也都是联合体，虽然规模大小不一，但与各族联合的性质一样。一个具有强烈个性的人物可以把众多部、落、族凝聚在一起，一旦这个人死去，或者像淝水之战中大败的苻坚那样权威坠地，联合体也就随之解体。

深刻认识到将政权的兴衰存亡系于一人之身的危险，为此采取相应的对策并成功地长期维持政权的是鲜卑拓跋部的北魏。他们首先将部、落、族的实权者从这些组织中脱离出来。这与东晋的桓玄将刘牢之从北府军中脱离出来的手法一样。北魏不是采取强硬集中实施的方法，而是耐心地逐步实行，大概是把实权派首领叫到首都，委以中央政府的重任，同时让他们与自己原先的集团继续保持关系，然后逐渐弱化他们之间的关系。

那么，对这些集团又采取什么措施呢？就是汉族的郡县制化。中央派官员处理集团的行政事务。这样，原先的首领只好脱离出来。脱离出来的不是一个人，其他首领都是如此，就不会产生很大的不满。

鲜卑族中最落后的北魏通过这种方式逐渐增强势力，从兴安岭南下。

苻坚没落以后，华北地区的政局变得很不稳定，这就给新的外来势力的侵入造成可乘之机。对苻坚做到仁至义尽的慕容垂在华北东部复兴燕王朝，建立被史学家称为“后燕”的政权。但是，这个鲜卑慕容部的政权与以往北方体系的政权一样，没有努力克服自己的弱点。从慕容垂与苻坚的关系来看，他的确是一个富有魅力的优秀领导人，一条真正的汉子，但前秦对他的依赖心太大。

慕容垂率兵南下，收复被东晋夺走的失地，看似国势强盛，但是他一死，照样发生内讧。慕容垂死后，皇太子慕容宝继位，对此没有异议。问题是慕容宝之后的继承者。

慕容垂死前指定两代接班人，他认为孙子中的长孙慕容会雄俊英武、心胸广阔，最为合适，于是留下遗言，要求慕容宝必须交班给慕容会。这种做法实在是多此一举。

慕容宝有自己的想法，其中也有感情上的问题。慕容会的母亲出身卑贱，慕容宝对这个孩子也不是十分喜欢，更疼爱幼子慕容策。慕容宝的孩子除了慕容会和慕容策外，还有一个与慕容会同岁的慕容盛。

慕容会被立为继承者，慕容盛对此感到耻辱，因为自己与他同岁，却没有得到认可，因此产生一种扭曲嫉妒的心态吧。倒不如让慕容策成为继承者，这样自己心情才能顺畅。他向父亲建议立慕容策为继承者，慕容宝虽然对父亲的遗言不满意，却不敢轻易违背，但如果皇族内其他人也有同样的意见，就另当别论。于是慕容盛联络慕容麟等皇族的实权派联合进言册立慕容策为皇太子，慕容宝这才下决心更换继承者。

慕容会心情郁闷，祖父器重自己，选定自己为继承人，如今却被十一岁的慕容策取代。慕容麟也绝非老实人。于是发生复杂的内讧。慕容会与父亲顶撞反抗，非当皇太子不可，最后被杀。

不论内讧出于何因，其结果必定削弱国力，结果给予拓跋部的北魏可乘之机。后燕皇帝慕容宝杀逆子慕容会那一年（397年），受到北魏的攻打，只好放弃首都中山，逃到龙城。这次败战导致后燕势力一分为二，皇帝的叔父慕容德在河南自立王朝，称燕王。史学家将这个小政权称为“南燕”。

北魏在杰出的首领拓跋珪的领导下，势力日益强大。不久，公元409年，后燕被汉人冯跋篡夺。第二年，南燕为东晋的刘裕所灭。

409年这一年是多事之秋。没想到就连拓跋珪也在这一年被他的一个儿子拓跋绍所杀。

拓跋珪是北魏的道武帝，此人既是明君，同时也是暴君。也许正因为具有暴君性格，才能够进行重大的改革。他把游牧民制度转换为近似汉族的郡县制，没有蛮勇的作风恐怕无法实施。

迁都平城（现在的山西省大同市）也是强行实施。他强迫六州的吏民杂夷等十七余万人移居首都圈。平城迁都是在公元398年，这一年东晋的刘牢之因反叛被王恭所杀，拓跋珪即位称帝、定国号为魏也是这一年，他使用天兴元号。拓跋珪命令朝野所有人等束发加帽。鲜卑族的传统发型是剃去周围的头发，留顶发之大部分，垂辫于后，现在发型改为汉族的风俗习惯。

这些措施都是根据汉族大臣崔宏的建议而实施的。北魏重用的汉人还有邓渊、王德、董谧、王宪等，王宪是仕于苻坚的王猛的孙子。汉化政策令鲜卑族反感，但道武帝强制推行。

北魏虽然是鲜卑拓跋部创建的国家，但就人口构成来说，拓跋部未必占多数。拓跋部是在讨伐、吞并周边的高车族、蠕蠕族、匈奴铁弗族等之后发展壮大起来的。高车称为丁零或狄历，与隋唐的铁勒一样，属于维吾尔族祖先的游牧民。蠕蠕又称为柔然，推断是蒙古系的游牧民。游牧民战争的胜利意味着抢掠牲畜和游牧民。拓跋部吸收这些部族的游牧民后南下进入汉族的居住地区，实行统治，所以拓跋部所占人口的比例自然下降。

夺取游牧地带也意味着掌握东西方贸易交易的途径，北魏建国的时候，他的财源也仰仗这种贸易交易的利润。

道武帝时代实行计口授田政策，北魏从游牧国家逐渐变成人民定居的农耕国家。这是改变国家性质的大事，善于决断的优秀领导人才能出色地完成这项艰巨的事业。

道武帝具有异乎寻常的强悍的决断力，到晚年甚至感觉成为一种病态。说是晚年，其实不过四十岁出头，但他的行为令人感觉确有狂疾。司空庾岳因为身穿模拟帝王的鲜丽服饰被杀。居住在北魏的慕容部有一百多户意欲逃亡，结果三百多人被杀。这还是有所谓理由的诛杀，高邑公莫题以“居处倨傲”为由被杀，其实真正的原因是他二十年前曾讥讽道武帝“三岁犊岂胜重载邪”。据说道武帝的使臣来向他传达皇帝的话：三岁犊今如何？莫题一听，知道命休矣，与儿子相对而泣。

群臣不知道自己会在什么时候、以什么理由被杀，朝不保夕，一个个战战兢兢。与道武帝的一点旧恶绝对不会被放过，哪怕仅仅因为是颜色变动，喘息不调，行步乖节，言辞失措，都会被道武帝杀掉，其理由是怀恶在心，变见于外。道武帝还把死者陈列在天安殿前。

也许道武帝患有被害妄想症。独裁皇帝一旦患上这个病，全国百姓就要遭殃，自然引起民心不安、社会不稳。因此也就有人判断，如果不尽快除掉这个独裁皇帝，自己就有性命之虞。

皇子拓跋绍游手好闲，一上街就闹事。道武帝曾把他倒着吊挂在井里加以惩罚。拓跋绍的母亲贺夫人其实是道武帝的姨妈，有丈夫，道武帝见她漂亮，便杀掉她的丈夫，霸占己有。但是，这个贺夫人犯有什么过失，道武帝将她囚禁起来，要杀她。贺夫人秘密派人找儿子拓跋绍，要求相救。拓跋绍认为要救母亲，就必须杀掉父亲，便与宦官、宫女合谋，到皇帝居住的天安殿，大叫“有贼！”将惊慌失措跑出来的道武帝杀死。

太子拓跋嗣身在外地，听到消息后急忙赶回，诛杀拓跋绍，自己即位。当时拓跋绍才十六岁。史书说拓跋绍凶恶无赖，其实他只是一个顽皮捣蛋的少年，杀父篡权都是为了救母而干出来的。大概不少人内心里还感激拓跋绍，为他们除掉这个脑子有点失常的凶暴的杀人狂道武帝。

拓跋嗣即位，成为第二代皇帝，即明元帝。道武帝这个说一不二的强悍的皇帝一下子消失，对北魏产生不小的震荡，但是明元帝成功地把震荡控制在最小限度。其原因有三：第一，官僚机构正在发挥其管理功能；第二，拥有强大武装力量的首领不复存在使得北魏皇帝的交替时期比较平稳；第三，在道武帝狂疾般的暴政下，朝野上下从不仅不敢说话，甚至不敢喘息的压抑气氛中解放出来，转而支持明元帝。

明元帝的生母刘贵人也是被道武帝所杀。明元帝被立为太子的时候，道武帝为防止外戚干政，说是“国家长久之计”，赐死了太子之母。太子悲痛欲绝，日夜号泣，道武帝闻说后，大怒，命太子进殿见他。太子的身边人对太子说，狂疾的皇帝正是气头上，现在进殿，恐有不测，还是外出暂避为好。于是太子离开平城。

如果当时太子也在宫殿里，大概会和父亲一起死于拓跋绍之手。明元帝的工作就是在父亲铺设的轨道上驾驭着车子前进。道武帝铺设的是一条什么样的轨道？北魏的高层中有许多人还无法理解。明元帝本人的目标似乎并不在于充实内政，而是扩大势力范围，首先依靠自己的力量重新实现苻坚所完成的统一华北的大业。崔宏、崔浩父子等汉人官僚竭尽全力促使明元帝将目光转向整顿加强内政上来。

明元帝在位期间，后秦皇帝姚兴死去。由于姚兴没有事先采取防范措施，在他重病尚未死去的时候，就发生武力内讧。东晋的刘裕率兵自建康出发北伐。当时是安帝义熙十二年（416 年），是刘裕篡权开创宋王朝的前四年。如果北伐成功，就可以大大提高刘裕的权威，踏上禅让登基的台阶。

这一年的十月，刘裕夺取后秦的洛阳。姚兴死于这一年的正月。十二月，刘裕在军中被任命为相国。第二年七月，长安陷落，后秦皇帝姚泓投降，这个羌族的国家就此灭亡。后秦灭亡的原因，表面上是兄弟阋墙导致国力的衰弱，其实根本的病灶还是未能改善政治体制。

东晋军队逼近长安的时候，后秦曾向北魏求援。姚兴的女儿西平公主是明元帝的夫人，后秦想利用这种亲戚关系获得援兵，但是北魏没有出兵，因为崔浩坚决反对。有人提出在黄河上游阻挡刘裕的北伐军，崔浩说：

是我代秦受敌也。

没必要仅仅因为是亲戚关系就要冒这么大的危险。崔浩的策略是：允许刘裕的东晋军队从北魏的国土通过，待他们西上后，集中兵力堵住东面。

如果刘裕获胜，他就会感谢“北魏借道”；如果刘裕失败，东晋军队的退路已被堵住，届时再向后秦派出援军。这个策略的确是老谋深算。崔浩预言刘裕即使攻陷长安，也保不住关中。

果然不出崔浩所料，刘裕的北伐是为自己的篡位布下的一步棋。他只是打算把后秦皇帝姚泓带到建康斩首，以进一步提高自己的威信。只要能达到这个目的，至于能否守住关中，则无关紧要。与篡位的大事比较，确保关中只是浪费精力。

先前被拓跋部驱赶到陕西北部、鄂尔多斯一带的匈奴铁弗残余称为赫连部，建立起类似后秦保护国那样的政权，自称是夏王朝的后裔，将这个政权命名为“夏国”。夏国在刘裕为篡位的最后准备而率军南归的时候，乘虚而入，占领长安。

在明元帝之后的太武帝拓跋焘时代，北魏伐夏，占据长安为中心的关中地区。崔浩曾预言关中早晚是北魏的，果然收入囊中。

北魏完成统一华北大业是在太武帝时代。崔宏的儿子崔浩辅佐北魏国政，为统一事业作出贡献。崔浩很有能力，但为人缺少度量。他非常自信，而且好恶分明，人际关系未必和谐。他性情激烈，对政敌毫不留情地置于死地。

尽管崔浩在统一华北的大业中立有大功，却因国史事件死于非命。我将在后面讲述此事。

北魏自东向西，长驱直入，统一华北。后秦亡后，华北西部的小国都不足挂齿。这些弱小国家还互相争斗，北魏在一边看着它们打得筋疲力尽。

北魏进攻占据长安的夏国，占领长安和统万（夏的首都），但是这个夏国攻打消灭鲜卑族乞伏部的西秦。消灭夏国的是吐谷浑。吐谷浑是居住在青海的鲜卑族慕容部的一个派别。居民除鲜卑族外，似乎还有不少藏系的部族。

439 年，北魏灭北凉，终于完成了渴望已久的华北统一大业。北凉是兴起于甘肃的称为“凉”的五个政权，即所谓五凉的末代王朝，是一个由汉人段业创立、被匈奴沮渠氏篡夺的不正规的政权。

五凉王朝的第一个政权是汉人张轨创建的前凉，在张天锡时代被前秦所灭。张天锡跟随苻坚参加淝水之战，投降东晋。五凉的第二个政权是讨伐龟兹、带回鸠摩罗什的吕光所创建的后凉。后来后凉分为北凉和南凉，北凉由段业、南凉由鲜卑秃发部的秃发乌孤负责，但都在吕光的领导之下。南凉很早就投降西秦。另外，西凉的敦煌太守、汉人李暠从北凉独立出来，统治以酒泉为中心的河西一部分地区长达二十年，但战败于北凉，于421年灭亡。唐高祖李渊是这个西凉李暠的第七代孙。

在消灭西部北凉的三年前，北魏就先在辽西消灭了东部的北燕，将东北地区收入自己的版图。

北魏名副其实地实现华北的统一，形成与华南的宋王朝平分天下的强大势力。华北地区的“五胡十六国”时代于439年结束，至589年北方的隋消灭南方的陈实现天下统一的这一百五十年时间，称为南北朝时代。

远征西方的结果，使得佛教在北魏得到前所未有的发展。北魏最大的实权派人物崔浩其实具有极其浓烈的中华思想，他非常厌恶起源于印度的佛教。北魏的道武帝、明元帝、太武帝三代皇帝都注重保护佛教，在国都平城及其周边接连不断地修建佛寺。崔浩对此极为讨厌。

使用种种谋略打倒政敌的崔浩，对佛教的发展自然也不会袖手旁观，听之任之。他把一个名叫寇谦之的道士推荐给武帝，打算让皇帝信奉道教，以打击佛教。大概寇谦之这个棋子表现不错，太武帝的心逐渐转向道教。

佛教原本是思考性的宗教，对于生性好动的游牧生活者来说，还有难以适应的地方，而且在历代皇帝保护下的佛教，也开始出现堕落的倾向。

在统一华北的战争中，需要大量的士兵，然而僧侣可以不服兵役。当时经常发生饥荒，农业劳动力严重不足，然而僧侣可以不干农活。佛教的教团势力越大，从事生产的人就相应地越少。身为一国之主的太武帝大概早就为此苦恼。在这个时候，出现寇谦之这个理论家，褒扬道教，贬抑佛教。

在消灭北凉的前一年，太武帝颁布诏书，规定五十岁以上的人才能成为沙门。年轻人要么从事农业劳动，要么服役当兵，这其实是排斥佛教的第一步。

北魏太武帝太平真君七年（446 年），对佛教进行彻底的清除。“太平真君”这个听起来很别扭的元号，其实是寇谦之取自老子的后裔李谱文授予他的《录图真经》。

当时，盖吴在长安北面的杏城反叛。盖吴名叫卢水胡，似为少数民族。他聚集十余万人，引起大乱。北魏派兵讨伐的时候，进入长安的佛寺，看见僧侣在饮酒，还发现寺院里隐藏着大量武器，从而断定佛寺与盖吴沆瀣一气。太武帝决定镇压佛教，首先全部杀戮长安的僧侣，烧毁所有的佛典、佛像。

崔浩绝对赞成对佛教的镇压，但道士寇谦之表示反对。尽管佛教是道教的劲敌，但严酷镇压宗教的先例一开，其矛头恐怕以后也会对准道教。正在亲征的太武帝命令留在平城的太子拓跋晃，对平城的佛教僧侣采取与长安一样的镇压手段。

其实太子拓跋晃喜欢佛教，他故意推迟发布太武帝的诏书，以便平城的僧侣有时间逃跑和隐藏佛典、佛像，不过，不得不破坏寺院和塔。

中国历史上发生过四次灭佛事件，称为“三武一宗灭佛”。三武，指的是北魏太武帝、北周武帝、唐武宗；一宗，指的是后周世宗。

盖吴之乱于同年八月平定。两年后，北魏继续派兵西进，远涉流沙，讨伐焉耆、龟兹，平定西域。这样，北魏可以保障贸易通路的安全，获得利益。平定西域的第二年，北魏讨伐北面的柔然（蠕蠕），获得人口、牲口百余万。对于北魏来说，不仅东、西两面，北方也没有了敌人，现在只剩下南方。

国史事件发生在太平真君十一年（450 年）。

崔浩依仗自己的才能与皇帝的信任，专制朝权，推荐冀、定、相、幽、并这五州的几十个人，全部被任命为郡太守。有人提出，太子拓跋晃早先推荐的许多人都已经就职，只差一步就能就任郡长官，如今崔浩新推荐的人要取而代之，这样做法不好。但崔浩对不同意见置若罔闻，我行我素。

崔浩虽然长期担任鲜卑国家的大臣，但顽固的中华思想使得他依然在内心深处蔑视鲜卑人。这个人个性又很强，心里的想法往往在态度上显示出来。

鲜卑人被称为“北人”，他们感觉虽然北魏是自己的国家，却受到低于汉人的待遇。他们的不满情绪强烈，认为这都是崔浩这个人担任司徒掌握国政所造成的。

这时，太武帝命令崔浩主持编撰《国记》，编写北魏的历史。崔浩按照中国的传统，始终贯彻“务从实录”的方针。如果实事求是地编写北魏历史，就必然涉及塞外游牧那个尚未开化的时代。崔浩究竟编写了什么样的国史，因为没有保存下来，不得而知，但是，当耗费三百万钱的镌刻历史的石碑排列开来，“北人”阅读以后，无不怒火中烧。大概叙述未开化时代的语言辞藻相当尖刻辛辣吧。可以想象，中华思想比任何人都要强烈的崔浩，将鲜卑拓跋与汉文明进行比较以后，使用了不少轻蔑的语言。

崔浩打算自己独力承载北魏这个国家，所以笔下不会留情，也许他相信不论自己写什么，都不会受到责难。他大概没有听到北人对自己的反感。

暴扬国恶。

激怒的北人向太武帝控诉崔浩的罪状。太武帝也是北人，听说记录历史的石碑竖立在街头，太武帝大概也看过。作为北人，太武帝怒不可遏，把崔浩召来，收监处刑。史书记载，几十个卫兵朝着关在囚车里的崔浩撒尿。可以想象北人对他多么仇恨。

凡与编撰国史有关的人员，从编辑到仆人一百二十八人，全部诛杀五族。其罪祸及五族，对崔浩更是严酷，连他亲戚的家族也被连坐诛杀。崔浩竟然把骂北魏老祖宗的话刻在石碑上，太武帝当然怒从心头起。不过，从灭佛事件的措施也可以看出，太武帝的本性极其残忍。

国史事件不仅仅停留在侮辱皇室祖宗这个问题上，北人对汉人的憎恶情绪一下子全部喷发出来，事件朝着汉人不可信、必须镇压汉人的方向发展。

这一年，北魏南征。因为宋曾北伐，这是北魏对它的报复，但似乎也是借助镇压汉人的势头。南征的部队抵达淮河，未能给宋致命性的打击，只是造成让对方心寒胆战的威慑效果后撤兵。

崔浩死后，北魏变得异常，出现一个妖人扰乱皇室。此人是一个太监，名叫宗爱。

太武帝亲征南方，据说作为监国负责国政的太子拓跋晃经营大农场，饲养家畜，与民争利。太子亲自违法乱纪，这大概是因为还算好的官僚机构停止其功能的缘故吧。这个机构里的汉人官员，在崔浩的国史事件后，有的失势，有的消沉。

太子汲汲于私利，自然就会出现买卖上的仇家。妖人宗爱大概与太子有利害冲突。宗爱与太子的亲信发生纷争，向太武帝告状，太武帝怒斩太子的亲信。史书记述：

太子以忧卒。

太子被逼到死地，他本人也一定有不少过错。

太武帝后悔逼死太子，便决定将太子之子拓跋濬作为皇孙世嫡立为自己的继承者。宗爱得知太武帝对死去的太子极其哀思怀念，胆战心惊。太子的死罪是他罗列的，现在自己随时都有被杀的危险，思来想去，宗爱索性一不做二不休，杀掉皇帝，然后让南安王拓跋余即位，自己任大司马、大将军、太师等，包揽所有最高的官职。但是，由于宗爱的专横独断过于霸道，被拥立即位的拓跋余也在考虑剥夺他的实权。宗爱得知后，先发制人，杀掉皇帝拓跋余。这个宗爱，杀死两个皇帝。

羽林郎中刘尼得知后，联手殿中尚书贺源，立即拥立皇孙拓跋濬，诛杀宗爱。此后虽然发生过很多事情，但史书对这个时期的记录很少。

北魏的汉人官僚失势的低迷时期，大概连记录的人也没有吧。即使有史官，国史事件的血腥教训记忆犹新，大概对如实记录历史心怀畏惧吧。

拓跋濬在位十四年，为文成帝，和平六年（465 年）二十六岁死去。

太子拓跋弘即位，但被冯太后废黜。他被称为献文帝，后来献文帝为冯太后所杀。献文帝让位给孝文帝拓跋宏，即位时才五岁，改元延兴，时为公元471年。南朝虽然还是宋代，但北魏孝文帝在位期间，南方的宋王朝为南齐所灭。

冯太后是个烈妇。据说其丈夫文成帝死时，她投身焚烧遗物的火中殉死，被左右救出，好久才苏醒过来。她的父亲冯朗是长乐郡（今河北省）信都人，曾任秦州、雍州刺史。她的母亲是乐浪郡（朝鲜）人。她在长安长大，作为那个时代的女性，具有较高的修养。

从儒教的常识来说，女人参政会受人非议。冯太后废立皇帝的深层原因，不得其详。因为那个时期的历史记录很少。她的背后肯定存在着冯氏家族的意图，但是外戚冯氏的独断专横到什么程度，现在不太了解。不过，太武帝死后变得一团糟的政局在冯太后摄政时代得到有效的整顿。在幼帝即位的不稳定时代，冯太后不得不发挥她作为一种稳定势力的作用。

一般认为，由于冯太后时代实施“三长制”和“均田法”，使北魏产生飞跃的发展，进入一个新时代。

均田法，就是把土地分配给人民，其实就是将北魏初期开始在首都周边实施的“计口授田”推广到全国。分配给人民的土地有露田、桑田、宅地几种。露田是国家借贷的土地，借贷人死亡或到七十岁时，必须归还给国家。桑田允许私有，但只能种植用以养蚕的桑树等有用的植物，种植的数量也有规定，并且有义务缴纳给国家。露田是露天的田地，可以不种树。

所谓三长制，就是五家为一邻、五邻为一里、五里为一党的邻保组织。因为任命有邻长、里长、党长，所以称为三长制。由于三长制负有连带责任，所以户籍清楚。要有效地实施均田法，三长制是必要的前提。

《魏书·食货志》记述有均田法，但实际上实施到什么程度，具体记述语焉不详。实施均田法的目的，大概是为了防止豪族兼并土地。贫富差距越大，社会的不稳就越严重。“均田”这两个字包含着消除贫富差距的愿望。

社会不稳危及国家生存的基础，所以国家必须不断努力缩小贫富差距。缩小贫富差距一般有两条基本原则，一条是分田给贫者使之富裕起来，另一条是防止富者通过强取豪夺使自己更加富裕。富裕的豪族是不欢迎这条抑制更加富裕的政策的。

拥有大土地的豪族让大量的农民隶属于自己，千方百计地避免对国家的纳税和差役。均田法的实施有望使隶属于豪族的农民直接隶属于国家，这可以大幅度增加税收，所以国家积极推行均田法的实施，而豪族对这项不利于自己的措施采取消极抵制的态度。

北魏均田法的一个特点是也给奴婢和耕牛分配土地。耕牛四头，每头分给三十亩土地。地方豪族拥有众多奴婢和大量牲畜。给奴婢和耕牛分配土地的做法说明是国家向豪族妥协的结果。

也许均田法未能按照设想顺利实施，但应该还是取得一定的效果。社会的不稳定状况得到缓和，国家的收入大幅提高。可以说，冯太后时代实施的均田法和三长制使北魏的国家财政富裕起来。

实施这样的变革制度，需要执政能力优秀的官僚群体。可以想象，正是在国史事件后意气消沉的汉人官僚实施这些措施。

汉人官僚在冯太后时代逐渐得到恢复使用。这种恢复使用不是始于政治，而是在行政方面。行政方面的恢复使用不太显眼，不会引起人们的注意，不知不觉之中，汉人的官僚机构不仅恢复，而且比以前具有更大的势力。

冯太后于太和十四年（490 年）死去，在南方，宋已灭亡，进入南齐的时代。

二十五岁的孝文帝开始亲政，冯太后时代为他打下了坚实的基础，因此孝文帝可以断然实行他的政策。

孝文帝所追求的目标是北魏的文明化。在江南地区盛开绚丽之花的贵族文化，就是孝文帝追求的具体目标。孝文帝追求的是汉化，为此他考虑迁都洛阳。

太武帝时代，曾议论过迁都南方的问题，因崔浩的反对未能实现。崔浩认为，北方尚存在窥视南下的强敌，所以应该以北方的平城作为首都，以加强防备。不过，其真正的原因据说是如果北魏迁都南方，害怕它采取攻打南朝（当时是东晋）的态势。崔浩具有强烈的中华思想，南朝才是他心灵中真正的家乡，无论如何不愿意看到它遭受进攻。

孝文帝计划迁都洛阳，一定遭到比太武帝当年更加激烈的反对。大家都已经习惯平城这个首都，久居则安，尤其是朝廷大臣们都认为平城是最好的地方。

太武帝死后，对佛教的镇压停止下来，北魏的佛教兴隆繁盛，而平城正是佛教的中心。灭北凉时，北魏将在敦煌一带创作佛教艺术的大量工匠移居平城。

解除佛教禁令以后，文成帝任命昙曜为国家的佛教总管——沙门统。昙曜奏请皇帝，为供养五帝，修建石窟寺。于是在平城以西、桑干河支流的武周川河岸，即云冈修建石窟。大概征集在敦煌开凿过石窟的人从事这项工作。

北魏人将佛教国家化，恐怕也不想离开云冈石窟。不仅云冈，首都平城处处都能留住北魏人的心，哪怕是皇帝的强烈意愿，迁都洛阳也不是轻而易举就能实现的。

孝文帝开始实行迁都计划。

太和十七年（493年），孝文帝提出南征，当然是亲征。据说七月己丑日亲率三十余万步骑从平城出发，九月庚午日抵达洛阳。从平城至洛阳这一路上雨水不停。

北魏上层官员都认为不宜南征，尽管实施均田法以后国库富足起来，但要维持长期的南征还是缺少把握。而且北魏的军队从华北统一之后的太武帝南征至今四十多年没经历过一场称得上战争的战争。

安定王拓跋休、南安王拓跋桢、尚书李冲等打算无论如何一定要劝谏孝文帝停止南征，他们跪在孝文帝的马前伏地而泣。孝文帝起先装出下定决心南征的样子，最后说道：

今者兴发不小，动而无成，何以示后！朕世居幽朔，欲南迁中土；苟不南伐，当迁都于此，王公以为何如？欲迁者左，不欲者右。

我兴奋之至，发兵南征，但如果不能成功，就无法给后世留下示范。我之所以考虑南征，是因为想将居住地从条件恶劣的北方迁往国土的中心地带。如果不同意我南征，我就想迁都洛阳。你们有什么想法？大臣们认为，无论如何，迁都总比南征好，于是都站到左边，表示赞成迁都，高呼万岁。孝文帝是在和群臣讨价还价，要群臣做出让步，最后无奈以迁都作为妥协，这才是他的本意。

于是开始兴建洛阳之都。这期间，孝文帝巡幸各地，第二年，回到平城，将神主奉迁洛阳。

北魏的洛阳时代从此开始。北魏分裂，洛阳荒芜，杨衒之著《洛阳珈蓝记》以怀念古都洛阳。通过这部著作可以想象洛阳昔日的繁华景象，洛阳还是一座佛教城市，到处都有珈蓝，庄严肃穆。从书名来看，是洛阳各座佛寺的巡礼，但也是珍贵的民俗学文献，同时还涉及政治、经济、社会、文化等诸多领域。作者曾经居住在繁华的首都洛阳，此次因公事途经此地，看到遭受破坏后的模样，睹物思情，感慨万千，不由地回忆往昔的繁荣，以凝练高雅的格调抒发澎湃起伏的感情，不愧是一代名篇。

西晋亡后已经一百八十多年，这期间统治华北的“五胡十六国”中的强大政权的国都有的在长安（前秦、后秦），有的在襄国（后赵），有的在中山（后燕），洛阳虽然也是一座城市，却没有成为国都。这一次则是重建宫殿。

北魏迁都洛阳以后，不遗余力地推行汉化政策。其中最具有象征性的是禁止使用鲜卑语。后来蒙古族的元朝、满族的清朝统治中国的时候，统治者都努力保护他们固有的语言和习俗。清朝在中期以后，很多满族人不会说满语，而朝廷多次颁布诏敕，要求满族人使用满语。正式的文书必定都要使用汉、满两种文字。清朝推行保护本民族文化的政策，却依然无法阻挡满族的汉化，至清末，连皇族也只会说汉语。采取听之任之的政策，汉化的倾向十分迅速，而北魏不仅是鼓励汉化，可以说是强制实行汉化。北魏皇族的姓是拓跋，这种鲜卑族的名称也予以废除，皇族的姓拓跋全部改为“元”。中唐时期的丞相、与白居易并称的诗人元稹，金代的大诗人元好问据说是北魏帝室的末代后裔。

不仅语言和姓名，北族，即鲜卑族的风俗习惯也全面禁止。平城时代，垂辫等习俗就已经被废除，在相当程度上推行汉化。如今借迁都洛阳这个机会，实行全面的汉化政策。

冯太后摄政时代，实施三长制、均田法，国力得以充实，为迁都洛阳打下基础。从这个意义上也可以说，冯太后时代是重要的历史时期。三长制、均田法实施后，汉人官僚恢复掌权，制定出儒教的礼乐制度、法律等。孝文帝在这个时期长大成人，受到汉人学者的教育。他不仅通晓儒学，还熟知诸子百家、老庄，对佛教也很了解。孝文帝是一个文章里手，据说亲自起草诏敕，还擅长诗赋。具有如此高度文化修养的人一心要迁都洛阳也许在情理之中。

有人批判孝文帝丧失民族意识，是一个汉文化的盲目崇拜者。然而，孝文帝认为，超越民族意识，使自己的国家具有与世界相通的文明，并达到其最高水平是国家领导人应尽的义务。

他还可能认为，江南既不是胡，也不是汉，那里有的只是一种文明。孝文帝显然将江南地区的贵族社会视为这种文明的模式。他规定家庭的格。不同格的家庭之间禁止通婚，而鼓励同等格的胡人与汉人家庭之间通婚。在这里，没有胡人与汉人的区别，只有家庭的格的差别。

孝文帝在相当高的思想层次上执政，正因为他出身于拓跋部的游牧少数民族，才强烈主张消除民族之间的差别。令人感觉他身上也具有石勒、苻坚那样的理想主义。游牧民出身的帝王似乎经常出现执着的理想主义者。

理想主义者对自己的理想深信不疑，往往自以为是，也会产生义无反顾地沿着自己所坚信的道路走到底的气概。迁都洛阳也是如此，孝文帝的做法带有强迫性。鲜卑拓跋是一个富有自豪感的民族，从国史事件就能看出来。孝文帝对自己的政治主张似乎解释得不够充分，为此引起不少北人对他激进的汉化政策的反感，甚至在汉人官僚中，也有人对这种过于性急的政策感到恐惧。

孝文帝在世的时候，就已经发生太子的叛乱。在他死后三十年，北魏经过一场混乱，分裂成东西两部分，其原因似乎在于孝文帝的理想主义。灭亡北魏的是北族军队叛乱所引发的动乱。这不是被统治者的叛乱，而是统治阶层——鲜卑族的军人由于不满而爆发的叛乱。这一点正是北魏的特殊性。

苻坚的挫折与孝文帝的事业都警告我们：理想主义包含着危险性。

孝文帝与苻坚不同，他在世时没有亲眼看到国家的灭亡，他大概坚信自己播下的种子很快就会发芽，开出绚丽的花朵。

然而，不能因为北魏的灭亡就断定孝文帝理想主义的挫折和失败。孝文帝的理想本来就定位在超越民族的层面上。

南北朝之后，隋统一中国，后被唐朝继承，形成中国历史的主流，但其源流可以说出自北魏。

孝文帝死后三十年，北魏分裂成东魏和西魏两部分。不久东魏为北齐所取代，西魏为北周所取代，而取代北周的是隋，再后来取代隋的是北周栋梁李氏所创立的唐。

迁都洛阳以后，实行家门的格的认定，可以与北魏皇室通婚的汉族家门有“五姓”：范阳的卢氏、清河的崔氏、荥阳的郑氏、太原的王氏、陇西和赵郡的李氏。唐王朝的李氏正是出自陇西。

北宋司马光编撰的编年史《资治通鉴》在记述南北朝的时候，全部使用南朝的纪年。从中华思想的原则来说，自然以南朝作为传统，但是作为历史的过程来看，这只是单方面的。

唐朝是具有世界帝国性质的王朝，但其渊源也许可以从苻坚、孝文帝的理想主义中去寻觅。

古都洛阳成为北魏的国都，重新出现《洛阳珈蓝记》所描述的繁荣景象。这座城市的一些地方大概反映出孝文帝的理想，然而北魏洛阳的繁华如烟花般短暂。

南北朝的舞台

在刘裕创立宋王朝大约五百年之后，承继唐朝和五代，赵匡胤开创同名的宋王朝。为将二者区别开来，南朝的宋朝也被称为刘宋。其创建者刘裕是一个粗识文字的军人。这样的人登基称帝，在贵族社会的南朝不能不说是异常。

同样都是篡权，桓玄出身于最显贵的家门，具有让人们接受“桓氏的时代即将来临”的信服力，而刘裕就没有这样的门第。

刘裕推翻桓玄，成为东晋最大的实权派以后，花费十六年时间才登上帝位。在这期间，他击败道教系统教团的卢循，两次北伐，消灭南燕与后秦。如果没有这些战功，他的篡权缺少信服力。

刘裕没有显赫的家门出身，当上皇帝以后，对南朝贵族社会体制没有加以改动。刘裕也不可能改变体制。只是东晋时代，贵族掌握军权，宋朝则让贵族远离军队。无论是北府军还是西府军，只能由皇族担任统帅，贵族最多只是担任参谋。

不过，贵族依然拥有广阔的庄园，过着富裕的生活，崇尚风雅。按照与九品官人法一起颁布的“户调法”规定，一品官拥有的土地限制在五十顷，雇佣的佃农限制在十五户。减一品，土地随之减五顷，所以五品官的土地为三十顷、佃农为五户。然而，这个户调法肯定得不到遵守。从《世说新语》等所记载的当时贵族的奢华生活，五十顷、十五户的财产根本无法满足。

北魏的均田法也是如此，尽量缩小贫富差距是国家执政的根本。然而，既得利益者绝不会轻易放手，财富产生财富的社会结构在任何一个时代都是一样的，而且既得利益阶层往往身居政府要职，可以易如反掌地将法律变得名存实亡。

对已经固定下来的体制实行改革是很危险的，尤其是通过篡权的方式建立起来的政权更不会冒这样的风险。就连从与贵族社会无缘的阶层爬上来的军阀刘裕也只能原封不动保留原有的体制。他通过切身经验知道，只要不交出军队的统帅权，其实贵族并不可怕。

实际上，贵族也是受到轻视，他们是被放养的一群，在栅栏里面可以随处跑动，但不允许跑到栅栏外面。失去军权，意味着他们已经受到军队的监视。

淝水之战的英雄、车骑将军谢玄的孙子谢灵运是南朝的超级贵族，宋王朝的时候，他曾一度仕于宋朝，但不久就隐居起来。此人行状多怪异，或者是他对暴发户式的军阀王朝所采取的一种精神反抗。他倾囊到处修建别墅，游历各处，据说随从就有数百人。他还发明一种特殊的木屐，前齿和后齿可以拆卸安装，以便于登山和下山，令世人惊叹。为了登山，他伐木辟路，百姓误以为是山贼。

谢灵运出身的门第无比显贵，财产似乎用之不竭，只是因为他的性格实在与众不同，所以在官场不得志。既然如此，那就在山野悠然自适，可是他偏偏到处和人发生摩擦，弄得被会稽太守诬告，还把政府派来的官员抓起来，结果政府派兵把他抓起来。这件事发生在刘裕（武帝）的第三子文帝（刘义隆）元嘉十年（433 年）。

文帝爱才，打算稳妥处理此事，但皇弟彭城王刘义康认为不可饶恕，最后谢灵运被流放到广州。也许谢灵运与刘义康之间也有过节，而刘义康似乎是一个喜欢惹是生非的人，虽然是皇弟，后来以谋反之罪被赐死。刘义康是佛教信徒，拒绝自杀，把毒药退还，选择用棉被闷死的方式。

谢灵运最终在流放地广州被处死，据说是因为购买武器，招募私兵。

谢灵运在中国文学史上是一个不可被遗忘的人物，开创前人未臻的诗歌领域，在文学上建树的业绩获得高度的评价。他凝视大自然的目光大大地拓展了文学世界。以前的诗歌抒发人的感情，谢灵运第一次运用诗歌形式进行纯粹的自然描写，获得成功。

朝旦发阳崖，景落憩阴峰。
舍舟眺迥渚，停策倚茂松。
侧径既窈窕，环洲亦玲珑。
俯视乔木杪，仰聆大壑灇。
石横水分流，林密蹊绝踪。

这是收在《文选》中题为《于南山往北山经湖中瞻眺》诗的前半部分。如此满腔热情地描写大自然的诗人，前所未有。

从军事这个实力政治领域赶出来的贵族，正在寻找在其他领域发挥自己的才能，也许谢灵运在进行这样的摸索。

讲述南朝的历史，感觉心情沉重，仿佛还能闻到血腥气味的飘荡。宋文帝时代，取其元号，被称为“元嘉之治”的政治清明时期，却依然杀害气骨傲然的谢灵运。

这个曾经想拯救谢灵运的行事稳健的文帝，于元嘉三十年（453年）被皇太子刘劭所杀。文帝欲废皇太子，让人查阅先例，结果被皇太子抢先一步。接着，皇太子大规模清洗反对派。

皇子武陵王刘骏平时不太受父亲的宠爱，大抵都在外地，当时他在庐山脚下的江州。他听到建康变故的消息，立即率兵溯长江而下。一路上有很多人投降武陵王，从军者不断增加。因为弑父的皇太子不得人心。

先前一直协助皇太子的叔父江夏王刘义恭，终于对皇太子感到绝望，只身逃亡南方。皇太子得知这个消息后，把江夏王的十二个孩子全部杀死，他们之间是堂兄弟关系。皇太子也开始模仿过去司马道子那样的做法，叩拜蒋侯庙的神像，任命神像为大司马，封为钟山王，祈求恩赐。弑父、杀害亲戚也要求神拜佛，实在不可思议。

武陵王攻打建康，杀皇太子及其子，将他的首级悬挂在一个名叫大航的地方，尸体曝于市。身首分离枭曝是最重的惩罚。皇太子妃殷氏也被杀。因为皇太子已经即位，所以殷氏是皇后。她临死前叫喊道："汝家骨肉相残，何以枉杀无罪人？"狱丞江恪回答道：

受拜皇后，非罪而何？

武陵王刘骏即位，为孝武帝。孝武帝是文帝的第三子，但是他也是丧心病狂似的接连杀害兄弟和皇族。

孝武帝晚年酒精中毒，而且对钱财的贪得无厌到了病态的地步。地方长官回到京城，都必须奉献礼物。他还酷爱赌博，喜欢与家臣赌，卷走他们的钱财。他终日饮酒，醉生梦死，但只要一有人来，立刻精神振作，一点儿也不像喝酒的样子。大概饮酒过度，大明八年（464 年）三十五岁死去。十六岁的皇太子刘子业即位，这个少年对父亲之死——

傲惰无戚容。

孝武帝的弟弟明帝（文帝的第十一子）杀刘子业，自己即位。孝武帝死后的第二年（465 年），刘子业改元号为永光，八月杀江夏王刘义恭，改元为景和，明帝杀刘子业，改元为泰始。一年之间，三次改元，不能不说是很不吉利。

明帝杀其兄孝武帝之子十六人，但孝武帝多子，还有好些孩子。明帝于泰豫元年（472 年）三十四岁死去，其长子刘昱十岁即位，这回将孝武帝剩下的十二个儿子斩尽杀绝。

这是《南史》的记载，按照《宋书》的记述，孝武帝的确有二十八个儿子，但其中十个夭折，其他几乎都已经被明帝杀尽，至刘昱时，只剩下一个。这一个还是为祭祀孝武帝，明帝将自己的儿子作为孝武帝的死后养子。三十五岁死去的孝武帝就有二十七个亲生儿子，这很厉害，但他们全部被杀的结局令人惨不忍闻。

这个时期，杀人根本不被当回事，一切都是反常。此时宋王朝是将军萧道成掌权。

萧道成据说是西汉建国大功勋萧何的第二十四代孙。南朝重视门第，萧道成从一开始就应该是显得很突出的人物，曾任齐王，推翻政敌，成为宋王朝的头号实权派人物。皇帝刘昱想除掉他，反而被杀。刘昱十岁即位，十五岁死去，还是一个思想不成熟的少年。实权派萧道成大概当时就已经制订出篡权的计划，并且开始付诸实施。

刘昱的皇帝资格没有得到承认，鉴于孝武帝之子刘子业被称为前废帝，于是他就被称为后废帝，死后被封为苍梧王。所以《资治通鉴》把他作为苍梧王记述。读南北朝的历史，令人感觉极其不快的是，在这些少年背后应该有操纵他们的人，但少年们的结局往往是很悲惨的。

萧道成拥立明帝的第三子刘準即位，这是宋朝的末代天子顺帝。萧道成接受顺帝的禅让即位称帝，是为齐高帝。后来出现与北朝同名的齐王朝，史学家就把萧道成创立的这个王朝称为南齐。顺帝很快就被杀，仅仅是一个十三岁的少年。

西汉的献帝禅让给魏的曹丕（文帝）后，被封为山阳公，得以颐养天年，寿命还比曹丕长得多。魏元帝禅让给司马氏后也活了将近四十年，比受到禅让的晋武帝司马炎还长寿。

南北朝时代的禅让已经完全没有这种牧歌式的情调，这是一个流血杀戮的时代。刘裕首先杀掉白痴皇帝安帝，拥立恭帝司马德文，在自己接受禅让的第二年杀掉恭帝。《资治通鉴》在记载这起事件时，胡三省这样注释道：

是自后禅让之君罕得全。

禅让的君主保不住自己的性命，而接受禅让的君主也保不住自己子孙的性命。刘裕的子孙全部被杀，一个不剩。孝武帝第八子刘子鸾十岁时被前废帝刘子业所杀，临死前，他说道：

愿身不复生王家。

这句话催人泪下。

同为皇族，骨肉相残，可以说这与宋武帝刘裕的遗诏有关。将贵族排斥于军队之外，只有皇族才能掌握军权。手握军权的皇族在争夺皇位继承权的斗争中就可以动用军队。前面说过，这是曹操非常担心的后果，所以他削弱魏皇族的势力。然而，正因为如此，皇族无法拯救魏的灭亡，之后的司马氏晋王朝，就改变了对皇族的政策。但是，军权在手的皇族又发动八王之乱。刘氏凭借武力强行夺取晋的帝位而建立的宋王朝，试图让同族垄断军权，结果导致同族的互相残杀。

皇帝不相信皇族，也不能轻易相信性格孤高的贵族。贵族内心深处大概瞧不起寒门出身的皇帝吧。那么，皇帝能随心所欲使唤的人，既不是皇族也不是贵族，而是第三阶级的人。

于是，就出现所谓的恩倖。恩倖大抵出身低微，但通晓世情，收缴税金比官吏有本事。一旦出现孝武帝这样对钱财巧取豪夺的皇帝，恩倖就成为他的经济顾问，大显身手。当然，恩倖这帮人并非对皇帝竭尽忠诚，没有私欲，他们的剥削榨取也是为了自己，拿着皇帝的命令这块招牌，谋求私利。

恩倖，即所谓的经济官僚，十分活跃，以为国（其实就是为了皇帝）为己谋取利益为目的，他们的榨取行为极其残酷。当然，由于工作上的需要，恩倖也与商人们相互勾结，平民百姓因此逐渐疲惫凋敝。

这个新兴阶级依仗财力，过着穷奢极欲的生活。南朝虽然是贵族社会，却在这个新浪潮的冲击下，旧势力往往受到挤压。一旦成为大贵族，人们往往耻于言钱。八王之乱的头目王衍出身于琅邪王氏家族，但据说绝对口不言“钱”这个字。他的夫人想无论如何要他说一次“钱”字，就在他的床边铺满金钱，让他走不了路。王衍一看，把婢女叫来，吩咐道：“举却阿堵物。”“阿堵物”当时的意思是“这个东西”。从此“阿堵物”成为“金钱”的别称。

商人的活跃促进货币经济的发展，个人财力的增加产生出品位不是很高却充满活力的文化。比较南北朝的工商业，北朝远不及南朝。隋统一南北朝后，开凿大运河、远征高句丽、几下江南等，这些耗费钱财的举动，所依靠的正是南方的财力。

鲍照是这个时代与谢灵运相媲美的诗人，他的作品就感觉受到新浪潮的影响。谢灵运是大贵族，鲍照家门世代贫贱。他曾仕于临海王，后在作战中被乱兵所杀，他是一个命蹇运乖的诗人。

淮南王，
好长生，
服食炼气读仙经。
琉璃药椀牙作盘，
金鼎玉匕合神丹。
合神丹，
戏紫房。
紫房彩女弄明珰，
鸾歌凤舞断君肠。

朱城九门门九开，
愿逐明月入君怀。

入君怀，
结君佩，
怨君恨君恃君爱。
筑城思坚剑思利，
同盛同衰莫相弃。

这是鲍照的诗歌，题为《代淮南王》。中国最早的文学评论书籍、钟嵘的《诗品》这样评论鲍照：

颇伤清雅之调。

他的诗歌带有俗气，也许恩倖、商人的宴席比贵族沙龙对他更加合适。

鲍照的妹妹鲍令晖也是诗人。

桂吐两三枝，兰开四五叶。
是时君不归，春风徒笑妾。

这是她题为《寄行人》的一首诗。行人，一般指使者或旅行者，这里也许指的是旅途中的商人或者台使。所谓台使，就是派去征税的官员，被任命为台使的主要是恩倖。我感觉这首诗也是适合于商人的宴席，并非贵族沙龙。

台使身份虽低，却直属于皇帝，握有实权，经常与地方长官发生对立。地方长官大抵都是贵族，台使对寒门出身的新兴势力怀有敌意。不仅地方长官，被台使榨取剥削的民众自然也非常讨厌他们。

南齐武帝时期，废除台使，大概因为是民众怨声载道吧，取而代之的是设立校籍官，严格调查户籍，对违反者严厉惩罚，所以民众照样苦不堪言。王朝就是建立在对民众榨取剥削之上的：废除一种榨取的手段，又会想出另外的榨取手段。

不过，民间的经济活动似乎很有活力。武帝在位的十多年（482—493年），取其元号，称为“永明之治”，与宋的“元嘉之治”并称，受人赞誉。这与其说是皇帝执政之清明，不如说是民间的活力使时代出现繁荣景象。

篡夺宋王朝的南齐高帝萧道成在位大约三年死去，太子萧赜立，为武帝。武帝的太子萧长懋先于父亲死去，其子即皇太孙萧昭业立。但是，在萧昭业和萧昭文这两个幼帝之后，即位的是高帝的侄子萧鸾，即明帝。

南朝皇室的同族杀戮在宋的时候也非常激烈，但南齐明帝时代更加残酷，惨不忍睹。明帝是高帝萧道成的哥哥萧道生之子，作为皇位继承者，从皇统上说，顺序比较靠后。武帝除了已经死去的太子萧长懋之外，还有十六个儿子，也有不少直系的孙子。武帝自己也有十二个兄弟。明帝把这些人一个个杀掉。明帝的孩子有的夭折，有的疾病缠身，多为体弱者，所以害怕高帝、武帝家族的人身体健康，尤其是明帝卧病在床的时候，他的恐惧心理成为一种病态。

明帝处死他们之前，都要烧香，呜咽流泪，完全是一种异常的情景。家臣历数这些皇族的罪状，奏请诛杀，明帝不允许，家臣再次奏请，明帝才勉强表示同意。每次都要采取这样的形式。

皇室失去人心是必然的。南齐的皇族、贵族作为地方长官或者地方军队长官到外地赴任时，都会跟随着称为“典签”或者“主帅”的、直属于皇帝的监督官吏。典签、主帅出身寒门，所以与恩倖一样。家门的贵贱也是一种力量，皇帝只相信没有力量的人。但是，寒门出身的人一旦成为监督官吏典签、主帅，受到重用，其本身的分量也重了起来，就会产生力量。这种现象总是这样没完没了地循环。

由于设置监督官吏典签、主帅，南齐也被贵族所抛弃。继承明帝的第二子萧宝卷荒淫暴虐，南齐的前途一片黑暗，只剩下谁来推翻这个王朝的问题了。

有一个与南齐皇室的姻亲关系很远的人名叫萧衍。因为离继承皇位资格的圈子太远，才没有被杀掉。明帝死去的时候，他任雍州刺史。他的哥哥萧懿任尚书令侍奉于宫中，却为萧宝卷身边的一群宵小所嫉恨，害怕他的权威，便唆使皇帝对他赐死。萧衍闻之，一怒之下，举兵反叛。

萧衍深孚众望，而且南齐早已人心离散，结果可想而知。萧衍攻入建康，杀皇帝萧宝卷，先拥立其弟萧宝融为帝，然后接受他的禅让，自己即位称帝。萧宝卷是废帝，没有帝号，所以史书上称其为东昏侯。萧宝融的即位仅仅是为了禅让，但有帝号，称为和帝。和帝中兴二年（502年）三月，实行禅让，国号改为梁，元号为天监。

梁王朝由此开始，萧衍为第一代天子，称为武帝。梁武帝在位近五十年，即位时三十八岁，是一个长寿的皇帝。

在位时间长，长期保持政局稳定，梁武帝可以说是南朝首屈一指的明君。

甚至王朝创建初期的清洗也控制在极小的范围内，有人认为这是因为前朝南齐与萧氏属于同一家族的缘故，但南朝同族血腥相残的事情很多。最大限度地控制清洗应该归因于梁武帝的个人性格。

读史，至梁朝时，才会感觉轻松地吐一口气，这个时代极少发生非人的残酷屠杀事件。

大概梁武帝充满自信，认为无需像先前的朝代那样运用恐怖手段维持政权。他原先就是贵族，所以十分清楚当时贵族的不满。恩倖、典签、主帅这些恐怖政治的执行者大抵都是寒门出身，所以梁武帝对寒门出身的人的使用十分谨慎，因为对贵族不信任，才会派人监督。梁武帝初期的政治是重用沈约、范云这样的二流贵族，大概因为大贵族还是有问题吧。

梁武帝虽然是明君，但在位时间过长，政治上也会出现紊乱的现象。梁武帝治世的前期的确秩序井然，而且没有恐怖政治的黑暗，可以说远胜于宋的元嘉之治和南齐的永明之治。同样是良好的治安状态，是否依靠镇压而取得，差别甚大。

梁武帝年老以后，对政治逐渐开始厌倦。他皈依佛教，随着他步入老境，信仰越发笃深，几次想舍身求法。他说为了佛法，心甘情愿地到佛寺侍奉当奴隶，弄得群臣惊慌失措，赶忙捐钱一亿，把皇帝从寺院里赎买回来。第一次舍身是在大通二年（528 年），当时武帝六十六岁。他称为皇帝大菩萨，在建康等各地修建佛寺，据说仅建康就兴建佛寺五百多座，僧尼超过十万人。

唐朝诗人杜牧有一首怀古南朝的诗，题为《江南春》：

千里莺啼绿映红，水村山郭酒旗风。
南朝四百八十寺，多少楼台烟雨中。

梁武帝时代建康的景象大概浮现在诗人的脑海里。

建康最著名的佛寺是同泰寺，武帝就是在这里舍身的。大概由于对佛教的过分执着偏爱，对道教则十分冷淡，天监十六年（517 年），便让道士还俗。武帝还亲自执笔撰写佛教著作。

达摩祖师实有其人，但有关他的传说因素太多，大概因为他的传记语焉不详的缘故。据说达摩祖师是在梁武帝普通元年（520 年）从印度来到中国，与武帝问答后，前往北魏的洛阳，进入嵩山的少林寺。

如果达摩祖师是先进梁朝，再北上，那么可以想象他是经海路从印度过来的。经由西域的陆路与经由南海的海路，与西方的通道都很方便。5 世纪初期的法显，从陆路进入印度，从海路回来。从他的《佛国记》可以知道，爪哇一带有相当大的船驶往广州。

《洛阳珈蓝记》记述，闻义理这个地方住着一个名叫宋云的人，他与惠生一起出使西域，可以想象当时的东西方交通十分频繁。另外，该书在结尾部分还记述说，洛阳的佛寺在鼎盛时期多达一千三百六十七座，洛阳荒废，国都迁往邺以后，仍然剩有四百二十一座。不论南朝还是北朝，都迎来了佛教的黄金时期。

其实，达摩祖师是在非常混乱的时期进入洛阳的。蛰居在嵩山少林寺的大师也许对世间的动乱并没有感觉痛苦。

北魏一分为二，还是因为孝文帝的迁都洛阳和激进的汉化政策引起混乱。过于急遽的变化不可避免地出现落伍者。北魏的地方政体称为六镇，分为沃野、淮朔、武川、抚冥、柔玄、怀荒六大军区，这些军区的军人感觉自己是落伍者。

北魏似乎想建成像江南的梁王朝那样文化繁荣昌盛的国家，而六镇军人感觉这样的国家离自己十分遥远。而且北魏模仿江南的贵族社会，也对门第分门别类，制定规格，结果军人的门第等级都规定得很低。六镇军人多是因获罪流放或者受惩罚发配的人，他们的素质的确不高，但如果给他们清清楚楚地烙上贱民的印记，当然不会忍气吞声。

孝文帝死后，北魏的政治局势发生混乱。宣武帝时代，外戚高肇专横，高肇的女儿是孝文帝的爱妃，生宣武帝。高肇出身寒门，但女儿是皇后，他可以掌握大权。为了保持帝位的安稳，他镇压皇族，招致大家的反感。宣武帝于北魏延昌四年（515 年）死后，身在四川的高肇被召回首都，受诛。

宣武帝享年三十三岁，五岁的皇太子元诩即位，称为孝明帝。孝明帝的母亲胡太后是一个权欲熏心、为所欲为的人，为了保持权势的稳定，甚至不惜杀害自己的亲生儿子。她曾经被宦官集团幽禁在北宫，从政治舞台上消失，但是她顽强坚持夺权活动，经过几次失败，终于在孝昌元年（525 年）东山再起。

其实在两年前，就发生六镇军人的反叛，被尔朱荣镇压下去。国家正值多事之秋，却出现这一个玩弄权势的女人，北魏呈现出末期的病症。

胡太后虽然复权，但孝明帝已经长大成人，身边围着一群自己的亲信，于是发生皇帝派与太后派的纷争。胡太后竟然毒死自己的儿子孝明帝，立三岁的幼主。以前冯太后也曾杀害献文帝，但不是她的亲生儿子。

尔朱荣再次发兵，攻进洛阳，抓获胡太后，沉入黄河，并虐杀朝廷大臣一千三百人。

尔朱荣是奚（也写为稽）胡族人，曾经在山西北部牧马数万匹。北魏只是对自己出身的鲜卑族拓跋部实行文明化政策，而允许其他部族继续过着游牧生活。尔朱氏的部族拥有众多粗犷勇猛的军士，尔朱荣是他们的首领，从杀害胡太后以及廷臣就显示出他们的野蛮。

被尔朱荣拥立的孝庄帝畏怯惧怕尔朱荣，将其暗杀，但他被尔朱荣的部下尔朱兆从洛阳带到太原杀掉。

孝文帝呕心沥血实行文明化的北魏，最终也沦落为野兽横行的国家，这样的争斗无休无止，尔朱氏家族也发生内讧，混乱到无以复加的极点。

五年战争的结局，注定着北魏的分裂。

尔朱荣有一个部下名叫高欢，自称渤海（河北）人，不过大概是鲜卑族人，在尔朱荣死后，推翻尔朱氏的势力，拥立孝武帝（孝文帝之子，宣武帝的幼弟）。

六镇之一的武川镇军人宇文泰，起先虽然隶属于尔朱荣，但主要在陕西、甘肃一带活动，自立后将这个地区作为自己的势力范围。宇文泰自然是鲜卑族宇文部的首领。

被高欢拥立的孝武帝不甘心当傀儡，逃跑到长安的宇文泰那里，其实即使投靠宇文泰，也照样只是个傀儡。

孝武帝逃跑以后，高欢拥立孝文帝的曾孙元善见，是为孝静帝。因为洛阳离宇文泰的势力范围很近，所以高欢将首都自洛阳迁往邺。

宇文泰拥立的孝武帝政权称为“西魏”，高欢拥立的孝静帝政权称为“东魏”，但“魏”已经有名无实，实际上分别是宇文氏和高氏的政权。

由于东西两“魏”的斗争，洛阳变得荒凉芜秽。

当时大概无人怀疑东魏将为高氏的北齐、西魏将为宇文氏的北周所取代。

一股强大的力量已经崛起，南北朝谢幕的时期正在临近。

亡国之音

尔朱荣有一个部下名叫侯景，后来他仕于高欢，任河南太行台，成为统率十万大军的司令。他曾经是六镇之一的怀朔镇的军人，其出身即使不是胡族，大概也是因获罪被流放到北地后胡族化的家庭。

高欢死后，其子高澄就动手削减功臣的势力。这种做法历代皆然。开国时期，君臣是志同道合者，到第二代，就不是这样的关系了。

侯景降梁，因为他的河南十三州就要被高澄收走。他以为自己降梁，梁不劳而获十三州，一定心满意足，让他继续统治。两边的使者来往频繁，最终梁封侯景为河南王，让他继续统治现有的领地。对于梁来说，不战而扩大疆土，何乐而不为？

然而，东魏自然不能坐视不管，派兵讨伐。梁也以武帝的侄子萧渊明为都督，派兵救援侯景。萧渊明是被南齐东昏侯所杀的萧懿的儿子。前面说过，武帝因其兄被杀，举兵反叛。

这次作战，梁军大败。在南朝将近半个世纪的黄金时期里，梁军几乎没有打过大仗，而东魏的军队在这大约二十年里，战争频仍。梁军甚至没有建立起名副其实的军队建制。在这次作战中，萧渊明被俘。他的指挥似乎也有问题。侯景仅仅带着八百人部下仓皇逃到寿春。这一年是梁武帝太清元年（547 年）。

第二年，被东魏俘虏的萧渊明派人来见梁武帝，传话说东魏希望与梁恢复邦交。于是，梁派遣谢珊和代表团前往东魏。

侯景惶恐不安，因为双方的媾和条件也许包含以梁武帝的侄子萧渊明交换叛将侯景的内容。于是侯景决心攻打建康。侯景手中的军士不过千人，但是他根据联合作战的经验，知道梁军的虚弱不堪一击，同时还知道梁王朝内存在一股对武帝不满的势力。

这一年八月，侯景南下，在对梁武帝不满的人领路下，沿长江进入建康，包围宫城。不到一千人的军队居然能够如此长驱直入，令人不可思议。他打着解放奴隶的旗号，聚合京师附近的奴隶，又允许士兵掠夺，收罗流民，据说聚集有十万之众。

在盛开着贵族文化的绚丽鲜花背后，其实还存在如此众多的流民，说明贫富差距扩大，许多人对王朝以及各级统治者怀有强烈的敌意。

各地援军几乎都奔驰到建康附近，却没有一支攻打侯景。

梁的将军羊侃善于防守，被围大约五个月，最终宫城陷落。据说大量士兵死于饥饿，无法掩埋，尸体腐烂，流汁满沟。然而，在这个时候，竟然有人招聚妓妾，饮宴作乐。

侯景入城，会见武帝。此时武帝已经八十六岁，但依然威严轩昂。侯景汗流浃背，不敢仰视。武帝问道：

卿何州人，而敢至此，妻子犹在北耶？

侯景惶恐，无以回答。在一旁的任约代替他回答道：

臣景妻子皆为高氏所屠，唯以一身归陛下。

武帝又问：

初渡江有几人？

侯景这才回过神来，回答道：

千人。

他们又这样继续回答：

围台城几人？

十万。

今有几人？

率土之内，莫非己有。

侯景如此回答，这下子武帝俯首不言。武帝于囚禁的当年死去，皇太子萧纲立，是为简文帝。

后来梁王朝继续维持数年，但侯景占领建康时，事实上已经灭亡。

江南吴兴人陈霸先出身寒门，在广东、越南的军中任职，逐渐飞黄腾达。他与王僧辩联合，于元帝承圣元年（552 年）终于大败侯景，收复建康。此时简文帝已被侯景所杀。

554 年，西魏趁着梁国大乱的时机，大举南下，攻陷江陵，拥立元帝的侄子为帝。自东晋开始，江陵就是西府军的根据地，与建康并称“一辆车子的两轮”的军事要地。西魏在江陵建立自己的傀儡政权，称为后梁。三年以后，被宇文氏的北周所灭。

在建康，陈霸先杀掉昔日的盟友王僧辩，不久接受梁的傀儡天子敬帝的禅让，自己称帝。这就是南朝的末代王朝——陈。

陈王朝是南朝最小的政权。江陵成为北周的势力范围，王僧辩系统的军阀在东面与被东魏取代的北齐军队联合开展游击战。

陈王朝的力量所及实际上不过建康周边地区，其寿命之所以能延续到陈后主祯明三年（589 年），是因为华北地区的东西魏对抗以及此后隋篡夺北周等事件的发生。北方的霸主根本不把建康的小朝廷陈国放在眼里，什么时候想消灭，随时都可以，所以不着急动手。

陈王朝预感到随时都有灭亡的危险，一方面胆战心惊，另一方面寻欢作乐，追求眼前的享受。大家都知道欢乐的日子无多，不愿意想象将来的痛苦，于是更加沉沦于纸醉金迷、醉生梦死之中。

幸亏江南的民间活力尚未衰退，建康是个聚宝盆，集财富于一身，享乐奢靡。这样的日子迟早要被别人夺走，所以今朝有酒今朝醉，似乎朝不保夕，那就拼命享乐。

陈霸先死后，他的侄子文帝即位。在文帝之后，其子伯宗（废帝）有过短暂的治世。接着是文帝的弟弟宣帝，末代皇帝是宣帝之子陈叔宝。陈叔宝误国，后代子孙没有封他谥号，所以称为陈后主。在人们的记忆中，他是一个风流天子。

晚唐诗人李商隐（812—858年）有一首题为《南朝》的诗歌，以下逐句予以解释。

玄武湖中玉漏催。

南朝宋文帝于元嘉二十三年（446年）在玄武湖修筑堤坝，引江水入湖。挖掘玄武湖原本是为了操练水军，却不知不觉变成人们乘船游览的地方。玉石制作的漏时时刻刻都在显示着时间，人们却流连忘返。在湖上乘船游玩在陈代最为兴盛。

鸡鸣埭口绣襦回。

玄武湖北岸的鸡鸣埭是皇帝一行经常经过的地方，跟随皇帝的不是手执旌旗的士兵，而是身穿鲜艳的绫罗绸缎的众多宫女。

谁言琼树朝朝见，不及金莲步步来。

陈后主写诗赞美爱妃之花容月貌是“璧月夜夜满，琼树朝朝新”。这是著名的《玉树后庭花》中的两句。金莲，源于南齐废帝东昏侯萧宝卷的典故。他命人打制纯金莲花，铺于地上，让潘妃舞行于上，他高兴地叹赏这是“步步生莲花”。这些女子都是亡国的红颜祸水，不好说孰高孰低，都是一样的。

敌国军营漂木柿，前朝神庙锁烟煤。

隋文帝的南征已经逼近。他的大臣认为南征之事必须保密，但隋文帝宣称灭陈是天诛，无需隐瞒。他大造战船，如果保密的话，就必须把造船过程中所产生的大量木片隐藏起来，隋文帝却命令扔进长江里。长江水面上漂浮着无数的木片，陈国知道隋即将攻打过来。然而，如此危急之际，陈后主依然流连后宫，连祭祖这一天都不去祖先宗庙。陈后主不祭祀先祖，祖庙落满尘土。

满宫学士皆颜色，江令当年只废才。

陈后主挑选能诗善文的宫女，称之为女学士，宴会游兴时命她们作诗。当时从梁代就名闻遐迩的文才高手江总在陈国任尚书仆射，连他都受到风头正盛的女学士排斥。

隋军攻陷建康的那天夜里，陈后主还在宫中设宴欢乐。当他听到敌军已经逼近时，慌慌张张地拉着两个爱妃躲在景阳井里。陈后主与她们约定，万一被发现，就一起死去。但是他们都从井里被拉上来，送到隋，过着屈辱的日子。

李商隐写有题为《景阳井》的诗：

景阳宫井剩堪悲，不尽龙鸾誓死期。

肠断吴王宫外水，浊泥犹得葬西施。

吴越相争时，吴王夫差被杀，他的爱妃西施被沉入吴王宫殿外面的五湖里。那污泥浊水都能埋葬西施。虽然同样都是亡国的君主和妃子，吴王和西施要远胜于陈后主。

可以说，南朝是该亡而亡。

然而，在陈王朝灭亡之前，先是东魏亡，接着是西魏亡，北齐与北周经过激烈争斗后，北齐亡。貌似最后胜利者的北周也为其外戚杨氏所灭。

灭亡陈王朝的是杨氏的隋，此前已经有太多的王朝消失。

隋也不是最后的胜利者，在灭亡陈王朝还不到三十年后，李氏的唐王朝就取而代之君临天下。

就兵力而言，北齐强于北周，但是北周具有良好的军队组织能力。从侯景之乱可以知道，梁朝的脆弱就是因为军队缺少组织性。

北魏——西魏——北周——隋——唐

这是历史发展的主流。这大概不仅仅是军队的组织化，从北周选择“周”为国号也可以看出，这显示出向古代圣贤王朝周追求自己理想的心情。我们从苻坚、孝文帝过度的理想主义中看到它的危险，但毫无理想的政权更加危险。比危险更可怕的是没有骨骼的脆弱。

北齐的力量都集中于权力斗争，从侯景事件也可以看出，诛杀功臣、派系争斗等，精力全部消耗在力量的运作上。

北周按照《周礼》制定行政官僚体制，不知道产生了多大的效果，但胸怀理想本身就成为无形的力量吧。

这个理想以另一种形式在隋唐中继承下来。

有人认为，北周位于西部，通过西域占有东西方贸易的利益，因此具有经济上的优势。这大概也是北周胜过北齐的一个原因吧，但我觉得不能过分夸大这个作用。北齐在经济上也有几个长处，例如通过与东北、朝鲜半岛的贸易，以山东半岛为基地的海上贸易等，都为北齐的经济发展带来很大的利益。

高句丽的好太王活跃于朝鲜、东北一带是在东晋末期。不言而喻，好太王与日本曾有交往，这从好太王碑上可以得到证明。

倭五王[1]向中国派遣使者似乎集中在宋代。倭王谶于宋永初二年（421年）、倭王珍于元嘉二年（425年）、济于元嘉二十年（443年）、兴于元嘉二十八年（451年）、武于大明六年（462年）分别派使者赴宋，并被任命为安东大将军、镇东大将军或者征东大将军等。魏的时候，倭王使者到达洛阳，可是在南北朝时代，只到南朝。这个事实值得关注。

① 倭五王：《晋书》《宋书》等中国南朝史书中记载的倭国谶、珍、济、兴、武五王。倭五王在413年至478年间，至少有九次遣使南朝，奉献贡品。王名则按中国习惯称呼，一般认为，他们分别是仁德、反正、允恭、安康、雄略天皇。

年　表

公历	王朝年号	事项
17	新天凤四年	吕母之乱，新市绿林起兵
18	新天凤五年	扬雄自杀。赤眉起义
22	新地皇三年	平林响应新市起兵。赤眉军入关。刘秀（光武帝）在宛起兵
23	新地皇四年	刘玄称帝（更始帝），建元更始。刘秀在昆阳破新军
	汉更始元年	隗嚣、公孙述举兵。王莽在长安战败而死，新灭
24	汉更始二年	迁都长安。刘秀陷邯郸，被封为萧王
25	汉更始三年·建武元年	公孙述即帝位，国号为成。刘秀在鄗即帝位（光武帝），元号为建武。东汉兴，光武帝定都洛阳。更始帝为赤眉所杀
27	汉建武三年	赤眉降东汉
36	汉建武十二年	公孙述战败死，蜀入汉之版图，统一全国
37	汉建武十二年	降诸王为公侯
48	汉建武二十四年	武陵五溪之乱，派马援镇压。匈奴分裂为南北两部分，南匈奴单于日逐王比来降
56	汉建武中元元年	光武帝在泰山举行封禅仪式。改元建武中元
57	汉建武中元二年	倭奴国王遣使到洛阳。光武帝殁太子庄即位

		（明帝）
65	汉永平八年	派蔡愔去天竺求佛典、佛僧。郑众任军司马
67	汉永平十年	蔡愔带佛典与迦叶摩腾、竺法兰回国
73	汉永平十六年	窦固伐北匈奴。班超出使西域
75	汉永平十八年	明帝殁，太子炟即位（章帝）
79	汉建初四年	会诸儒于白虎观，研究五经之异同，撰写《白虎议奏》
88	汉章和二年	章帝殁，太子肇即位（和帝）
89	汉永元元年	窦宪大破北匈奴于稽落山，任大将军
91	汉永元三年	窦宪破北匈奴。班超任西域都护龟兹等降汉。王充完成《论衡》
92	汉永元四年	窦宪被逼自裁，班固死于狱中
94	汉永元六年	班超破焉耆等，西域五十多国臣服
97	汉永元九年	窦太后殁。班超派甘英往大秦
100	汉永元十二年	许慎《说文解字》成书
102	汉永元十四年	班超从西域时隔三十一年回洛阳。郑众封列侯，这是宦官第一次封侯
105	汉元兴元年	蔡伦向皇帝献纸。和帝殁，出生一百多天的太子隆即位（殇帝）
106	汉延平元年	殇帝殁，清河王之子祜即位（安帝）
107	汉永初元年	废除西域都护。羌族叛乱，逃散。周章政变失败，自杀
121	汉建光元年	邓太后殁，安帝亲政。大将军邓骘、邓遵自杀
124	汉延光三年	废除太子（皇太子刘保）事件
125	汉延光四年	安帝殁，北乡侯懿即位（少帝）后殁。孙程等

		拥立废太子济阴王保即位（顺帝）
126	汉永建元年	西域长使班勇降车师国，击退北匈奴呼衍王
127	汉永建二年	班勇、张朗降焉耆国王元孟
131	汉永建六年	屯田伊吾。兴太学
141	汉永和六年	梁商殁，梁冀任大将军
144	汉建康元年	羌族衰。顺帝殁，两岁太子炳即位（冲帝），梁太后摄政
145	汉永嘉元年	冲帝殁，八岁之子渤海王即位（质帝）
146	汉本初元年	太学生超过三万。梁冀毒杀质帝十五岁蠡吾侯志即位（桓帝），梁太后摄政
147	汉建和元年	梁冀等封侯。西域僧来洛阳开始译经
150	汉和平元年	颁发诏书，奉还大政于桓帝。梁太后殁
153	汉永兴元年	冀州刺史朱穆因宦官之事被免，太学生刘陶等上书获赦
159	汉延熹二年	梁皇后殁，梁家族被诛。宦官单超封侯
166	汉延熹九年	第一次党锢之祸。罗马皇帝使者来
167	汉永康元年	恩赦党人，终身禁锢。桓帝殁，解渎侯宏即位（灵帝），窦太后摄政
168	汉建宁元年	大将军窦武、太尉陈蕃、宦官曹节、王甫等谋反，被杀
169	汉建宁二年	第二次党锢之狱，李膺等百余人被杀
175	汉熹平四年	蔡邕所书石经立于太学门外
184	汉中平元年	黄巾举兵。大赦党人。皇甫嵩、朱儁等平定黄巾之乱
185	汉中平二年	崔烈买官。宦官十三人因平定黄巾之功封列侯。

		董卓伐凉州之乱
188	汉中平五年	设置西园八校尉。袁绍、曹操等隶属宦官蹇硕。黄巾之乱再起
189	汉中平六年	灵帝殁，其子辩即位（少帝）。何太后摄政。袁绍灭宦官。袁绍走冀州，董卓废皇帝，拥立陈留王协（献帝），杀何太后，自任相国
190	汉初平元年	董卓迁都长安
191	汉初平二年	孙坚破董卓，入洛阳。董卓入长安
192	汉初平三年	孙坚战死。司徒王允杀董卓，关中混乱。曹操据兖州，破青州黄巾
194	汉兴平元年	刘备任豫州刺史兼徐州牧。刘璋世袭益州牧
196	汉建安元年	献帝回洛阳。曹操任大将军，后任司空
197	汉建安二年	袁术在寿春称帝，国号仲家
199	汉建安四年	公孙瓒战败死。袁术殁。曹操伐袁绍于黎阳
200	汉建安五年	曹操杀董承。曹操破袁绍于官渡孙策殁，弟孙权立。郑玄殁
201	汉建安六年	曹操破袁绍。曹操破刘备于汝南
205	汉建安十年	曹操斩袁谭。黑山之贼张燕降曹操
207	汉建安十二年	曹操封功臣。刘备访隆中诸葛亮
208	汉建安十三年	曹操自任丞相。孔融被曹操杀。刘表殁，其子琮降曹操。刘备、孙权大破曹操于赤壁，成天下三分之大势
213	汉建安十八年	曹操为魏公
214	汉建安十九年	刘备入成都，任益州牧。曹操杀伏皇后及其二子
215	汉建安二十年	曹操之女为皇后。刘备与孙权以湘水分荆州。

		曹操取汉中，降五斗米道
216	汉建安二十一年	曹操自任魏王
217	汉建安二十二年	孙权向曹操求和。鲁肃殁
219	汉建安二十四年	刘备取汉中，任汉中王。孙权斩关羽。吕蒙殁
220	汉延康元年 魏黄初元年	曹操殁，其子丕继。魏制定九品中正制。曹丕接受献帝禅让，即帝位（文帝）。灭东汉，国号魏
221	魏黄初二年	刘备建立汉（亦称蜀汉）王朝，在成都即位（昭烈帝），诸葛亮任丞相。张飞被部下所杀
222	汉章武二年 吴黄武元年	汉大败于吴，孙权称吴王
223	汉建兴元年	汉昭烈帝殁，其子刘禅即位（后主），诸葛亮辅佐
226	魏黄初七年	魏文帝殁，太子叡即位（明帝）
227	汉建兴五年	诸葛亮上《出师表》，出汉中伐魏
228	汉建兴六年	诸葛亮上《后出师表》。汉在街亭败于魏。诸葛亮斩马谡
229	魏太和三年 汉建兴七年	吴王孙权称帝（大帝），改元黄龙。魏吴约定平分天下。吴迁都建业
234	魏青龙二年 汉建兴十二年	诸葛亮伐魏，进军渭南，分兵屯田，阵殁于五丈原
237	魏景初元年	辽东公孙渊反魏称燕王
238	魏景初二年	魏司马懿伐公孙渊，公孙渊战败死。魏统治中国东北地区
239	魏景初三年	明帝殁，太子芳即位（齐王），司马懿和曹爽辅佐。邪马台国卑弥呼使者抵洛阳

249	魏嘉平元年	司马懿、何晏等清洗曹爽
251	魏嘉平三年	司马懿殁
252	魏嘉平四年 吴建兴元年	司马师任大将军。孙权殁，其子亮即位（废帝，也称会稽王）
254	魏正元元年	魏司马师废黜魏帝为齐王，立文帝之孙高贵乡公曹髦
255	魏正元二年	魏母丘俭等讨伐司马师，败。司马师殁，弟司马昭任大将军，辅政
258	魏甘露三年 吴永安元年	司马昭任相国。吴孙綝废黜王亮琅邪王休即位（景帝）。景帝杀孙綝
260	魏景元元年	魏高贵乡公讨伐司马昭，反被杀 燕王宇之子常道乡公奂即位（元帝）
263	魏景元四年 汉炎兴元年	魏司马昭任相国晋公。汉后主刘禅降魏，蜀汉灭
264	魏咸熙元年 吴元兴元年	钟会被杀。司马昭任晋王。吴景帝殁，拥立乌程侯皓
265	魏咸熙二年 晋泰始元年 吴甘露元年	司马昭殁，其子炎继。司马炎接受魏元帝禅让（魏亡），创建晋朝（武帝）。吴迁都武昌
271	晋泰始七年	刘禅殁
278	晋咸宁四年	晋羊祜殁。杜预任镇南大将军
280	晋太康元年 吴天纪四年	吴王皓降晋，吴灭（晋统一天下） 实施占田法、课田法
289	晋太康十年	鲜卑慕容廆降，任鲜卑都督。任命刘渊为匈奴北部都尉

290	晋永熙元年	武帝殁，太子衷即位（惠帝）。刘渊任匈奴五部大都督
291	晋元康元年	贾后杀太傅杨骏，废黜杨太后，杀汝南王亮、卫瓘、楚王玮，专政
299	晋元康九年	平定齐万年之乱。江统主张“徙戎”，未被采纳。贾后废黜皇太子遹
300	晋永康元年	太子遹被打死。赵王司马伦杀贾后及其同党，任相国。八王之乱
301	晋永康二年（建始元年） 永宁元年	赵王司马伦即帝位，改元建始，架空惠帝为太上皇。成都王颖等杀赵王伦，惠帝复位
303	晋太安二年	李特败于罗尚，被杀。其子李雄攻陷成都。河间王颙、成都王颖反
304	晋永兴元年 成建兴元年 汉元熙元年	东海王司马越杀长沙王司马乂。成都王司马颖杀东安王司马繇。刘渊自称大单于。李雄称成都王，刘渊称汉王
306	晋光熙元年 成建兴三年 晏平元年 汉元熙三年	李雄称帝，改国号为成。杀成都颖。晋惠帝殁，其弟炽即位（怀帝）。杀河间王颙。八王之乱结束
307	晋永嘉元年	琅邪王睿镇压王导等于建业
308	汉永凤元年	刘渊迁都蒲子，称帝
310	汉光兴元年	刘渊殁，其子和即位，其弟聪杀之，自己即位
313	晋建兴元年 汉嘉平三年	刘聪杀晋怀帝，太子邺在长安即位（愍帝）

316	晋建兴四年 汉麟嘉元年	刘曜围长安，愍帝降（西晋灭）
317	晋建武元年	丞相琅邪王睿称晋王。《抱朴子》成书
318	晋大兴元年 汉光初元年	晋王睿称帝（元帝）。刘聪殁，其子粲继，但被杀。刘曜称帝
319	赵（汉）光初二年 后赵石勒元年	刘曜定国号为赵。石勒称赵王（后赵）
322	晋永昌元年	晋元帝殁，太子绍即位（明帝）。王羲之生
325	晋太宁三年	晋明帝殁，太子衍即位（成帝）
327	晋咸和二年	苏峻、祖约反
333	后赵建平四年	石勒殁，石弘继，为海阳王。石虎任丞相、魏王、大单于。石虎夺海阳王之帝位，杀之
337	燕元年	慕容皝称燕王
342	晋咸康八年	晋成帝殁，其弟琅邪王岳即位（康帝）
344	晋建元二年	晋康帝殁，太子聃即位（穆帝）
348	晋永和四年	桓温任征西大将军
350	后赵青龙二年 魏永兴元年	石虎之养孙冉闵任建节将军，后任修成侯，杀石鉴，称帝，国号魏
352	魏永兴三年 燕元玺元年 秦皇始二年	慕容儁杀冉闵，魏亡。氐族的苻健称帝（前秦）
353	晋永和九年	王羲之等二十七人举行兰亭之会。殷浩北伐，姚襄反殷浩
354	晋永和十年	殷浩因罪贬为庶人，桓温掌权，率北伐军北上
356	晋永和十二年	桓温之北伐军夺回洛阳

361	晋升平五年	晋穆帝殁，成帝之长子、琅邪王司马丕即位（哀帝）
365	晋兴宁三年	晋哀帝殁，其弟司马奕即位（海西公）
369	晋太和四年	桓温北伐，败退
370	燕建熙十一年 秦建元六年	前秦苻坚灭前燕
371	晋咸安元年	桓温废黜司马奕，拥立会稽王司马昱（简文帝）
372	晋咸安二年	简文帝殁，太子司马曜即位（字明，孝武帝）
373	晋宁康元年	桓温殁。仆射谢安、侍中王坦之辅佐孝武帝
379	晋太元四年	王羲之殁
383	晋太元八年 秦建元十九年	谢石、谢玄破秦军于淝水
385	秦太安元年 西燕更始元年	慕容冲称帝。谢安殁。苻坚被杀，其子长乐公苻丕即位
386	魏登国元年 西燕中兴元年	拓跋珪（道武帝）自立。慕容冲为部下所杀
396	晋太元二十一年	晋孝武帝殁，太子司马德宗即位（安帝），其弟司马德文、皇叔司马道子辅佐
399	晋隆安三年	孙恩之乱
403	晋元兴二年 （永始元年）	桓玄废黜安帝，称帝（国号楚）
404	晋元兴三年 （永始二年）	刘裕等举兵讨伐桓玄，杀之，安帝复位
416	晋义熙十二年	姚兴殁。刘裕自建康北伐，入洛阳，任相国
417	晋义熙十三年 后秦永和二年	刘裕攻陷长安，后秦皇帝姚泓降 后秦灭

418	晋义熙十四年	刘裕任相国，封宋公。刘裕杀晋安帝，拥立琅邪王司马德文（恭帝）
419	晋元熙元年	刘裕为宋王
420	晋元熙二年 宋永初元年	刘裕废黜恭帝为零陵王。刘裕即帝位（武帝），国号宋，定都建康（东晋亡）
421	宋永初二年 西凉永建二年	李恂自杀，西凉灭。倭王赞遣使宋武帝
422	宋永初三年	宋武帝殁，太子义符即位（少帝）
424	宋元嘉元年	徐羡之等杀少帝，拥立宜都王义隆（文帝）
427	宋元嘉四年	陶渊明殁
439	魏太延五年 北凉永和七年	北魏灭北凉，统一华北
445	宋元嘉二十二年	《后汉书》撰者范晔被杀
450	宋元嘉二十七年 魏太平真君十一年	北魏发生国史事件。太武帝杀崔浩。宋文帝伐北魏，反受攻击，动摇首都建康
453	宋元嘉三十年 （太初元年）	宋太子刘劭杀文帝自立。武陵王刘骏讨灭劭，即位（孝武帝）
464	宋大明八年	宋孝武帝殁，太子刘子业即位（前废帝）
465	宋泰始元年 魏和平六年	魏文成帝殁，太子拓跋弘即位（献文帝）。宋湘东王彧杀刘子业，即位（明帝）
471	魏延兴元年	魏献文帝让位太子拓跋弘（孝文帝）
472	宋泰豫元年	宋明帝殁，太子刘昱即位（后废帝）
477	宋昇明元年	中领军萧道成杀宋帝，拥立安成王刘準（顺帝）
479	宋昇明三年 齐建元元年	萧道成任相国，封齐公，废黜宋顺帝，称帝（南齐高帝），宋亡

482	齐建元四年	齐高帝殁，太子萧赜即位（武帝）
490	魏太和十四年	北魏冯太后（文成帝皇后）殁
493	齐永明十一年 魏太和十七年	南齐武帝殁，太孙萧昭业即位（前废帝），后被废黜。孝文帝迁都洛阳，开始北魏的洛阳时代
494	齐建武元年	萧鸾废黜齐帝，拥立海陵王萧昭文（后废帝）。萧鸾称帝（明帝）
498	齐永泰元年	齐明帝殁，太子萧宝卷即位（东昏侯）
501	齐中兴元年	南康王宝融（和帝）废黜东昏侯，自立
502	齐中兴二年 梁天监元年	萧衍接受齐和帝禅让，建国梁，称武帝
515	魏延昌四年	北魏宣武帝殁，皇太子诩即位（孝明帝）。母胡太后摄政。北魏从四川召回高肇，杀之
523	梁普通四年 魏正光四年	六镇军士反叛，尔朱荣镇压
528	魏永安元年	北魏胡太后毒杀孝明帝。尔朱荣入洛阳，虐杀胡太后及廷臣。尔朱荣拥立长乐王子攸，称孝庄帝
530	魏永安三年 （建明元年）	北魏孝庄帝暗杀尔朱荣。尔朱兆拥立长广王元晔为帝，杀孝庄帝
531	梁中大通三年	《文选》撰者梁昭明太子殁
532	魏永熙元年	高欢拥立平阳王元脩（孝武帝）
534	魏永熙三年 东魏天平元年	北魏孝武帝投奔宇文泰。高欢拥立孝文帝之曾孙元善见（孝静帝）（东魏）。 高欢迁都邺

547	梁太清元年 东魏武定五年	高欢殁，其子高澄继。侯景降梁，任河南王。 东魏讨伐梁与侯景，破之
549	梁太清三年	梁武帝殁，太子萧纲即位（简文帝）
551	梁大宝二年	侯景杀梁简文帝，拥立豫章王萧栋，又废之，自立称帝，国号汉
552	梁承圣元年	陈霸先、王僧辩等击败侯景，侯景为部下所杀。 梁湘东王萧绎即位（元帝）
554	梁承圣三年 西魏废帝三年	西魏攻陷江陵，杀梁元帝
555	梁绍泰元年 后梁大定元年	梁元帝侄子萧詧（宣帝）在江陵建立后梁国。 王僧辩、陈霸先在建康拥立晋安王萧方智。 王僧辩废黜方智，在建康拥立贞阳侯萧渊明。 陈霸先杀王僧辩，废黜萧渊明，萧方智（敬帝）复位

图书在版编目（CIP）数据

中国的历史．第3卷／（日）陈舜臣著；郑民钦译．—福州：福建人民出版社，2013.12（2019.3重印）

（陈舜臣作品系列）

ISBN 978-7-211-06327-7

Ⅰ．①中… Ⅱ．①陈… ②郑… Ⅲ．①中国历史—普及读物 Ⅳ．①K209

中国版本图书馆CIP数据核字（2011）第115262号

著作权合同登记图字：13-2010-021 号

中国的历史（第3卷）

作　　者：（日）陈舜臣

译　　者：郑民钦

责任编辑：潘静超

出版发行：福建人民出版社

地　　址：福州市东水路76号　　邮政编码：350001

网　　址：http://www.fjpph.com

电子邮箱：fjpph7211@126.com

经　　销：福建新华发行（集团）有限责任公司

印　　刷：河北华商印刷有限公司

开　　本：787×1092　　1/16

印　　张：22

字　　数：245千字

版　　次：2013年12月第1版

印　　次：2019年3月第2次印刷

书　　号：ISBN 978-7-211-06327-7

定　　价：49.00元